U0946245

先祖如是说系列

赵匡胤告诉我如何才能运筹帷幄

姜正成◎主编

中国财富出版社

图书在版编目（CIP）数据

赵匡胤告诉我如何才能运筹帷幄 / 姜正成主编. —北京：中国财富出版社，2015.1

（先祖如是说系列）

ISBN 978-7-5047-5025-9

Ⅰ. ①赵…　Ⅱ. ①姜…　Ⅲ. ①赵匡胤（927～976）-生平事迹-通俗读物　Ⅳ. ①K827=441

中国版本图书馆 CIP 数据核字（2013）第280801号

策划编辑　王秋萍　　**责任印制**　方朋远
责任编辑　白　柠　　**责任校对**　饶莉莉

出版发行　中国财富出版社
社　　址　北京市丰台区南四环西路188号5区20楼　　**邮政编码**　100070
电　　话　010-52227568（发行部）　010-52227588转307（总编室）
　　　　　　010-68589540（读者服务部）　010-52227588转305（质检部）
网　　址　http：// www. cfpress. com . cn
经　　销　新华书店
印　　刷　北京柯蓝博泰印务有限公司
书　　号　ISBN 978-7-5047-5025-9 / K · 0153
开　　本　710mm × 1000mm　1/16　　**版　　次**　2015 年 1 月第 1 版
印　　张　16.75　　**印　　次**　2015 年 1 月第 1 次印刷
字　　数　232千字　　**定　　价**　36.00元

前言

千古英雄，纵横驰骋，说不完的壮怀激烈，道不尽的叱咤风云。握一把历史的刻刀，雕琢出岁月流逝的痕迹，遗留下故国永恒的记忆。在权力、物质、欲望和人性的集中碰撞之地——权谋场中，权力角逐的惊心动魄，良知、责任和济世情怀，都让人感叹不已。

在中国两千多年的封建历史长河中，由篡位而来的政权大都短命，唯有宋朝例外，而且在其鼎盛时期，经济、文化和科技都达到了前所未有的水平，被今人评为最想生活在其中的历史十大王朝之一。

宋太祖赵匡胤（927年3月21日—976年11月14日），汉族，出生于洛阳夹马营，祖籍河北涿州。出身军人家庭，其父是赵弘殷。

赵匡胤从一个普通士兵，到东西班行首，加拜滑州副指挥使，再到开封府马直军使，再到禁军将领，三个转折一气呵成。长江后浪推前浪，赵弘殷奋斗了近40年才实现的目标，在他儿子这里不到3年时间便实现了。

赵匡胤在位16年，与历史上其他著名的王朝相比，宋太祖所创建的宋朝以其鲜明的文人政治特色而登上中国文治盛世的顶峰，可谓中国君主专制史上最开明的一个王朝，因此，尽管宋朝300年的基业中，长期积弱，但在民间却享有盛誉，并对后世历代产生深远影响。

历史著名文人范仲淹对其评价为："祖宗以来，未尝轻杀一臣下，此盛德之事。""我太祖皇帝应天顺人，受禅于周，广南、江南、荆湖、西川，一举

而下，罢诸侯之兵，革五代之暴，垂八十年，天下无祸乱之忧。”

赵匡胤也是一位宽厚和易的天子，他胸怀宽广，具有雄才伟略，依靠着自己的实力一步一步走向成功，在乱世中崛起，其成功的经历很是值得后人学习。我们对赵匡胤的发展历程进行了简要的整理，对其中能够给予我们现今时代的人以启迪的部分加以解析，希望广大读者通过对本书的阅读，能够透过历史，对赵匡胤的成功之路有所了解，并且能够从中吸收有益于自己发展的东西，进而指导自己的人生发展之路。

本书不但记述了赵匡胤传奇的人生经历，也描述了他所参与和指挥的各个精彩的战役，挖掘了他成功的各个要素，比如：极强的军事谋略、极高的政治手腕、高超的驭人之术，以及他作为皇帝最难得的人性方面的闪光点——仁厚。所以，这本书里的赵匡胤将是一个立体的、全面的，有血有肉的杰出人物。

编 者

目录

第一章 目标决定人生高度——赵匡胤这样对我说人生

我们无法选择命运，但是可以选择理想，拥有什么样的理想，你才有可能拥有什么样的人生。积极的心态和斗志孕育成功的果实，消极的心态孕育失败的萌芽。成功与失败往往只在一念之间，正确的目标对于励志成功者具有重大意义，它能唤醒自身潜能，激发成功欲望，让我们在人生舞台上尽情释放无限精彩。

第二章 德行决定成败——赵匡胤这样对我说德行

一个人的个人修养体现着自身的道德品质及人生境界。古人云："修身、齐家、治国、平天下。"修身居于首位，可见个人修养是成大事者成功的基本要素。个人修养，涉及一个人的胸怀气度，个人修养伴随着人的一生，并随着年龄的增长而日臻完善。我们要做的就是不断提高自己的能力，加深自己的底蕴，以海纳百川的胸怀、包容一切的精神，不断提高自己的修养，为自己的成功铺平道路。

第三章 竞争力是成功的捷径——赵匡胤这样对我说竞争力

物竞天择，适者生存指明竞争才能导致强者生存，以至于社会的不断进步和发展。要想进步就要有竞争，有竞争就有竞争对手，如何对待竞争对手，就决定了你竞争的速度、结局和品位。赵匡胤作为大宋开国皇帝，在逐鹿中原的过程中，遇到过很多竞争对手，而他对待对手的策略和方法，是非常值得我们借鉴的。

第四章 得人才者得天下——赵匡胤这样对我说人才

在瞬息万变，情况异常复杂的社会生活中，辨识人才、任用人才、管理人才是非常重要而且复杂的事情。因此，对于大多数人来说，识人、用人和管人的技巧都是工作和生活中必不可少的能力。

第五章 笼络人才为己用——赵匡胤这样对我说管人

用人是一门微妙的艺术，其关键在于抓住人性的优点，摸透人性的弱点，找准人才与工作的最佳结合点，并巧妙地加以引导，从而发挥人才的最大效能。管人重在掌控人心，即通过灵活运用各种策略，调动下属的积极性、主动性，使他们自动自发地做正确的事，使他们心甘情愿地追随左右。

第六章 御权有方成大业——赵匡胤这样对我说权威

权力是一把双刃剑，运用得当，则可以得到他人的拥戴；而如果运用不当，则可能激起他人的反感，不利于领导工作的进行。古语云："用权之道，存乎一心。"作为掌权者的领导者，既不可过分独断专权，又不可完全把权力交给属下。本章所论述的，就是如何艺术性地运用你手中的权力。

第七章 宽容迎来豁达人生——赵匡胤这样对我说宽容

多一些人情味，多一分慈悲，多一些柔软语，多一点关爱的眼神，人与人之间就能连成一片深阔的天空，蔚蓝而澄澈。宽容是一种胸怀，也是一种气度。"水至清则无鱼，人至察则无徒"，宽容是人生的大智慧，懂得宽容的人才能拥有充实丰盈的人生，才能生活得更加悠游畅达。

第一章

目标决定人生高度——赵匡胤这样对我说人生

我们无法选择命运，但是可以选择理想，拥有什么样的理想，你才有可能拥有什么样的人生。积极的心态和斗志孕育成功的果实，消极的心态孕育失败的萌芽。成功与失败往往只在一念之间，正确的目标对于励志成功者具有重大意义，它能唤醒自身潜能，激发成功欲望，让我们在人生舞台上尽情释放无限精彩。

胸怀远大梦想

理想是指路明灯，没有理想就没有坚定的方向，没有方向就没有成功的人生。古往今来，有无数杰出人物胸怀梦想，立志高远，引领自己光辉的人生历程，成就千秋帝业，青史留名，用自己卓越的贡献在人们心中树起了不朽的丰碑。在赵匡胤小的时候就有当大将一统天下的理想。

公元927年3月21日，时令已是仲春，乍暖还寒，阵阵北风吹来，仍使人觉得寒意逼人。

这本是极为寻常的一天，但是对于洛阳夹马营赵氏府邸来说，这一天却不同寻常。恐怕谁也没有想到，就是在这座不太起眼的府第中发生的一件极为平常的事，会对后来的中国历史产生巨大的影响。

此时，整个府第都笼罩在一片紧张不安的气氛中。仆从们轻手轻脚忙碌有序地进出着，而客厅中的家主赵弘殷，听着内室里夫人由于临产的阵痛而一声紧似一声的呻吟声，不禁揪心如焚，坐立难安。历代帝王中，多数的皇帝出生都会有一些祥瑞的记载，赵匡胤作为封建皇权的拥有者，当然少不了这方面的记载。

据历史记载，赵匡胤出生时，有像太阳光一样的红光环绕产房，并且有异香扑鼻，经月不散，连续三天，这个刚出生的幼儿身体上都闪耀着金光。赵弘殷夫妇经过再三斟酌，给自己的孩子起了个乳名：香孩儿。

赵匡胤11岁时（937年），杜氏又生一子，取名匡义，后避太祖讳，改名光义。十分有趣的是，这又是一个“香孩儿”。《宋史·太宗本纪》称，赵匡义出生的那个夜晚，“赤光上腾如火，间巷闻有异香”。《宋人轶事汇编》还杜撰了这样一个故事：某日，溃兵逃至夹马营，烧杀掠抢，无恶不作。其时，赵弘殷外出，只有杜氏带着赵匡胤、赵匡义兄弟二人在家。为避兵祸，杜氏用箩筐担着兄弟二人逃出夹马营，路上遇到隐士陈抟，他一眼看见坐于箩筐中的赵家两兄弟，仰天长歌道：“莫道当今无天子，都将天子上担挑。”意即杜氏一担挑着两个天子。赵匡义即后来的宋太宗，一母生二帝虽属罕见，但以上记载，只能姑且听之，因为此等离奇的故事很难找到事实上的依据，那位奇人陈抟也不大会有如此高远的预见。

赵匡义小的时候，特别爱看书，但是赵匡胤却不是。或许是受家庭的影响，赵匡胤从小就喜欢习武，最不爱看的就是书本。他不喜欢整天坐在学堂之中听私塾先生去讲那些了无生趣的东西，他喜欢舞枪弄棍，骑马奔驰。在他看来，外面的世界要远远比学堂有趣得多。在他读书的时候从来都是心不在焉的。当私塾先生陈学究提问的时候从来不知所云，当受到训斥的时候，他心里特别不是滋味。也正因为如此，赵匡胤才如此讨厌私塾教学。这种情况让陈学究也不知道如何是好，只能感叹道：“孺子不可教也！”在赵家搬到汴梁之后，陈学究也曾经被招去当门客，但是赵匡胤对其爱答不理。在赵匡胤登上皇位之后，陈学究仍至陈州村舍亍馆聚徒教书为业。当时，他的弟弟赵匡义喜欢找陈学究谈论事情，赵匡胤很生气，于是就给他一些钱财，让他走了。没想到迂腐的陈学究在路上遇到了强盗，所有的钱财都被抢光了，此后，陈学究只好重操旧业，继续过着平淡的生活，后来他独自饮闷酒，在醉倒之后就再也没有醒过来。

在陈学究的私塾里，赵匡胤并没有学到什么东西，他讨厌那种没有生气的学习环境和老师，他觉得听陈学究讲课比受罪还痛苦。在放学之后，

赵匡胤就变得活泼起来。他把那些读书的孩子组织起来，然后排成一队，让他们喊着口号整齐前行。这些学生就如同是将要出征的士兵，而赵匡胤像是一名带军的将领。走在大道上，围观的群众都赞叹这个小孩子的能力。此时是赵匡胤最高兴的时候，俨然是一个小大人。他已经忘记了自己所受的呆板说教，也忘记了陈学究冷冰冰的面孔，他希望自己将来可以成为一个能够带领军队、杀敌立功的有志之士。

在赵匡胤幼年的时候，他特别喜欢玩游戏，其中最为钟爱的是斗草，每当春夏草长高的时候，赵匡胤就会跟小伙伴们到草地上拔草，然后每人手持数茎，勒在一起比输赢。那个时候为了赢，赵匡胤就会细心选取那些韧性强、抗拉拽的草。由于他每次都能赢，所以小伙伴们都非常羡慕他。

除了玩斗草之外，赵匡胤对斗蟋蟀也非常感兴趣。在他小的时候，洛阳城中的蟋蟀有很多，当时卖蟋蟀的主要是乡民。他们以此为生。但是，赵匡胤所玩的蟋蟀不是买来的，而是自己捉来的。每当抓蟋蟀的时候，赵匡胤都会准确地找到蟋蟀的藏身之处，然后悄悄地走近，迅速就抓住了。每次抓到之后，赵匡胤就会跟小朋友开斗场，一边用草棍逗弄陶罐中的蟋蟀，一边观看两蟋蟀相斗。玩得高兴的时候，他也会大喊起来。如果斗赢了，他会高兴地跳起来。

在距赵匡胤家不远的地方有一与真马大小相近的石马，半身露出地面上。听这里的老人说，这尊石马已经在这里掩埋很久了，是古时一位大将军宅邸前的雕塑。这个将军功绩显赫，在当时也是大众眼中的英雄。当时，将军的坐骑是天下少有的良驹，每次作战的时候都灵活敏捷、勇往直前，为主人尽力，所以在这匹马的陪伴下，他在很多战争中获胜了。对于这匹马，将军充满了喜爱和尊敬。但是，在一次战事中此马却中了从暗中射来的毒箭，等到它驮载着将军冲出重围时，箭毒发作死去了。将军特别

痛苦，为了表达对其的思念，他命令人仿照那马的样子雕刻了这尊石马，将雕像立在门前，每天都能看到它，俨然它还在自己身边。

这个英雄故事深深地打动了赵匡胤幼小的心灵，对那位不知名的大将军和那匹似通人性的战马怀有深深的敬慕之情。每至这石马前，他总要伫立有顷，浮想联翩，威武悲壮的一幕如在眼前。他还不止一次地骑在这石马上，遥想那位将军当年，耳畔似有杀声响起。此时，他内心中便平添了几分英武、几分豪迈。他痴迷地憧憬着，将来有一天他也要骑上一匹这样的战马，冲杀于刀光剑影的沙场，建立绝不逊色于那位大将军的英雄业绩！

赵匡胤小时候的这些兴趣与爱好，就体现出他将来就是一个不凡的人，因为他从小就有着远大的理想。

周恩来12岁时就有远大的理想，“为中华之崛起而读书”的铮铮誓言就是他理想的体现；毛主席风华正茂时，书生意气，挥斥方遒，指点江山，激扬文字，曾充满豪情地写下：“江山如此多娇，引无数英雄竞折腰。惜秦皇汉武，略输文采，唐宗宋祖，稍逊风骚。一代天骄，成吉思汗，只识弯弓射大雕。俱往矣，数风流人物，还看今朝。”这是怎样的一种气魄啊！有了“数风流人物，还看今朝”的远大理想，毛主席在无数的艰难困苦中前行，超越苦难，点亮了自己的一生，当然他的千秋功业更点亮了中国的未来。

理想是行动的方向，理想是行动的指南。作为现代的我们，每个人都应该带着梦想上路，为了梦想的实现而努力。人生无搏不精彩，我们从小就会有许多五彩斑斓的梦想，并为未来勾画着一幅幅美丽的蓝图。拥有一个成功的人生，这是人人都向往的。人因理想而伟大，人更因实现梦想而快乐，没有人可以阻碍我们成功，使我们倒下的只有我们自己，在努力奋斗的过程中，一定要相信：自己就是奇迹。

在实现理想的过程中，我们应该认识到：实现理想的过程一定不是一帆风顺的。孤独、寂寞、挫折、苦难、失意等总是如影随形，《孟子》曾说道：天将降大任于斯人也，必先苦其心志，劳其筋骨，饿其体肤，空乏其身，行拂乱其所为，所以动心忍性，增益其所不能。没有各种苦难的磨砺又怎么会有能力的提升？没有铭心刻骨的疼痛怎么能够成就珍珠的璀璨光泽？一颗坚定的、勇往直前的心一定能够支持你乘风破浪，披荆斩棘，走向成功的终点。

人生就是一个不停奋斗的过程，奋斗就需要有理想和目标，只有胸怀理想，才能实现人生的成功和跨越。人的一生，要像一直追求远方的飞鸟一样，要飞越白雪皑皑的雪山，穿过一望无际的大海，翱翔在那蔚蓝如洗的天空，在你领略过人生的风景后，终有一天，你会到达成功的彼岸，让你亲手摘下那梦想中胜利的果实。这就是成功的历程，这就是理想实现的历程！

成功就是每天在各方面持续不断地进步一点点，每天进步一点点就是卓越的开始，每天创新一点点是领先的开始，每天多做一点点是成功的开始。只要你愿意在任何条件下都不放弃超越的信念，用理想做基础，用行动为梦想护航，相信一定会“长风破浪会有时，直挂云帆济沧海”。

用执着成就人生

坚忍执着是一种非凡的意志力，它是帮助一个人面对坎坷挫折的失

落以及跨越成功路上无数阻碍的重要法宝。在无数成功者的性格词典里，“顽强的意志”无疑是他们迈向成功的可贵性格之一。赵匡胤在少年的时候就具备了这种百折不挠的精神。

少年赵匡胤看上去根本不像个儒雅文弱的学子。他长得很像他的父亲，身体强壮，个子很高，力气很大，天生一副要刀弄枪的模样。《宋史·太祖本纪》这样描述道：“既长，容貌雄伟，器度豁如，识者知其非常人。”

赵匡胤很会骑马，他骑马时往往不配马鞍和笼头，连他的父亲也自叹不如。曾有一匹尚未驯化的烈马，一般人很难接近它。赵匡胤闻听，决计去试一试。他把这个想法讲给了父亲，赵弘殷先是摇头不允，后来，经不住儿子的百般缠磨，只好勉强答应下来。

小匡胤镇定自若地走近了那烈马，他先是用征服者的目光将那马审视了一番，然后乘其不备，飞身跃上，稳稳地骑在马背上。这时，烈马被激怒了，“咴咴”地吼叫着，四蹄猛烈地腾踏，试图将小匡胤甩下来，小匡胤却用两腿紧紧夹住马腹，任凭烈马怎样折腾，岿然不动。烈马又使出全身力气拼命奔跑，赵匡胤照样镇定自若。不甘役使的烈马又奔向城门内，赵匡胤因来不及防备，一头撞在城楼门楣上，被烈马甩出几丈之外。在场的人都惊呆了，赵弘殷更是惊骇万分，以为儿子头已撞碎，定死无疑。正在这时，奇迹出现了：只见赵匡胤从容地从地上站了起来，“更追马腾上，一无所伤”。

《宋史》的这段记述可谓惊心动魄，足见其骑术不凡，性情坚毅。由此我们可以想象，赵匡胤从小便不惧艰险，不甘服输，有着强烈的征服欲和百折不挠的奋争精神，只要是他认定了的目标，一定要勇猛向前，努力实现。可见赵匡胤从小就有着坚忍的品质。

坚忍勇敢，是所有伟人的共同特征。没有坚忍品质的人，不敢抓住机会，不敢冒险，一遇困难，便会自动退缩；一获小小成就，便感到满足。

魏特利认为，在所有成功的要素中，一个人的性格是否坚忍至关重要。

在世间，有无数因坚忍而成功的事实：坚忍可以使柔弱的女子们养活她们的全家；使穷苦的孩子努力奋斗，最终找到生活的出路；使一些残疾人也能够靠着自己的辛劳，养活他们年老体弱的父母。除此之外，山洞的开凿、桥梁的建筑、铁道的铺设等，没有一件事不是靠着坚忍而成功的。人类历史上最大的功绩之一——美洲新大陆的发现也要归功于开拓者的坚忍。

秉性坚忍，是成大事立大业者的特征。这些人获得巨大的成就，也许没有其他卓越品质的辅助，但肯定少不了坚忍的特性。坚忍使从事苦力者不厌恶劳动，使终日劳碌者不感到疲倦，使生活困难者不感到沮丧，从而使他们战胜困难，走向成功。

以坚忍为资本而终获成功的人，比以金钱为资本而获得成功的人要多得多。人类历史上全部成功者的故事都足以说明：坚忍是克服贫穷的最好药方。

已故的克雷吉夫人说过："美国人成功的秘诀，就是不怕失败。他们在事业上竭尽全力，毫不顾忌失败，即使失败也会卷土重来，并立下比以前更坚忍的决心，努力奋斗，直至成功。"

有些人遭到了一次失败，便把它看成拿破仑的滑铁卢，从此失去勇气，一蹶不振。可是，在另一些人的眼里，却没有所谓的滑铁卢——他们即使失败，也不以一时失败为最后结局，还会继续奋斗，在每次遭到失败后，他们都会笑容可掬地重新站起，比以前更有决心地向前努力，不达目的决不罢休。

历史上许多伟大的成功者，都是由于坚忍而造就的。世界上一切伟大的事业，都在坚忍勇敢者的掌握之中——当别人开始放弃、无法再做时，他们却仍然坚定地去做，直到成功。

魏特利告诫人们：坚忍不拔、持之以恒是一切成功者的美德。

成功最致命的敌人，便是碰到困难时心理意志的流失。其实，生活中难免碰到困难，我们只要有战胜它的意志和信心，那么它便不再可怕。一般人处于逆境之时，往往会让恐惧、怀疑、失望的思想来捣乱，从而丧失了自己的意志，以致使自己多年以来的努力毁于一旦。因此，对于一般人来说，应当注意在逆境中、在困难时有意识地挖掘、培养意志力。

每隔一段时间，总有人从百老汇大排长龙的寻找职业的人群中脱颖而出，然后又风靡百老汇。但是，风靡百老汇不是一朝一夕就可以成功的。只有在一个人拒绝就此罢休之后，百老汇才会用金钱回报，认同其天赋才华。

在芬妮·赫斯特的奋斗史里，就有这样一则故事：

芬妮·赫斯特1915年来到纽约，她要在这里以写作创造财富。然而，转化并没有在一夕之间成功，而是历经了4年之久。赫斯特小姐踩遍了纽约人行道，夜以继日地工作并怀抱梦想。当希望变得黯淡的时候，她没有说“好吧！百老汇，算你赢了”，而是说“很好，百老汇，你可能打倒不少人，不过，那可不是我！我会逼你放弃”。

在她能有一篇故事刊登在周六晚邮报之前，该报已退了她36次稿。一般作家和其他人都一样，碰到第一次退稿，就会放弃了。而她却没有放弃，坚持4年向该报投稿。

之后，回报来了，魔咒一下子解除了，出版商络绎不绝地往来于她家大门。然后是拍电影的人邀请她写剧本，她收获了成功，也收获了金钱。

你由此可以看出坚强的意志力可以使人办到什么事。芬妮·赫斯特不是特例，任何人若累积了大笔财富，你都可以一口咬定此人必定坚忍不拔。百老汇可以给任何一位乞丐一杯咖啡和一块三明治，但百老汇要求那些想做大赢家的人必须坚忍不拔。

如果一个人失去了坚忍的品格，则他必然会沉沦在失败的苦海之中，

一蹶不振。人若是畏惧失败，丧失与困难作斗争的不屈品行，也就必当丧失人生的辉煌。人拥有了坚忍的品质，再坎坷的人生，也会塑造传奇。

第一个人在19岁的时候，在他滑雪的过程中与朋友做游戏，没想到在从朋友张开的双腿间滑过去的时候撞在了朋友的身体上，最终导致自己全身瘫痪。自此，这个英俊的青年就变成了残疾者，接下来的日子依靠轮椅的陪伴。

第二个人不仅会驾驶汽车、开轮船，并且还成了飞行员。他能开着飞机到自己想要到达的地方去。在其33岁的时候，他成功竞选成为温哥华市的议员。在做了12年的议员之后，他被市民推为温哥华的市长。

第三个人是工商管理硕士，他不仅创建了非营利助残团体，而且还发明了多种助残设备，他热心做公益，无论到哪里，他都受到热烈的欢迎。

你觉得上面提到的这三个人怎么样呢？或许你会说他们之间的区别很大，但是，殊不知，他们就是一个人，他就是加拿大的萨姆·苏利文，属于典型的传奇人物。

苏利文是如何由一个重症残疾人变成一个奇人的呢？

在成为残疾人之后，他整天待在家里，异常郁闷，在自己痛苦难耐的时候，他把受伤前打工赚的钱都取了出来，买了辆专门为残疾人设计的汽车。为了防止父母过于伤心，他想通过开车坠崖的方式来结束自己的生命，但是天不遂人愿，他并没有成功。为了不让父母过于辛劳，苏利文坚持离开了家，搬到了一个半公益半营利性的公寓中独自居住。

一天晚上，苏利文又一次独自在房间中品味绝望的痛苦。他盯着空白的四壁，感觉自己的生命就像它们一样空虚。他坐着轮椅来到户外，看到远处的城区正掩映在落日的余晖中。他想那里有沸腾的生命活力，人们正在摇动着生活风帆向前航行。此刻，苏利文忽然想到自己的大脑很好用，也能够独立吃饭穿衣，甚至还能微笑。苏利文决心要成为他们中的一员，

“我也要做一个完整的人，我要工作。”苏利文此时对自己说道，“受伤前我有十亿个机会，而现在我还有五亿个。”从那一刻起，一个新的萨姆·苏利文诞生了。

从那以后，苏利文广泛涉猎知识，勇于挑战生活。他不但学会了驾驶飞机，而且还教会了另外20位残疾人飞行。由于温哥华的华人超过1/3，在加拿大土生土长的苏利文还学会了中国广东话，这对他以后的竞选活动助益极大。苏利文一讲广东话，就会得到华人的掌声和鼓励。市长选举中，华人几乎把选票都投给了苏利文。

究竟是什么力量使萨姆·苏利文成为传奇人物的呢？这个问题的答案是努力与生活抗争的精神。他曾经说：“一个人能走多远取决于他面对挑战时的表现，这与他是否坐轮椅无关。”

成功是有前提的，那就是必须要在逆境中坚忍地与失败抗争。爱迪生取得了成功，然而桑提亚哥的故事却没有结局。但是他这种无畏不屈的精神，最终必将给他带来胜利的果实。当我们在面临命运考验的时候，要冷静地去面对它，这样会让我们成为一个更有毅力，意志力更坚强的人。一定要永远记住，百折不挠的坚忍品格是走向成功的基石，这是一种博大的精神。

选择人生的方向

人生是一条布满荆棘的长路，稍不留心就会误入歧途。怎样走完自己

的人生这完全取决于自己的选择。生命之所以有意义，就在于有着许多的偶然，许多的不可知性，许多的变数，人生才显得多姿多彩。而我们在生命的河流中，有时候遇到一个安静的港湾，这时候很多人会选择留下，沉浸在这片安逸中，默默地过完一生；还有些人则勇敢地选择继续漂流，一直在风浪中搏击，直到冲出陆地的限制，看到成功的汪洋。在我们的生命中，一定要有拼搏的激情，不要随遇而安，要不断进取。

五代十国时期是中国历史上最为混乱的历史时期之一，朝代更迭之快，犹如走马灯一般。这就出现了一个作为反面教材很成功的皇帝——石敬瑭。

石敬瑭在中国历史上是一个卑贱无耻的角色。他被耶律德光册立为晋帝以后，对契丹毕恭毕敬，将燕云16州割让给契丹，每年输帛30万匹。石敬瑭还向耶律德光献媚说："若使晋得天下，将竭中国之财以奉大国。"石敬瑭对契丹的奴颜婢膝为世人所不齿，但因他拥兵在手，又有契丹做靠山，也奈何他不得。石敬瑭建晋后，很快举兵南下，直指洛阳。后唐的兵力远不是石敬瑭的对手，不战而降。后唐废帝李从珂见大势已去，携传国玉玺登宣武楼自焚而死，洛阳城落入石敬瑭手中。

洛阳城在一日之间更换新主，使少年赵匡胤受到极大的震撼，他又一次看到了强权和武力的神威，更加坚定了自己的选择。

后晋天福三年（938年）七月，石敬瑭向契丹上表称臣，尊契丹主为"父皇帝"，契丹主令其称"儿皇帝"，厚颜无耻的石敬瑭竟然接受了这一屈辱的称谓。这年十月，后晋迁都汴州，以汴州为开封府，称东京；以东都洛阳为西京，以西都长安为晋昌军节度，随着后晋迁都，赵匡胤全家也迁至开封龙巷。

在告别洛阳的时候，赵匡胤很是恋恋不舍。他舍不得这块生于斯、长于斯的土地，舍不得和他一起读书习武的伙伴。洛阳的山川名胜、风土

人情留给他的记忆太深了，他甚至觉得这是他生命中极可宝贵的滋养。那天，他怀着依依惜别的深情，去看了那尊石马，脑海中又浮现起那威武雄壮的英雄故事。他依恋地抚摸着那尊石马，喃喃地说：“日后我若得了天下，一定要建都于此，让洛阳成为天下人向往的都城！”

赵匡胤随家人来到开封时年方12岁。他看到这个新王朝毫无生气，目之所及，衰败残破。他从父亲那里得知，这个新王朝辖境已比前朝大大减少，仅有109州。他还时常看到许多满载金帛宝物的车子络绎不绝地运送出城，长辈人告诉他，这是献给契丹的。皇帝为了报答契丹主的扶植，除了依约定每年贡奉金帛30万外，逢时过节、吉凶庆吊还要额外贡奉，并以此为国策，全然不顾国计民生。听到这些情况，赵匡胤心中深感不平。他觉得皇帝太屈辱、太低下了。不遗余力地搜刮民财，奉事异邦，怎可长久？与此同时，他也对为害中原的契丹贵族怀有深深的怨恨。

在赵匡胤一家初到开封的那几年，天下很不太平，天灾人祸严重，百业凋敝，民不聊生。天福六年（941年）九月，黄河在滑州决口，东泻千里，百姓死伤无数。次年五月的一个月里，就有5个州郡发生水灾，18个州郡遭旱、蝗灾害，一时间饿殍盈野，流民遍地。也就是在这一年，一向愤恨契丹的成德军节度使安重荣招集境内饥民，举兵造反，后因兵败被杀，首级被涂抹上油漆，献给了契丹。石敬瑭这样做本想得到契丹主的宽恕，但耶律德光仍然派人前来谴责，石敬瑭忧虑成疾，于天福七年（942年）六月死去。

石敬瑭的继承人少帝石重贵也是个无能之主。他只知宴乐，不问国事，大权被少数几个有实力的大臣操纵。少帝石重贵承袭了他父亲的做法，尽力讨好契丹，卑称“孙皇帝”。但因晋与契丹早有嫌隙，朝臣对向契丹称臣一事怨愤已久，少帝在大臣的劝说下也有意准备对契丹的战争。天福八年（943年）晋国形势十分恶劣，春夏旱，秋冬水，百姓流离失

所，饥馁而死者数十万人，县令们往往因为征不到粮食，挂印逃去。契丹得知后晋国内的情况，遂于次年初南下攻晋，后晋于是又处于战争之中。

这一年，赵匡胤19岁。

按照汉末以来的早婚习俗，赵匡胤已过了成亲的年龄，这主要是因为战乱的影响。年复一年的兵荒马乱打乱了人们的正常生活秩序，早成家室、早生贵子的传统习俗已渐被淡忘，人们关心的是生计，担忧的是全家老小的颠沛流离，婚龄大都因此而推迟。

因为社会上已不把晚婚当回事，赵弘殷夫妇在决定给儿子成亲时并不觉得为时太晚。赵弘殷夫妇选定的儿媳是右千牛卫率府贺景思的长女。右千牛卫率府是东宫六率府之一，千牛，佩刀名，据说锋利可屠千牛。贺景思因系禁卫军校，和禁军将领赵弘殷同居护圣营，两家关系甚密。赵弘殷看好了贺家长女“性温柔恭顺，动以礼法”，因此“为太祖聘焉”。

先是由媒人以草帖子相通，双方各在帖子上写明三代官品职位及名、讳、生日等情况，进行占卜，两家通报，择日过帖。接着便是相亲、下定礼、送聘等程序，定下了这门亲事。在一个阳光灿烂的日子，赵家按照规定的吉时，在乐队、鼓吹的引导下，将贺家长女迎进赵家。

赵匡胤的婚礼简朴又合于礼仪。赵匡胤很满意自己的妻子，新房之内，他感受到前所未有的温馨和快慰，仿佛已超然于乱世之外，进入一个安详静谧的世界。贺氏比赵匡胤小两岁，在赵匡胤面前温顺而恭敬，脉脉温情和深深爱意使赵匡胤沉浸在幸福之中。但是，赵匡胤也不免有些遗憾：成家而未立业，岂不愧对祖宗?

赵匡胤成亲的第二年夏天，天气异常炎热。少帝石重贵满足于阳城之战反击契丹的胜利，自以为天下平定，愈益骄奢淫逸。他把各地贡献都收入内库，修宫室，饰后庭，肆意挥霍。他专门修建了一座织锦楼，令数百织工编织地毯。石重贵尤其喜爱优伶，赏赐无度。而对于战场上重伤的军

卒却很冷落，致使士卒离心，怨声 四起。开运三年（946年）七月，契丹再度南侵，石重贵以杜威为元帅出兵御敌，杜威贪恋契丹主扶植他作中原皇帝的许诺，卑鄙地决定投降。他先让诸将在降表上签了字，接着令军士齐聚帐外，军士们原以为要与契丹决战，无不振奋，但听到的却是让他们放下武器的命令，顿时捶胸痛哭，声震原野。杜威投降后，马上引契丹军南下，挺进开封。

对于契丹的入侵，石重贵毫无准备。惊慌失措中，石重贵急令人在宫中放火，并准备与宫人一起自焚。正在这时，契丹主派人送来书函，说，如能屈身投降，可免杀身之祸。石重贵活命心切，马上令人灭火，率文武百官迎契丹军入城。契丹主将石重贵及其家属掠至契丹境内的建州，后晋遂告灭亡，石重贵在度过了20多年流放生活后客死异域。

后晋灭亡后，第二年春，晋河东节度使刘知远在晋阳称帝。六月，刘知远顺利地经洛阳进入开封，在此建都，是为后汉。

短命王朝又一次出现更迭，赵匡胤也又一次感受到这个世道的动荡不定，又一次认识到武力足可改天换地扭转乾坤。于是，不甘寂寞的他热烈地萌生出一种闯荡天下的欲望。他决计走出安乐窝，到社会风浪中去经受一番检验，寻找一个可以施展才能的用武之地。

赵匡胤又想到了洛阳街巷中那尊半埋于土中的石马和那个激动人心的英雄故事。他不甘心让自己的远大抱负和一身武艺埋没于户牖之下，他要为前程奋争。他觉得，自己正当青春年华，贪恋似水柔情无异于葬送自己的未来，应该像那位不知名的英雄一样，到疆场上去寻找自己的位置。

这天，他跃跃欲试地来到父母跟前，和盘托出了自己的想法。赵弘殷夫妇听罢，先是一惊，继而不约而同地表示反对。这些年，赵弘殷的官职一直未得到提升，他从自己在仕途中的坎坷经历出发，认为当今乱世虽是武人的天下，但能够建立功业或称王称帝者多是根基深厚、割据一方的枭

雄。作为一个禁军校尉之子，位卑势小，很难有所作为。杜氏则担心儿子的安全，她说，现在到处动刀用兵，只身一人到哪里去？莫如待在家中，守在父母娇妻身边，安安稳稳地过日子，等以后太平了再图进取。

赵弘殷夫妇的一番劝说并未动摇赵匡胤的决心。但他觉得一时又难以说服父母，只好点头应诺而去。

赵匡胤又把自己的想法告诉了新婚不久的妻子，一向恭顺的贺氏只是低头垂泪，默默不语。后来，她小声告诉丈夫，她已有了身孕。望着这位柔弱多情的妻子，赵匡胤一阵心痛。他岂愿与妻子作新婚之别？怎不希望看到自己孩子的出世？但是，燃烧在胸中的热望最后还是使他割断了似水柔情。他只是没有马上告诉贺氏，他怕伤害她。

一个雾蒙蒙的黎明，20岁的赵匡胤身背简单的行囊，走出了他从小厮守着的家门，走出了后汉都城开封。他没有过多的留恋，只知昂首前方，大步前行。

在日常生活中，我们经常可以看到这样一些人，他们虽然没有很好的生活状态，但也不算坏；虽然生活质量说不上高，但是也不低；整个人生说不上是成功，但也不能归为失败。或许他们最大的愿望就是可以保持这种状况并且不会有什么大的改变。为了使自己的生活更加丰富多彩，他们也会考虑去冒险。可是，他们最想要做的就是追求一种生活安全感。

如果从客观方面来说，随遇而安、过普通的生活也是一种人生，因为这是每个人必将经历的。然而，如果只是把随遇而安和安全感放在人生所追求目标的定位上，长此以往就会导致我们心理上形成一种安全感。即使有机会来临，我们也不懂得把握。

所以，从某种意义来说，安于现状并不是一件好事，它会阻碍我们前进的步伐。

所有喜欢安于现状的人都有着共同的心理特征，即普遍缺乏控制想象的能力。他们能够打开自己的心扉向他人诉说自己的情况。在短短的时间里，他们就能想出关于自己的未来可能发生的情况。然而那些有着远大目标的人却能够控制自己的各种想象，对未来的一切美好事物可以自己预见。

如果我们把人生中可能出现的风险都消除了，那么由此而产生的惊奇和害怕也会随之消失。对于很多无趣的人而言，生命是那样的苍白无力。其实，如果我们早已经弄清楚生活中可能发生的事情，那么整个生命会变得更加无趣。对于未来的人生，我们只要弄清楚一件事情就可以，即生命会有终结的一天。然而，在这之前，所有的可能性都是存在的。

因此，如果我们想要改变现在的状况，就应当尝试一种新鲜的、有声有色的生活方式。

在日常生活中，很多人都喜欢做一些体育运动，如踢足球或者是拳击；另外，人们也会尝试新鲜刺激的娱乐设施，如蹦极或者是坐过山车，在这个过程中享受刺激的感觉。因此，在结束之后，很多人都会用“花钱买罪受”来总结。其实，虽然受到了惊吓或者是刺激，但是其对我们各方面都是很有益处的。

如果一个人是真正的学问家，当别人对其提出重要问题的时候，他会特别高兴，因为这样会使其学识更加渊博，一个具有积极的成功导向的人，绝不会为下个月的账单而发愁；一个学得很好的学生往往喜欢老师进行临时测验……这些活动都会让人感觉到刺激，而且很多人都乐意享受这种感觉。

在一生中，每个人都会经历一些不顺心的事情。当然，在这些问题面前，每个人的态度都是不同的。有的人在困境中不堪重负，被压弯了腰；而有些人在困境中却能够斗志昂扬，披荆斩棘，最后走向成功。可见，态度对成功有着非常重要的影响。

其实，如果一个人想要成功的话需要勇于面对困难。只有经历了磨砺和考验之后，一个人才会更加有毅力，变得越来越坚强。在处于顺境中的时候也不会感到满足，这同样是成功者的重要素质。

在身处困境中的时候一定不要悲观失望，而是要充满热情地面对困难。在身处顺境时也不能得意忘形，而是要勇攀高峰。只有这样，才能真正做到“胜不骄、败不馁”。

所以，在只有一次的人生中，我们应当避免安于现状，而是从这种状态中走出来，找到更好的发展机会。只有这样，才能不断发展自己和成就自己。

坚定不移的积极心态

坚定不移的积极心态是打破和超越自我限制、创造人生新境界的原动力，是把思考变成力量的源泉。一旦我们具备了积极的心态，这就为自己的人生点亮了一盏成功的心灯，使我们更加坚定地前行。“自信是成功的第一秘诀”。这是爱默生的一句名言，自信的确能够推动着我们走向成功之路，因为它能够产生一种让人无法想象的力量。成就大事者必须要有自信这盏心灯。赵匡胤不但有着百折不挠的精神，他还对自己的人生特别自信。

古老的黄河，像一匹桀骜不驯的烈马，一路上涤荡着山岩，裹挟着泥沙，波翻浪卷，奔腾咆哮。经过了千回百转的冲波逆折，浩浩荡荡千里奔泻，不屈不挠地向着既定的目标前进、冲刺，决不停步，更不退缩。

赵匡胤离开汴京之后，正是沿着黄河大堤，由东向西，逆流而上。他没有目标，不知道路在何方，更不知道归宿在何处。只是怀着一腔热血，踌躇满志，只身一人闯天下。他深信不疑，外面的世界一定很精彩，因为那是无数英雄叱咤风云、建功创业的大舞台，是自古以来，无数风流人物纵横驰骋，逐鹿问鼎的大战场。“天生我材必有用”，他坚信自己一定会像中华历史上那些风云际会的英雄人物一样，在这个大舞台上一展身手。绝不是那些蝇营狗苟、庸碌无为的芸芸众生。

赵匡胤背着一个简单的包裹，手提一条哨棒，大步行进在黄河大堤上。略带湿润的河风吹在他那紫红色的脸膛上，扑在他那敞开的微微起伏的胸膛上，他感到十分惬意和自得，来到这个世界上24年了，今天才真正迈出了人生的第一步。

他看着河床里那汹涌澎湃、翻滚喧逐的浑浊浪涛，心中平添了无限的感慨。这条凶悍而又温驯、狂放而又多情的河流，中原大地的生命之源，炎黄子孙的母亲河，它浩浩东流，不舍昼夜，孕育了华夏的古老文明，阅尽了历史的风雨沧桑。在它流经的大地上，既创造过盛世的繁荣辉煌，也上演过乱世的凄惨悲剧。不知有多少英雄豪杰在此饮马，然后扬鞭驰骋，奔向成功人生的终点；也不知有多少败军之将在此磨刀霍霍，最后却折戟沉沙，身败名裂。这里是英雄的摇篮，也是庸者的坟墓。他对着黄河发誓说：我赵匡胤今日也是从你身边出发，以黄河作证，不创出一番惊天动地的事业，我今生今世誓不还乡。

在他闯荡期间就对着黄河发出“不创出一番事业就不回故乡”的誓言，可见他年少时期的自信。

一个人要想获得成功，就要树立自信。没有自信便不可能有成功，自信，就是人生成功的入场券。爱默生说过：“自信是成功的第一秘诀。”可以说，人生最大的缺憾莫过于失去自信。

约翰逊经营一个小本杂货店，日子虽然平凡却也算幸福，但他一直觉得对妻子和孩子很内疚，总觉得他妻子和孩子本该更幸福。就是那种歉疚的心情激励他有了今天的成功。现在，约翰逊有了一所占地8000多平方米的漂亮新家，对他们来说空间已经够大了，而家里的设计能让人感觉很舒适。他和妻子再也不会为能否送他们的孩子上一所好的大学而发愁了，他的妻子在花钱买衣服的时候也不再有压力了。有一年，他们全家都去欧洲度假，并在欧洲度过了一个难忘的圣诞节。约翰逊感到自己已经过上了真正的生活。

约翰逊说："这一切的发生并不是偶然的，是因为我利用了信念的力量。几年以前，我听说在休斯敦有一个经营日杂百货的工作。那时，我们还住在亚特兰大。我下决心要去试一下，希望能多挣一点钱。我到达休斯敦的时间是周日上午，但公司与我面谈还得等到星期一。

"晚饭后，我坐在旅馆里静静思考，突然觉得自己是多么的可憎。'这到底是为什么，上帝怎么能这样对我！'我问自己，'为什么我总是逃脱不了失败的命运呢？'"

约翰逊不知道那天是什么力量促使他做了这样一件事：他取了一张旅馆的信笺，写下几个他非常熟悉的、在近几年内远远超过他的人的名字。

这几个人取得了更多的权力和工作职责，其中一个原是邻近的农场主，现已搬到更好的边远地区去了；另一位约翰逊曾经为他工作过；最后一位则是他的妹夫。约翰逊问自己：什么是这三位朋友拥有的优势呢？他把自己的智力与他们作了一个对比，约翰逊觉得他们并不比自己聪明多少；而他们所受的教育，他们的性格、个人习惯等，也并不具有任何优势。终于，约翰逊想到了另一个成功的因素——主动性。不得不承认，他的朋友们在这点上胜他一筹，而他总是被逼无奈时才采取某些行动。

那时已经是深夜2点钟了，可约翰逊的脑子却还十分清醒。他第一次

发现了自己的弱点。他深深地探查自己的内心，发现缺乏主动性是因为在内心深处他并不看重自己，对自己没有信心，更别谈什么远大的抱负了。

约翰逊回忆着过去的一切，就这样坐着度过了一夜。从记事起，约翰逊便缺乏自信心。他发现过去的自己总是在自寻烦恼，自己总对自己说不行，不行，不行！他总在表现自己的短处，几乎他所做的一切都表现出了这种自我贬值。

他终于想通了：如果自己都不信任自己，那么将没有人信任你！

于是，约翰逊作了一个决定："我一直都是把自己当成一个二等公民，从今以后，我再也不这样想了，我要成为一个优秀的公民，一个优秀的丈夫，一个优秀的父亲。"

第二天上午，约翰逊仍保持着那种高昂的自信。他心中暗暗把这次与公司的面谈作为对自己自信心的第一次考验。在这次面谈以前，约翰逊希望自己有勇气提出比原来工资高一到两倍的要求。但是，经过这次自我反省后，约翰逊认识到了他的自我价值，因而把这个目标提到了三倍。最终，约翰逊达到了目的，他获得了成功。

所以，人生是需要自信的。自信者，可望获得成功，不自信者，与成功无缘。自信是成功的秘诀。参透了自信的真谛，就算是已定的"事实"也有翻身的希望。自信是一种力量，一种潜在的、可贵的、强大的力量，有了它，就可以做出一番惊天动地的伟大事业来。自信是做人的原则，一个人不可能事事顺利，不管遇到什么困难，不管历经多少失败，都要努力去战胜困难，要像那无所畏惧的苍松一样傲然挺立。自信是一种拥有、一股勇气，就是凭借着这股激情，我们才能开拓自己的人生道路，尽情描绘明日的七彩世界。

正视生活中的苦难

苦难连接着生活与命运，是孕育灵魂和生命的土壤，缺乏苦难的人生便失去了光彩。苦难让我们对生命的体验不再浮于表面，而是触到了本质，体验到更深邃的人生境界。赵匡胤的青年时期也经历了苦难的磨炼。

根据前文所述，赵匡胤显然是不想依靠父亲的帮助来实现自己的愿望，他先是南下投奔随州刺史董宗本，董宗本虽收留了他，可董宗本的儿子董遵海却处处与赵匡胤作对。寄人篱下，难以伸展其志向，赵匡胤不得已只好离开随州。

随州之行没有结果，赵匡胤便继续南下来到复州（今湖北天门市）。复州防御使王彦超也没有接纳他，只叫人给了他一些钱就打发走人。

复州投靠失败，赵匡胤一气之下来到了襄阳。囊中羞涩的赵匡胤此时连吃饭都成了问题，只好寄身和乞食于佛舍僧寺。有一老僧善观相，还擅长占卜，见赵匡胤风尘劳顿，仍紫面丰颐，一身破衣却不显寒酸之态，暗中称奇。一交谈，更觉此人不可小觑。他告诉赵匡胤，汉水以南各个政权都比较稳定，发展前途不大，北方正处乱世，是英雄有所作为之地，所以建议他应北上而不能南下。老僧认定赵匡胤日后必定发达，不但对他客气有加，而且厚赠金钱，送其北归。

赵匡胤在此四处奔波、一无所获之际，却获得了如此大的精神安慰。

于是便从襄阳北上，来到应天府（今河南商丘市）。有天他喝了点酒，乘着酒兴来到一座名为高辛庙的寺院占卜，看看自己是否能做个小校（初级军官），后又求神让他能当上节度使，结果都不见回应。赵匡胤急了，脱口问："做节度使都不行，难道能做天子吗？"猛地一掷，竟然得到了回应。

赵匡胤心情十分亢奋。高辛庙一卜给这位茫茫无助的流浪者平添了许多信心。在当时，要当皇帝，首先要成为一名军人。在投奔朋友均宣告失败后，他只得去寻找父亲了。

此时赵弘殷正在西北追随郭威讨伐李守贞。赵匡胤只好沿着黄河溯流西上，靠着这个惊人预言的慰藉，开始了艰难的闯荡。精神的力量战胜了漫漫长路所带来的种种疲劳和困顿，此时赵匡胤充满着大干一番的雄心壮志。

赵匡胤流浪至长安，食不裹腹、衣不遮体。时值冬日，饥肠辘辘的他实在无法咽下手里仅有的两块干馍，走着走着，来到一家卖熟羊肉的店铺前，希望掌柜能动恻隐之心。掌柜见他可怜，就让他将馍掰碎，然后用煮过的肉汤浇，赵匡胤接过香喷喷的肉汤浇馍，感激万分，吃完后向掌柜深深作揖致谢。这就是西安流传下来的关于羊肉泡馍的传说。

赵匡胤这次出行，最远到了泾州（今甘肃泾川）、原州、镇州（今甘肃镇原）一些地区。在泾州长武镇一座寺庙中，僧人守严见他气度不凡，便偷偷派人在寺院墙上画下了他的肖像。当时的赵匡胤头戴青巾，身着粗衣，在其当上皇帝后，该寺才把画像上的衣着改过来。在镇州潘原县，赵匡胤与当地人赌钱，他大占上风，博了些彩头，但当地人见他是外乡人，便联合起来将他狠揍了一顿，将他赢来的钱洗劫一空。

当了皇帝后，赵匡胤对这次所受的欺负仍记忆犹新，曾一度动念头要将此地人全部迁徙。在原州，疲惫不堪的赵匡胤实在难以迈开双腿，便躺在树下睡觉。据说树木对这位潦倒的年轻人也格外照顾，连投下的阴影也不随

太阳的变化而移动，始终不懈地为这位进入梦乡的未来皇帝遮着阴凉。

长年的闯荡，除了冥冥之中的慰藉外，赵匡胤一无所获，他灰溜溜地回到了他的出生地洛阳。世态炎凉和备受欺凌的经历使他欲哭无泪，在这座充溢着帝王之气的九朝古都，赵匡胤思绪万千，深感前程渺茫。他倚着长寿寺大佛殿的巨大木柱，无奈而疲惫地合上了双眼。藏经院主僧路过，看见一条红蛇从赵匡胤的鼻孔中钻来钻去，惊诧不已，待赵匡胤醒后，便细细询问他的去向。赵匡胤如实相告：想去澶州投奔柴荣，苦于没有盘缠。僧人立即以毛驴和钱币相赠。

几经周折之后，赵匡胤投奔到后汉大将郭威帐下，当了一名普通士兵。

一个人的早期经历对其一生都有相当重要的影响。赵匡胤有了将近两年在外闯荡世界的经历，这段苦难人生，不仅使他开阔了眼界，洞悉了各种政治关系，也使他对社会生活有了种种实在的体验，更重要的是使他萌发了出人头地的念头，立下了雄心壮志。

苦难是人生的常态，它往往是伴随着我们的一生。如果能理解了这一点，那么我们就不会对人生的苦难耿耿于怀，就能实现人生的超越。

大部分人都不愿正视苦难。遇到苦难的时候，他们要么是怨天尤人，要么抱怨自己的不幸。他们总是抱怨为什么有这么多的麻烦、压力、困难与其为伴，并认为自己是世界上最不幸的人。其实，之所以会抱怨苦难，是因为他们还不曾明白苦难也是我们寻找观察世界的方式，痛苦是人的一种本质体验。

上帝有一天心血来潮，来到他所创造的土地上散步。

一位农夫说："仁慈的上帝，这50年来，我没有一天停止过祈祷，祈祷年年不要有大风雨，不要有冰雹，不要有干旱，不要有虫害，可是不论我怎么祈祷，总不能样样如愿。"

上帝回答："我创造世界，也创造了风雨、干旱、蝗虫与鸟雀，我创造了不能如你所愿的世界。"

农夫突然跪下来吻着上帝的脚："全能的主呀，您可不可以明年允诺我的请求，只要一年的时间，不要大风雨，不要烈日干旱，不要有虫害？"

上帝说："好吧，明年不管别人如何，一定如你所愿。"

第二年，果然如农夫的所愿，他的田地结出许多的麦穗，农夫兴奋不已。可等收割的时候，奇特的事情发生了，农夫的麦穗里竟是瘪瘪的，没有什么籽粒。

农夫含着眼泪跪下来，向上帝问道："仁慈的主，这是怎么一回事？您是不是搞错了什么？"

上帝说："我没有搞错什么，因为你的麦子避开了所有的考验，麦子变得十分无能。对于一粒麦子，风雨、烈日是必要的，甚至蝗虫也是必要的，因为它们可以唤醒麦子内在的灵魂。"

人的灵魂也和麦子的灵魂一样，如果没有任何苦难考验，人也只能是一个空壳而已。每一个人，从出生以后，就开始面对各种考验，并开始收获各种考验所带来的宝贵人生特质。那些普通的麦子尚能昭示不普通的生物延续哲学，一个人若能经受苦难的考验，经历某些可贵的坚持，能不孕育一些珍贵的人生积淀吗？

因此，只要我们敢于正视苦难是人生的考验这一事实，并且以一种积极乐观的态度面对它，就再不会被它困扰，反而会将它看成是人生的瑰宝。

苦难，作为人生的消极面，人人唯恐躲之不及。然而它在人生中的意义并不是完全消极的。苦难常常能够唤醒我们的灵魂。在通常情况下，我们的灵魂是沉睡着的，一旦我们感到幸福或遭到苦难时，它便醒来了。如果说幸福是灵魂的叹息和歌唱，那么苦难便是灵魂的呻吟和抗议，在两者

中突显的都是对生命意义的强烈体验。

多数时候，我们总是在为生活忙忙碌碌，无暇顾及生命的本质与内在的心灵。苦难能打断我们所习惯的生活，使我们忙碌的身子停下来，同时也提供了一个机会，迫使我们与外界事物拉开距离。只要我们善于利用这个机会，肯于思考，就会获得一种新眼光。因此，苦难中一定蕴涵着人生的珍宝。

要想让自己坦然地面对人生的种种痛苦，并竭尽全力去克服它，就必须先改变对待痛苦的态度。一旦我们领悟到了，我们所遭遇的每一次痛苦，都是有助于我们心灵成长的精心设计，都是用来指导我们的生命旅程的，我们注定会成为赢家。

一群少年非常喜欢捕鱼，他们常常结伴在一泓深潭边钓鱼。但是，每次忙活大半天，都只能捕到一些小鱼。可他们却看到集市上的一位中年渔夫天天卖大鱼，于是很好奇地问："你这些大鱼是从哪里来的？"中年渔夫说："当然是从河里得来的！"

少年们好奇地问："我们也是经常在河里捕鱼，为什么半天钓的鱼加起来还没有你的一条鱼重呢？"渔夫神秘地说道："我有门道！不是谁想弄到大鱼就能够弄到大鱼的！"

少年们央求中年渔夫说："那你教教我们吧！我们只是喜欢捕鱼，保证不会在这集市上来卖鱼抢你的生意！我们只是想感受一下捕到大鱼的感觉。"在少年们的再三请求下，渔夫终于答应等集市散了，到河边为少年们传授秘诀。

集市散了，渔夫收拾好自己的鱼篓，带着少年们来到了河边。

"你们一般都在哪里捕鱼？"中年渔夫问。少年们指一指河面比较平静的那一段，说："当然是那里了，水流比较缓，鱼肯定比较多！"

渔夫哈哈大笑，说："你知道我在哪里捕鱼？"渔夫指一指潭上边不

远的河段里。那是一个水流湍急的河段，雪白的浪花哗哗地翻卷着。

少年们都觉得这渔夫很可笑，在浪大又湍急的河段里，怎么会捕到鱼呢？

渔夫笑笑说："潭里风平浪静，所以那些经不起大风大浪的小鱼就自由自在地游荡在潭里，潭水里那些微薄的氧气就足够它们呼吸了。而这些大鱼就不行了，它们需要水里有更多的氧气，没办法，它们只有拼命游到有浪花的地方，浪越大，水里的氧气就越多，大鱼也越多。"渔夫又得意地说，"许多人都以为风大浪大的地方是不适合鱼生存的，所以他们捕鱼就选择风平浪静的深潭。他们想错了，一条没风没浪的小河里是不会有大鱼的，而大风大浪恰恰是鱼长大长肥的唯一条件。大风大浪看似是鱼儿们的苦难，但这些苦难却是鱼儿们的天然给氧器啊！"

风平浪静的河流是不会有大鱼的，只有风大浪急的河流，才有大鱼出现。这就像一个人不经历苦难，永远成不了大气候，只有经历一定的挫折和失败，才能够真正让一个人取得成功。所以每个人需要做的，就是要正视生活中的苦难，把每一次苦难都当成是心灵成长的精彩设计。

李嘉诚曾经说："苦难的生活，是我人生的最好锻炼。"正是了解了苦难对自己是很有作用的，因此，李嘉诚才取得了巨大成功。正因为这样，比尔·盖茨才决定把自己的财产捐出去，只有这样，才能督促自己的儿孙们更加努力，否则就是对他们不负责任。

其实，在正视困难的同时也是在正视自己的人生。在人的成长过程中，苦难是最好的老师，它会让你在短时间内变得更加成熟，最终取得成功。在困难面前一定要采取积极的心态，只有这样，苦难才会转化为一笔财富。

抓住人生的机遇

众所周知，“机不可失，时不再来”是为大众所共识的，要想在第一时间内抓住机会来改变自己的命运只有依靠破釜沉舟的精神。“人生能有几回搏，此时不搏何时搏”是很多人的座右铭，当机会摆在面前的时候一定要抓住它，否则就会失去更多的机会。赵匡胤正是抓住了当兵的这次机遇，他的人生才得到了彻底的改变。

虽然三年的流浪生活对于赵匡胤来说是苦不堪言的，但是也是有一定好处的。因为曾经的他过惯了舒适的生活，在流浪过程中，赵匡胤感受了人间冷暖。他曾经被人欺负毒打，受过寄人篱下时的冷嘲热讽，因为忍受不了饥饿而去偷食物，没有地方睡觉，他只好露宿在树下。但是，他也获得了更多的阅历和体验，他了解了世态炎凉，也磨炼了自己。如此种种都为其以后的统军治国打下了良好的基础。

人们常说：“机会总是青睐刻苦努力的人。”《封神演义》中有这样一个故事：姜子牙学艺归乡后，一直过着平淡而清贫的日子。凭他的才学，出将入相绝对是轻而易举，但他一直默默无闻，直到年届七旬也无所作为。一天，姜子牙在渭水河边垂钓，半天未见有鱼上钩。等到姜子牙收拾工具准备回家时，一路的人看到姜子牙的鱼钩竟然是直的，于是惊诧之余便向他讨教。姜子牙只说了一句“该来的总会来”。路人都以为姜子牙

疯了，但他们哪里知道，姜子牙之意不在鱼，他在等待贤明的君主。这就是我们常说的“姜太公钓鱼，愿者上钩”的故事。后来便有了周文王请贤出山、灭商而建周的真实故事。

对于武将来说，战争就是一种机遇。武艺和兵法是武将谋生的基本手段。正当赵匡胤苦闷彷徨之际，他抓住了一个小机遇，加入正在四处招兵买马的郭威军中，成为一名普通士兵。郭威是五代时期后周王朝的建立者，公元951年建立周国，即历史上的后周。正是这个小机遇，中国的历史也因此改变了。

一日，赵匡胤正在邺都城中闲逛，忽见不远处竖有一杆大旗，旗下有一桌案，一小校正与几个兵士向围观的青年人鼓动宣讲，煞是热闹，便凑上前去。那小校年方20岁，一副英武之气，他眉飞色舞地对众人说，当今天下，国难深重，契丹的兵马屡犯中原，抢掠财物，杀戮百姓，搅得人心惶惶，百业不兴。有志之士应以国运为念，投军报国，上阵杀敌，建功立业。他还说，邺都留守乃天下帅才，满腹韬略，爱兵如子，若能投奔其帐下，必将大有作为。

人群之中的赵匡胤也深深地被感染了，他不禁想到，难怪人们说郭留守善治军旅，良将云集，这演讲颇有煽动性，围观者引颈注目，屏息静听，并深深地被小校的演讲所折服。实在是名不虚传，连这位小校也如此精明强干！我今正前途无着，何不应募投军，追随郭留守，做出一番事业？

赵匡胤随即又想起了高辛庙的占卜和老僧人的指点。出于一种对天命和神祇的深信和笃诚，他加入了应募者的行列，投军于郭威麾下。

赵匡胤就是紧紧抓住这次机遇，在军中当了一名兵士，从此施展自己的人生抱负，最后登上了皇帝的宝座。

一个人只有善于抓住机遇，才能有机会实现自己的理想。在充满竞

争的信息时代，帮助人们成功的机会有很多，但机会就像过眼云烟，错过了就不会再回来。所以，在机会面前一定要坚决果断、义无反顾，当机立断，千万不要延迟和等待，更不可优柔寡断。

机遇对每个人都是公平的，但为什么有的人总是能抓住机遇使自己成功，而有的人却对机遇视而不见、无动于衷呢？其关键就是各自的思维不同。对于没有正确思维的人来讲，即使有许多机遇摆在他面前也毫无用处，而具备杰出思维的人却能在最平凡的小事里发现机遇，有时这个机遇甚至可以改变他一生的命运。

实现目标或取得最佳成绩的人，他们被认为是杰出者，但他们往往不是簇拥在人流之中去竞争，而是独辟蹊径，发挥优势，用超出常人的思维去实现自己的目标。

有一年，但维尔地区经济萧条，不少工厂和商店纷纷倒闭，被迫低价抛售自己堆积如山的存货，价钱低到1美元可以买到100双袜子。

约翰·甘布士是一家织造厂的小技师。当他把自己的积蓄用于收购低价货物时，人们都嘲笑他是个蠢材！

约翰·甘布士对别人的嘲笑漠然置之，依旧收购各工厂抛售的货物，并租了一个很大的货场来贮货。

妻子劝他，不要再收购这些别人廉价抛售的东西，因为他们历年积蓄下来的钱数量有限，而且这笔钱是准备用作子女教养费的，如果此项生意血本无归，那么后果便不堪设想。

对于妻子忧心忡忡的劝告，甘布士笑着安慰她道："3个月以后，我们就可以靠这些廉价货物发大财。"

过了10多天后，那些工厂找不到买主了，便只好把所有存货用车运走烧掉，以此稳定市场上的物价。

妻子看到别人已经在焚烧货物，不由得焦急万分，抱怨起甘布士。而

对于妻子的抱怨，甘布士一言不发。

两个月后，美国政府终于采取了紧急措施，稳定了但维尔地区的物价，并且大力支持那里的厂商复业。

这时，但维尔地区因焚烧的货物过多，存货欠缺，物价一天天飞涨。这时，约翰·甘布士马上把自己库存的大量货物抛售出去，一来赚了一大笔钱，二来使市场得以稳定，不致暴涨不断。

当他决定抛售货物时，妻子曾劝告他暂时不忙把货物出售，因为物价还在一天一天飞涨。

他平静地说："是抛售的时候了，再拖延一段时间，就会后悔莫及。"

果然，甘布士的存货刚刚售完，物价便跌了下来。妻子对他的远见钦佩不已。

后来，甘布士用这笔赚来的钱开设了5家百货商店，生意非常红火。

现在，甘布士已经成为美国重要的商业领军人物，他曾经写给青年们一封公开信，在信中他意味深长地说："亲爱的朋友，我认为你们应该重视那万分之一的机会，因为它将给你带来意想不到的成功。有人说，这种做法是傻子的行径，比买奖券的希望还渺茫。这种观点是有失偏颇的，因为开奖券是由别人主持，丝毫不由你主观努力，但这种万分之一的机会，却完全是靠你自己的主观努力去争取的。"

这个故事充分地说明了杰出者的思维方式，说明他们是怎样抓住机遇的。你应当像他们一样，善于抓住机遇，把握机遇，创造机遇，直到成功。

不过你得注意，要想把握住这万分之一的机会，你必须做到：

目光远大。鼠目寸光是不行的，不能只看见树叶，而忽略了整个森林。

做好准备，有一句名言说："机遇偏爱有准备的头脑。"在机遇来临之前先提升自我，在机会到来时才能牢牢把握。

锲而不舍。没有持之以恒的毅力和百折不挠的信心，是难以取得成功的。

对机遇，必须看准时机及时把握它，并付诸行动，将它变成现实的成功，这才是杰出人士的明智选择。

利用机遇实现自我

人生是平淡无奇的，如何能让平凡的人生变得非凡呢？这就需要你综合所有的能力，练就非凡眼光，抓住机遇，踏实苦干，为自己积累走向非凡的筹码。加入郭威的麾下之后，赵匡胤就抓住这次机会，在军队中努力实现自我、大展自己的才华。

郭威在后汉王朝可算得上是一个了不起的人物。他以枢密使身份统率大军平定李守贞叛乱后，后汉隐帝对他厚加赏赐，加封他为检校太师兼侍中，其地位之高可说是独一无二。特别是朝廷倚重他抵御契丹入侵而任命他为邺都（今河北大名）留守，以宰相兼方镇。节度河北诸州一切军政事务后，郭威更是权重一时。

功高自然会震主，历史上许多著名人物的悲剧都是由此而来。

郭威镇守河朔、主政邺都，应当说颇有起色。随后被封为天雄军节度使。其养子柴荣在邺地搞了一些改革，地方政务井然有序，一方晏然，大大提高了政治声誉，也由此引起了汉隐帝的猜忌。

后汉乾祐三年（950年）十月，汉隐帝派使者持密诏斩杀郭威，并把郭威留在京城开封的家人全部杀害。郭威一怒之下，统率大军，自澶州（今河南濮阳）、滑州（今河南滑县），一路过关斩将，招降纳叛，直取

京师，最终推翻后汉政权，自己做了君主，成为后周王朝的开国帝王。

在拥立郭威的过程中，后起之秀赵匡胤立功不小，因而被提升为东西班行首，做了禁军的一名小军官，接着又被提升为滑州驻军的副指挥使，开创了他日后飞黄腾达的局面。

郭威称帝后，因其家属全被杀戮，便将他的侄子兼养子柴荣视作皇位的继承人。当郭威率大军南下攻打开封时，柴荣被郭威留在邺都稳定后方。建立后周政权后，柴荣以“皇子”身份担任澶州节度使，后周广顺三年（953年）又被任命为开封尹（首都最高行政长官）。

年轻有为、身份特殊的柴荣相中了同样年轻的赵匡胤。柴荣的眼光果然不凡，赵匡胤在后来的高平之战中力挽危局，保住了后周的江山。

柴荣经常出入宫廷，对这位屡立战功的年轻将领抱有很大期望，在征得郭威的同意后，又将赵匡胤调到自己身边，提升为开封府马直军使（骑兵军官）。由地方军事副官改任京畿戎卫部队军官，并为柴荣所知遇，这便是赵匡胤发迹的关键一步。是年，赵匡胤27岁。

广顺三年（953年）十二月，郭威突然身患重病，他才只当了三年皇帝便自知身体不行了，只好把治国的重担交给了柴荣。次年元旦，柴荣在郭威的灵柩前即位。

抱负远大的柴荣需要网罗自己的班底，这又给赵匡胤提供了一个机会，他荣幸地得以入围。

后周显德元年（954年）二月，周世宗柴荣即位不久，潞州（今山西长治市）边关就传来敌情，北汉主刘崇趁后周国丧，内部未稳，领兵打过来了。

刘崇是后汉高祖刘知远的弟弟，一直坐镇河东，为太原留守，郭威起兵攻灭后汉隐帝刘承祐后，曾一度假意立刘崇之子刘赟为帝，后来又废为“湘阴公”，最后又杀了刘赟。郭威的所作所为，刘崇相当痛恨。

后来刘崇便认契丹主为叔父，依附契丹长年与后周作对。他占据河东一隅之地，自称皇帝，继承后汉国统，并时刻不忘复仇南侵。

郭威一死，新天子难以驾驭局面，刘崇觉着机会到了，便立即禀报契丹主，契丹派杨衮率一万多骑兵相助，刘崇自己点兵三万，以张元徽为先锋，两军会合，挥师南下。

消息传来，后周朝廷一片慌乱，柴荣立即召群臣商讨对策，准备统兵亲征。但此时满朝一片反对声：刘崇乃先帝手下败将，遁逃太原后，势蹙气沮，必不敢轻举妄动。陛下刚刚继位，先帝寝陵未安，人心易动，不宜随便亲征，派手下将领抵御即足以退敌。

柴荣不以为然，说：“这次刘崇是来者不善，趁先帝身殁，轻朕年少而来，乃意在图谋天下，我不可不往。”考虑到自己毕竟年轻，怕压不住阵势，柴荣又补充说：“昔唐太宗平定天下，未尝不亲征，朕何敢偷安！”

资深老到的冯道从心底里有些瞧不起新皇帝：“陛下未必能学得了唐太宗。”这话激怒了柴荣：“以我军之强大，迎战刘崇的乌合之众，无异于以山压卵，你为何讲这话？”

“陛下能充当一座大山吗？”冯道仍不服气。受到如此轻侮，柴荣下定决心要进行亲征，他需要让事实说话。

长期跟随郭威的柴荣对打仗的事情很在行，他果断地做出部署。命天雄军节度使符彦卿领兵袭击北汉军后路；命河中节度使王彦超自晋州（今山西临汾）东下，夹击刘崇；命禁军都指挥使樊爱能、步军都指挥使何徽、宣慰使向训率军从正面前往泽州（今山西晋城）迎战敌军。

三月十一日，柴荣率军从开封出发。

刘崇从太原出发一路比较顺利，先在邢州打败了昭义节度使李筠的部队，迫使李筠逃到潞州，闭城自守。

为了争取时间，刘崇没有攻打潞州，而是引兵绕道南下，直抵高平

（今山西晋城东北）。柴荣从开封出发后日夜兼程，十八日到达泽州，当夜即宿于潞州城东北15里外的村舍。次日，在高平与北汉契丹联军进行交战。

两军前锋在高平县遭遇，周军小有胜利。柴荣深受鼓舞，将万余周军分成三路：以侍卫亲军马步军都虞侯李重进、滑州节度使白重赞为左军，侍卫马军都指挥使樊爱能、步军都指挥使何徽为右军，宣慰使向训、郑州防御使史彦超率精锐骑兵部队为中路军，中路军是柴荣坐镇的部队。禁军将领赵匡胤在殿前都指挥使、郭威女婿张永德指挥下，担负着保护柴荣的重任。

此时，刘崇亦在高平县南列阵迎战周军。契丹杨衮部队居西翼为右军，先锋张元徽居东翼为左军，刘崇亲率3万大军为中路军。双方严阵以待。

战幕拉开之后，由于后周河阳节度使刘词所率的后路大军尚未到达，交战对方力量相差悬殊，有些将领便有了怯阵心理。刘崇见后周兵少，先骄傲起来。后悔不该拉上契丹，心想自己几万军队对付周军已绰绰有余。杨衮劝他不要轻敌，他不但不听，反倒叫契丹骑兵不必出战。他感到胜券在握，决定要让后汉部队收取全功。

果然不出刘崇所料，交战不久，后周右军首先被打开。张元徽仗着勇猛和连打几次胜仗的锐气，一马当先冲杀过来。樊爱能和何徽一看北汉士兵漫山遍野不计其数，顿时慌了阵脚。起初想让统领后军的刘词增援，不料援军未到，阵线就被冲垮了。于是东厢骑兵大乱，步军数千人逃之不及，纷纷向汉兵投降。樊爱能和何徽则早已扔下部队，率数骑逃离阵地。两人边逃边放风，说后周已战败投降，试图阻止后军刘词部队向前推进，以推卸责任。

右军溃败，“危机之势，顷刻莫保”，千钧一发之际，28岁的禁军将领赵匡胤勇敢地站了出来。他大声疾呼：“君危臣死，为何不拼死效忠！”并当机立断地向张永德建议，兵分两路，由他本人率兵作为右翼，

请张永德引兵占领高地，作为左翼，发挥神箭手的优势，形成两军合击之势。张永德当即采纳了他的建议，下令执行。

于是两人各率两千人出击以挽救危局。赵匡胤跃马出击，身先士卒，直冲敌营。士兵见指挥官如此冲锋陷阵，也都奋不顾身，拼死力战，无不以一当百，汉将被周将一箭射中，摔倒在地的张元徽被周军乱刃砍死。

汉兵见先锋败阵，士气顿时一落千丈，全军溃败。契丹援军望而生畏，不敢救援，便引兵而返。

刘崇败退，周军声威更壮，再加上刘词后军赶到，汉兵被杀得尸骨遍野。赵匡胤在力挽危局后越战越勇，率兵斩杀了后汉枢密副使王延嗣，并乘胜攻打高平城，直到自己左臂中箭、周世宗下令收兵方才罢休。

在战场上，赵匡胤带头冲锋陷阵，化险为夷，此举深深感动了将士，特别是周世宗本人。在高平之战中，赵匡胤在关键时刻采取了积极的行动，他的胆识、谋略在此表现得淋漓尽致。

机会往往钟情于有能力、有胆略的人，如果你没有真本领，即使有了机会也不一定能成功。赵匡胤本有壮志，又能见机行事，在得到皇帝的赏识后，又伺机展示才华，渐渐进入政界高层，并由此而发迹。

作为现代的我们，当机会来临时要善于把握，也要在行动中踏实苦干、努力表现自己。

很多知名人士一开始也是做着默默无闻的小事，最后成就了非凡伟业。

1908年，年轻的希尔在上大学的同时，还在一家杂志社工作。因为他在工作中的杰出表现，被杂志社派去采访美国钢铁大王安德鲁·卡内基。卡内基十分欣赏这位积极向上、精力充沛、有闯劲、有毅力、理智与感情平衡的年轻人。他对希尔说："我要你用20年的时间，专门用在研究美国人的成功哲学上，然后提出一个答案。但是，我除了写介绍信为你引荐这些人外，我不会为你提供任何经济支持，你肯接受吗？"

年轻人希尔勇敢地接受了任务，然后，他在卡内基的引荐下，遍访了当时美国最富有的500多位杰出人物，对他们的成功之道进行了长期研究，终于在1928年，完成并出版了专著《成功定律》一书。《成功定律》这本书震动了全世界，曾激发了千千万万的人成功和致富。再过7年以后，希尔做了罗斯福总统的顾问。

从这个故事中我们可以看出，单靠机遇是不能成功的，还要我们付出不懈的努力，只有这样才能成就非凡的事业。

人生要果断处世

要想成就大事，必须要克服犹豫和顾虑的弱点，培养果断的个性，勇往直前。有的人在做事的时候，经常是瞻前顾后、顾虑重重，看似考虑周全，实则毫无头绪，不但使同困难作斗争的精力受到分散，而且也削弱了同困难作斗争的勇气。在这种情况下，人们最需要的就是昊断的个性，明确一个正确的轨道，摆脱各种动机的束缚，不再犹豫不决，坚定地采纳在深思熟虑基础上拟定的克服困难的方法，并立即行动起来同困难进行斗争，以取得克服困难的最大效果。

赵匡胤在柴荣部下时，在攻打南唐时就表现得非常果断。

后周显德二年（955年）年初，柴荣命臣僚写《为君难为臣不易》和《平边策》各一篇，让大臣们群策群力，提供治国方略和进取大计。许多大臣建议首先攻取江淮以及江左的南唐，柴荣采纳了这一建议。

在进攻南唐之前，周世宗有意要试一试这支经赵匡胤整顿的军队的实力，决定遣将攻取后蜀所占的秦（今甘肃秦安）、凤（今陕西凤县）、成（今甘肃成县）、阶（今甘肃武州）四州。

此时的秦、凤等四州因蜀主孟昶为政苛暴，民怨沸腾，许多百姓都请求后周收复此四州。

显德二年（955年）四月，柴荣调兵遣将，向四州进攻。五月，节度使王景率军从陕西大散关出发，直逼秦州。

由于长途劳顿、久宿于外，加之粮运不继，王景部队在攻取秦州以东的黄牛寨后陷于停滞。

是进是退，朝廷内部的意见分歧很大，来自军方和最高行政首长（宰相）的意见是罢兵。柴荣既担心劳师无功，又不愿放弃攻占的机会，一时拿不准主意。于是他派赵匡胤到前线视察战情，以便作出决断。

同以往的临危受命一样，赵匡胤没有任何拖泥带水，他即刻起程西行。

确切地说，赵匡胤此行冒着很大的风险。到前线去是一桩费力不讨好的差事。无论他反映的情况是真是假，所提的建议是对是错，总会有人不满意。附和罢兵之议，固然可以博取朝廷重臣的好感，获得他们的信任，但却不会使主战的皇帝满意。迎合皇帝，虽说可得一时之宠，但又会开罪朝廷和部分军方人士，万一战事失利，皇上怪罪下来，就是“欺君之罪”。

来到前线的赵匡胤顾不上这些，他仔细勘查后拿出了具体意见：秦凤诸州可取。

赵匡胤一出此言，周世宗柴荣顿觉底气十足。七月一日，再次下达了进攻的命令。

荒于政事的后蜀主孟昶得知周军发动新的攻势之后，顿时慌了手脚，他致信柴荣，欲以两人俱生于太原这一点来叙乡里之谊，请柴荣高抬贵手。

柴荣不予理睬，只是命令加紧进攻。后蜀派大将李廷珪、高彦俦来救援，均被周军击败。秦州节度使韩继勋眼见周军势盛，弃众逃归成都，其部下随即开城投降。成、阶二州守将见秦州已降，也相继投降。至十一月，周军最后攻克凤州，占领了四州之地。

赵匡胤又一次以他不同寻常的军事判断能力博得了周世宗的青睐。

皇帝主战，重臣主张罢兵，赵匡胤临危受命赴前线视察，处于两难境地。但他大脑清醒，善于分析敌情，敢于断定秦、凤诸州可取，为皇帝出兵提供了参考依据。赵匡胤的军事判断能力和果断决策能力，在当时很快就博得了柴荣的青睐。

果断是一种优秀的品质，它是指一个人能适时地做出经过深思熟虑的决定，并且彻底地实行这一决定，在行动上没有任何不必要的踌躇和疑虑。果断是成大事者积累成功的资本。

威廉·菲浦斯是一个来自美国缅因州的牧羊男孩。有一天，他跟造船木匠学完手艺之后正在大街上溜达，偶然间听到了几个水手在谈论一艘在巴哈马岛附近海域沉没的西班牙船的事情。听水手们说，在这条船上有很多钱财，于是威廉·菲浦斯决定找到那艘沉船，而且马上行动起来。没想到在历尽千难万险之后居然找到了那批遗失的宝藏。

那些水手们只是口头上说说，没有落实去做。可是威廉·菲浦斯却真正采取行动了。可见，他是一个具有决策能力的人。在威廉·菲浦斯身上有一种常人所没有的深邃洞察力。在别人什么都发现不了的时候，他找到了自己想要的东西，在机遇来临的时候，他能够迅速抓住并利用它。

在我们遇到困难的时候能够果断行动找到解决困难的方法，勇往直前，那么必然会成功。在困难面前，不同的人会采取不同的态度。有些人只是左顾右盼，而且又顾虑重重，虽然从表面上看起来思考得比较全面，但是没有什么头绪，更找不到什么好的方法来解决问题。而有些人却能够

采取果断的措施来缓解尴尬局面，找到解决问题的最好办法，从来不会拖拉，更不会错过最佳解决时间。

如果形势发生了突然的变化，那些具有果断个性的人也会在短时间内对整个形势进行分析，而且做到当机立断，不失时机地对计划、方法、策略等做出正确的调整，这样就可以应对所有变化的情况。然而，那些优柔寡断之人在情况发生变化的时候会惊慌失措，无所适从。他们不能及时根据变化了的情况重新做出决策，最终错失良机。

毫不夸张地说，有些人的优柔寡断个性简直是到了不可救药的程度，他们不敢对事情做出决定，更无法担负起应该承担的责任。之所以会出现这种情况是因为他们对整个事情的来龙去脉都不了解。他们往往是杞人忧天，害怕解决了这件事情之后，明天继续发生相同的事情怎么办。因此，没有一件事情能够做好。更不用谈他们的理想和目标了。

当然快速决策和异常大胆也会带来不好的结果，很多人就是因此而丧失了发展的好机会。但是相比之下，优柔寡断是最为不可取的态度和做法。

有这样一个故事：父亲企图用金钱来赎回在战争中被敌军俘虏的两个儿子。当然，只要两个儿子被放了，这个父亲什么都愿意做。但他被告知，只能救一个儿子的话打算救哪个。在这个紧要关头，他无法决定救出哪一个，牺牲哪一个。正在他犹豫不决、异常痛苦的时候，他的两个儿子都被处死了。

虽然快速决策会不可避免地带来恶果，但是也能带来非常明显的有利结果。作为世界第五大汽车制造商福特公司的创始人亨利·福特有着迅速达成确切决定的个性。虽然他的这种个性被很多人称为是顽固不化，但是他仍然坚持“只要认准了就会去做”的态度。

或许在下决定的时候，福特先生花了很多时间，但是从某个角度来看，正是他的坚定不移才使他获得了成功，也获得了财富。在T型车有必

要改变造型之前，他已经是著名的汽车大王。正是福特先生有着百折不挠的坚定决心，他才能践行自己的理想并获得成功。

因此，如果你想要成功，千万要避免优柔寡断、犹豫不决性格的形成。在它还没有制约你的发展或者是成功之前，一定要将它消灭在萌芽之中。千万不要让其影响你的工作、生活或者是学习。一定要让自己做到做任何事情都果断、勇敢和坚定。

一位哲人曾经说："对于一个不能利用机遇的人而言，机遇又算作什么呢？"的确，凡是成功之人都是能够发现和利用机遇的人，如果可能的话还会创造机遇。

美国俄亥俄州一个名叫詹姆士·雷德的摄影师的经历，也可以从侧面证明这一点。有一天，在一张德文报纸上，他了解到波西米亚的艺术家发明了一项新的工艺，这项工艺就是用一种先进的仪器对底片进行润色，这样做可以将作品中的瑕疵消除掉。了解到这个情况之后，詹姆士立即到波西米亚聘请了一名艺术家，将这种新工艺引入到自己的摄影事业中，从而取得了巨大的成功。正是因为他在发现这个机会之后迅速采取行动利用它来拓展自己的业务，获得成功也就是顺理成章的事儿了。

有这样一个故事也说明了遇事需要果断处理。为了能参加莱斯特的一个戒酒会议，托马斯·库克徒步走15里地。然而，在他步行的过程中，一种想法出现在了他的头脑中：为什么不劝说铁路公司为这些与会者专门开一列车呢？于是，他率先开展了铁路短途客运业务。就是这样一步一步地发展，托马斯·库克后来成为一个全美大公司的领导。

这么多人走过这15里路，但是谁都没有想过这个问题。然而，托马斯·库克不仅想到了，而且还付诸实践了。

的确，如果是一些比较复杂的事情，在做出决策之前一定要详加考虑，利用自己的所学来分析事情的发展形势。如果可能的话也可以参考别

人的意见或者是建议，然后做出决策。一旦确定之后就不要再想着做出改动或者是变更，也不要给自己留下后悔的余地。只有经常这样做才能养成做事斩钉截铁的性格，避免优柔寡断。这样不仅增强了自信，而且还能赢得他人的信任和依赖。或许在养成这种习惯的最初，你经常会犯错误，但是在犯过错误之后你会加以改进，使自己变得越来越优秀，大大增强了自信心。

其实，人们总说在大事情上做出决定的时候一定要深思熟虑，其实人的一生中真正称得上是大事情的事情并不多。况且，很多事情是在事前就要做出决定的。多想是肯定的，但是应当做到多谋善断，这是最为重要的。在事情解决之前千万不要试图做到完美，否则将一事无成。

其实果断的个性并不是养成的，而是在克服胆怯和懦弱的过程中实现的。如果想要做到果断首先一定要做到果敢，特别是处于危机情况下，人们一定要当机立断，迅速做出决定并执行。例如，在军事行动中，一分一秒的延迟都是要不得的。

因此，在日常生活中一定要尽力养成干脆利落、斩钉截铁的行为习惯。既然打算做什么事情了，一定要马上做，千万不要想来想去。只有做到当机立断，才能形成果断的性格。

查尔斯·古德曾经是一个收藏家，虽然他适合做生意，但是并不富裕。有一次，他以500美元的价格从一个人手中买下了一个汽车自动联结器的专利。那个汽车自动联结器的发明人坚持说：如果这个发明被投入市场的话，作为发明人，他必须要在查尔斯的工厂里担任要职。查尔斯·古德明白，政府专利局已经给多种不同型号的汽车自动联结器颁发了专利权。然而，他的直觉告诉自己，这个发明一定会与市面上的其他机器有很大不同。所以，他觉得自己得到了个宝。除了铁路扩张之外，其他的任何东西都无法限制这个发明的广阔发展前景。除此之外，与常人相比，查尔

第二章

德行决定成败——赵匡胤这样对我说德行

一个人的个人修养体现着自身的道德品质及人生境界。古人云："修身、齐家、治国、平天下。"修身居于首位，可见个人修养是成大事者成功的基本要素。个人修养，涉及一个人的胸怀气度，个人修养伴随着人的一生，并随着年龄的增长而日臻完善。我们要做的就是不断提高自己的能力，加深自己的底蕴，以海纳百川的胸怀、包容一切的精神，不断提高自己的修养，为自己的成功铺平道路。

静以修身，俭以养德

节俭也是一种品质，我国古人一直有节俭的美德，也流传有“静以修身，俭以养德”的警句。源远流长的节俭之风，在我们当今社会同样有着不容忽视的意义，经济的发展，物质的丰富，并不代表我们就可以铺张浪费。以节俭之风修身正己，将每一分物力都用到适合的地方，才是成功之道。

宋太祖具有较强的朴素节俭意识。平定后蜀之后，太祖听说孟昶日常服用奢侈惊人，连溺器也用七宝来装饰，非常痛心。对左右说：“蜀主用七宝装饰溺器，那应当用什么来盛食物呢？自奉如此，想不亡国，可能吗？”下令将其奢侈之物全部打碎，以戒奢侈之心。

平定南汉之后，太祖听说刘鋹的生活穷奢极靡。为了采集玳瑁、珠、翠等物装饰宫殿，刘鋹曾在某地招募善采珠的渔民两千人，按军队编制，专门为皇室采集珠贝，号称“媚川都”。这些士兵为了满足刘鋹的奢欲，脚上系着大石潜入几百尺深的水中采珠，非常危险，每年溺死者甚众。太祖对此痛心疾首，把此事讲述给朝中大臣听，希望他们以此戒除奢侈。并下令解散“媚川都”，废止采珠业。

对平民百姓，太祖也多次下令发扬传统美德，勤俭持家度日，注意节约粮食，不要铺张浪费，婚丧嫁娶也应该一切从简。

有一次，公主、皇后看到太祖的乘车轻简，便在一起议论说：“皇

上当了这么久了，难道还不能用黄金来装饰车子吗？”太祖听到后说：“我以四海之富，宫殿全部用金银来装饰，也可以办得到。但我是为天下守财，怎么可以妄用！古语说得好：以一人治天下，不以天下奉一人。当皇帝的如果只想到把自己奉养好，那么天下的人靠什么生活呢？你们以后不要这样说了。”宋太祖对自己所处的地位以及自己的行为有可能带来一定后果的认识是比较清醒的。所以，宋太祖不仅能在思想认识上树立节俭的意识，而且能以身作则，躬履俭约。经常穿的衣服，是浣濯再三的旧衣服，而且没有华丽的色彩，多是素色。寝殿的苇帘，多用青布镶边，少有艳丽的装饰。宫闱帘幕也无文采之饰。太祖经常拿出麻屦布裳赐给部属左右，说：“这是我过去穿过的。”弟弟赵光义有一次参加宫中宴会，不经意说了句：“陛下服用太草草。”宋太祖却严肃地回答说：“你不记得住夹马营中的日子了？”这是提醒弟弟及自己要记住过去艰苦的日子。宋太祖作为一国之君，能这样想，这样做，实在是难能可贵的。

宰相范质以廉洁自持，赵匡胤十分欣赏，在其去世后，赵匡胤评论说：“朕闻范质居第之外，不殖资产，真宰相也。”

御史中丞刘温叟更以俭朴清廉闻名于世。按照有关规定，御史中丞每月可得公用茶钱一万文，如有不足，可用罚没赃物充抵。刘温叟嫌这种钱来路不正，分文不取。赵光义听说刘温叟清廉，有意试探，曾派遣府吏送刘温叟五十万钱。刘温叟不敢拒绝，却也不用，只是将钱贮藏在西房，叫府吏用封条封上。第二年重阳，赵光义又送去角黍、纨扇，所派府吏便是上一次送钱的那位。他看到去年所贴封条原封未动，回来后告诉赵光义。赵光义感慨道：“我送犹不受，况他人乎？”后来，赵光义在一次宴会上评论当世节俭之士，特地将刘温叟辞钱事告知赵匡胤，赵匡胤赏叹不已。

刘温叟去世后，赵匡胤十分惋惜，认为再难找到这样淳厚的人。其所遗的御史中丞一职，迟迟难以选定继任者。此职是监察别的官吏的，要想

做好此职，首先必须保证自己不被腐化。因此，当太子宾客边光范接替刘温叟之任时，赵匡胤仍不放心，只授予他兼判御史台事，直到半年之后，才正式任命他为御史中丞。

宋太祖自己重视节俭，也要求广大人民发扬俭朴这一中华民族的传统美德。他多次下令，劝民勤耕，收打粮食过程中注意节约，不要浪费，丰收之年也不要轻易捐弃粮食，应乘势多储积一些粮食。嫁娶丧葬应从简办事。

赵匡胤不仅自己俭朴，欣赏俭朴之人，而且见不得别人奢侈。赵匡胤这一品德起到了很好的模范作用。最高统治者都这么俭朴，上行下效，对整个社会风气影响巨大。即便有当官的想要腐败，他也得好好掂量掂量。

放眼古今中外，许多历史名人都把节俭当作是自己崇尚的生活准则，并作为一种传统美德加以弘扬。历史上有很多著名人物都明白“成于俭，败于奢”的道理并以身作则。

现代社会中，经济飞速发展，人民生活水平越来越高，但是人们的节俭意识却越来越淡薄了。浪费现象越来越严重，物不能尽其用，甚至有些人，以生活中的奢侈浪费为荣，白白浪费了很多资源，这是很值得我们反思的。

古人曾说过：“俭，德之共也；侈，恶之大也。”放眼历史长河，节俭被人们看作是治国之基、兴业之宝、持家之道，历来受到人们的大力提倡。历代帝王在建国之初，多数都实行节俭的作风。唐太宗李世民在建国之初就厉行节俭，贞观初年，李世民打算在洛阳修建一座宫殿，后来他意识到天下初定，这样做劳民伤财，于是就放弃了这个计划。唐太宗一朝，他教化世人“戒奢从简”，不要随意浪费。有唐一代不乏节俭治国的皇帝。开元初年，唐玄宗统治初期，在施行的一系列改革措施中，其一就是提倡全国节俭。在推行“戒奢从简”的过程中，唐玄宗甚至将宫内的一批珠玉锦绣烧毁，以示自己的决心。唐太宗和唐玄宗以自己的行动弘扬了节

俭的美德。节俭的作风，使得历史上出现了“贞观之治”和“开元之治”的两朝盛世。总之，节俭是传统美德，应该成为人们的生活准则，而且还能够成为人们的财富之道。

求真务实，开拓进取

实事求是就是务实、讲求实际，这是中国农耕文化较早形成的一种民族精神。孔子不谈“怪、力、乱、神”，就已把目光聚焦在社会生活上。

宋太祖在位期间，抓住国家太平的机会，勤谨务实，“夙夜畏惧，防非窒欲”。他为求国家统一，极力克制骄傲之心和欲望，量力而行，脚踏实地，开拓进取。

在平定南方后，金帛珠玉被源源不断地运往东京汴梁。对这些金银珠宝，宋太祖并没有用来炫耀和自用，而是在京城设立封桩库，将缴获来的金银以及国家财政的盈余部分，一并存入此库。设立封桩库的目的，宋太祖本人说得极为清楚：“石敬瑭为一己之私利，割让幽蓟地区以贿赂契丹，使一方之人独陷外境，朕对他们甚感怜惜。打算待此库中蓄满三五十万，便遣使同契丹交涉。如果能将这一地区的土地民众归还，我便拿出库中所藏当作赎款，以补偿辽朝。如果契丹不同意归还，我就散尽库中钱财，招募勇士，以武力攻取。”他还说，“辽兵数次侵扰边境，如果我用20匹绢的价钱收购一名辽兵首级，辽军精兵不过10万，总共只需花费200万匹绢，而辽兵便会被我消灭殆尽了。”在整顿军备方面，宋太祖也本着务实思想，要求军器制作必须精良。在战争中，除了指挥得当和人数多少外，最重要的要数兵器的质量了。中国近代以后受尽列强的欺凌，其直接原因就是武器落后，用陈旧的大刀长矛去对抗欧洲列强精良的大炮火枪，只有被动挨打的份，毫无还手之力。在这一点上，宋太祖算是比较有远见的君主。

为适应频繁的战争需要，宋太祖下令，在开封城内专门设置管理兵器制造的工署，包括南、北作坊和弓弩院，由禁军、厢军士兵和专门招募的工匠，负责兵器的制造和改良。每个作坊都规定了生产任务，并要求保证质量。为确保兵器的数量和质量，宋太祖还经常亲自到作坊指挥监督，史载：宋太祖每10天下南北作坊和弓弩院巡检一次，称为旬检。制造完毕的各种武器，都陈列在武器库中等待皇帝亲自过目检查。这样一来，制造武器的人没有敢不尽心尽力的，所以造出来的武器异常坚固锋利，且完成的数量也很多。

正是由于宋太祖对武器的重视，宋代初期的兵器制造出现了两大飞跃，即近距离兵器向远距离兵器的飞跃，以及冷兵器向热兵器的飞跃。

弓箭，是战争中普遍应用的远距离兵器。在宋太祖时期，弓箭的性能得到进一步加强，主要体现在床子弩的改进上。以前的床子弩射程只有500步，经过宋代改进后的床子弩，其射程开始达到700步，不久又达到3里之遥，而当时中世纪的欧洲所使用的弓，其射程最远才仅仅为180米。

随着火药的发明，宋代开始将其用于军事上。据载，宋太祖开宝三年（970年），就有兵部令史冯继升等人进献制造火箭的方法，后经试验，造出了可以燃烧和爆炸的火箭，大大提高了军队的战斗力，冯继升也因此受到赏赐。

太祖时期制造的武器，在质量上是非常精良的，即使封存百十年后，仍保持优良的性能。当初宋太祖讨伐李重进时，便将一批多余的弓弩各约

千张，封存于扬州作为储备，并下令“非有缓急，不得辄开”。过了140多年，方腊率众起义，宋军才打开军器库，取出这批封存的弓弩，发现这批弓弩不仅外表如同新制，而且性能要远远超过当时制造的弓弩。

宋太祖务实的作风还体现在戒奢崇俭方面。按照礼制，祭祀礼是一项非常重要的礼仪制度，皇帝每年都要亲自祭祀天地、祖宗。因五代战乱，各种礼仪制度被破坏得残缺不全，宋太祖即位之初，便下令宰相范质等人组织人力迅速完善各种礼制。在举行祭祀礼时，宋太祖看到路上铺满黄褥子以供皇帝行走，觉得太过铺张，便下令将其撤掉，并说：“朕用洁净祭物与精诚之心祭天，不必非用黄褥子铺路。”在礼制上，规定皇帝在行进时应乘坐镶满黄金珠宝的金辂代步，宋太祖也认为过于奢侈，便询问群臣：“朕不愿乘金辂，希望乘辇以代步，这在历来之礼典上允许吗？”礼官回复：“无妨。”宋太祖于是舍弃了奢华的金辂，而乘坐简单的辇前往祭祀。

生活在现实社会中，人的思想也必须讲求实效，舍弃那些虚妄的想法和念头。虚名，只是自欺欺人的一种工具，对国家、对个人只能产生麻痹作用，带不来一点益处。所以，务实才是唯一可靠的方法，做人如此，办事也是如此。否则，只能是自取灭亡。

赵匡胤的勤奋务实精神，很值得我们现代人去学习。古代人很早就懂得务实的道理。孔子不谈“怪、力、乱、神”，就已把目光聚焦在社会生活上。“知之为知之，不知为不知，是知也”这句话是孔子用来教育他的弟子的。孔子生活的那个年代，人类是十分信奉鬼神的，而他却将自己在平时生活中所感悟的点点滴滴用作经验之谈来教导弟子。这就是实事求是的精神，是一种智慧。要养成踏实认真的学习态度，实事求是的作风，避免骄奢虚荣的习气。

王符的《潜夫论》说：“大人不华，君子务实。”王守仁的《传习

录》说：“名与实对，务实之心重一分，则务名之心轻一分。”这些思想，就是中国文化注重现实、崇尚实干精神的体现。它排斥虚妄，拒绝空想，鄙视华而不实，追求充实而有活力的人生，创造了中国古代社会灿烂的文明。

在近代社会生活中，也涌现出许许多多讲求务实的革命先辈。鲁迅，这位用笔来当作武器的革命战士，不论做事还是写文章，都表达出了自己的真实感情。从小到大，读了不少鲁迅的文章，最近，我们学了一篇《藤野先生》。藤野先生是鲁迅的一位老师，他是一个日本人，应该说在那个年代里，中国人都是憎恶日本人的，可是鲁迅却不偏激。他在文章里表达了对藤野先生的尊敬以及后来对藤野先生的愧疚之情。他笔下的藤野先生，是一个正直善良，没有民族歧视的人。这可以看出，鲁迅是一个爱憎分明的人，他不会因为大众偏见而改变对某些人的观点，他憎恶日本人，他也尊敬藤野先生。鲁迅讲求实事求是的精神，值得我们学习。

作为现代社会的人来说，我们要学习从古至今拥有务实精神的人，学习他们的品质，实事求是。那么，务实精神作为传统美德，一定会在我们当代生活中熠熠生辉。

常怀忧患意识

古人说：生于忧患，死于安乐。是教导我们不可以贪图安逸的享乐生活，而是要常具备这一忧患意识，因为在发展中存在的危机感，往往总是

生机转化的开始。

宋太祖即位后，首先对功臣及家人进行了分封。大小分封结束，诸事妥当，第一次朝会便告结束。文武百官面带喜色，正欲散去，宋太祖却又传旨，让他们随自己前往拜见杜太后。

宋太祖率百官来到太后宫室，杜太后正在与几个侍女亲切地交谈着，就像一个普普通通的老妈妈与儿女们娓娓谈心。儿子匡胤登基做了皇帝，自己一夜之间成了皇太后，成了天底下最荣崇最风光的女人。但是，这位老夫人并未因此而兴高采烈，也没有惊慌失措，而是处之泰然，好像这件事早在她的预料之中，是本应如此的一件平常事。

宋太祖长跪在地，向母后磕头，群臣一齐跟随着太祖双膝跪下，行臣子大礼，一齐欢呼恭贺。

杜太后只淡淡地让儿子和群臣起来，却不多说一句话。众人看时，只见太后满面忧郁，愀然不乐。太祖看看母后，深感疑惑不解，站在那里有些不知所措。群臣们也都摸不着头脑，一个个面面相觑，局促不安。赵普因与杜太后较熟些，便上前问道："臣普尝听说，母以子贵。今太后之子已贵为天子，乃天大的喜事，太后缘何怫然不乐？"

杜太后深情地看了一眼太祖，这个她素来十分看重的大儿子，他从小胸存大志，她知道儿子久后必成大业。当这一天真正到来之时，做母亲的却又忧心忡忡，怎么也高兴不起来。她叹口气，徐徐说道："古之圣贤有言，'为君难。'天子位在万民之上，若统御有方，治国有道，能造福黎民百姓，便可博得万民爱戴，当这个皇帝自然是尊贵无比；若是稍有不慎，一旦失误，将难以驾驭天下。到那时，别说是富贵荣崇至极，恐怕想做个普通老百姓也难了，我之忧虑，正在于此。"

谁也不曾料到杜太后能说出这么一番话，一个个听得悚然心惊，他们深为太后洞悉治道，深明大理而感佩，满宫室里鸦雀无声。

宋太祖听罢，心中怦怦乱跳。他觉得母后提醒得太及时、太重要了，自己这个初登大位的儿子确是获益匪浅。他恭敬有加地再次跪在母后面前，发自内心地再次拜谢，连声说道："谨遵母后教诲，儿子今生今世当永远铭记于心。居安思危，不稍懈怠。"

拜望过杜太后，群臣们纷纷散去，宋太祖独坐在御书房里，慢慢地品尝着值勤太监泡上的一壶西湖龙井。几片散溢着清香又略带苦涩的茶尖在他嘴里被反复地咀嚼着。他觉得，自己似乎不是在咀嚼茶叶，而是在咀嚼母后"为君难"三个字的深厚内涵，他陷入了苦苦地思索之中。

从20岁离家闯荡到现在十几年了，这十几年艰辛备尝，如今想来恍若梦境。他深知今日的跃登大宝来之不易，更真切地理解"为君难"这三个字的分量。

但宋太祖积半生的经验认识到，一切都事在人为。为君难与不难，关键看你怎么"为"法。为君难的核心和根本是当明君难，驭臣使民难，大治天下难，扫除积久弊端难。他忽然记起了唐太宗李世民的名句："创业难，守业更难。"如今天下初定，百废待举，有多少大事和难题等着自己去处置？如不能尽快地稳定局势，安定人心，刚刚取得的天下就有可能得而复失。

那么，眼下最要紧的是什么？"君犹舟，民犹水，水可载舟，亦可覆舟。"为君难与不难，关键是看人心的向背。要做唐太宗李世民那样的明君圣主，要创"贞观之治"那样的盛世伟业，眼下关键是先收服人心。

古人有"生于忧患，死于安乐"的感慨，也有"先天下之忧而忧，后天下之乐而乐"的胸怀，忧患意识作为一种管理者必须具备的意识，在中华文化中传承了下来。宋太祖所牢记的"为君难"，恰恰是我们后人所说的忧患意识。什么是忧患意识？那就是在国泰民安时国君仍日理万机的操劳；就是在天下太平的时候严加防守警戒；就是商人在事业成功时仍不停

占领市场的竞争；就是寻常百姓过日子时省下的一笔存款。换句话说，这就是居安思危。不能因为身为皇帝就安于享乐，而是要认识到，即使是作为皇帝，也有许多的难于处理的事务，这就要长存一种忧患意识，以获得更加长远的发展。

忧患意识是中华传统文化中重要遗产，在现今看来，仍具有四个鲜明的特点：其中重要的一点就是从安身立命的高度重视忧患意识，将“忧道不忧贫”当作做人和为官的准则，强调“生于忧患而死于安乐”；其二是结合对历史规律性的认识来认识忧患意识，正所谓“祸兮福之所倚，福兮祸之所伏”，自这种辩证法入手，以期未雨绸缪，防患未然；其三要以天下为己任，倡导忧国忧民的精神，做到“先天下之忧而忧，后天下之乐而乐”，以天下为己任，任劳任怨；其四是将忧患与勤俭和勤政相联系，“居安思危，戒奢以俭”，总结出“忧劳可以兴国，逸豫可以亡身”的宝贵经验教训。

当今社会，忧患意识并不过时，相反忧患意识包含着丰富的时代内涵，应该站在新的历史起点之上在全球视野中审视我们面临的形势。忧患意识并不是杞人忧天，不论是谁，都要牢记，切不可在一片大好的形势中就迷失自己，沉浸在安逸的享乐中。为人须心中时时有志向，要始终给自己留有一点压力，并将其转化为动力，不能沉迷于享乐，须时时奋进，处处小心，防微杜渐。

生于忧患，死于安乐。永葆勃勃生机和活力，就在于居安思危，始终保持强烈的危机感和忧患意识。

要有率真的性格

大千世界，芸芸众生，性格种种。接触过一些人，最令自己羡慕的莫过于“率真”之性格。

率真，尚未研究定义如何。率，一定要率性而为，洒脱。真，一定要真真切切，求实。有了这种性格，或许才能更好地走自己的路。

赵匡胤出身武将世家，从小他的性格中就有一份坦诚和率真。

幼时，赵匡胤随父亲习武，长大成人后，又独自一人闯荡江湖，拜访高人，结交豪俊，功力更是有了很大的进步。

他最擅长拳术、棍术，并且自成一派。拳术被尊称为“太祖拳”，又称“赵家拳”。此外，他还创立了三十六路腾蛇棒法，完全可以称为一代武学宗师。

后周显德三年（954年），赵匡胤以殿前都虞侯之职率兵与南唐15万大军作战，将敌军打得退守城池。

南唐将帅皇甫晖挑战说：“人各为其主，愿成列以决胜负。”

赵匡胤笑而许之。

皇甫晖摆阵而出。赵匡胤拥马颈，直冲敌阵，“手刃晖中脑，并姚凤擒之”。所向披靡，无人能敌。

赵匡胤可以说是个大英雄，他欲哭则哭，想笑便笑，不加矫饰，“质

任自然”，无时无刻不彰显着自己的英雄本色。

有一年，适逢百官要集体升迁，宰相赵普将详细名单呈给赵匡胤过目，赵匡胤素来不喜欢其中一人，于是不想给他升官。

赵普则坚持认为此人称职，应当升迁。

两人互不相让，就争执起来，赵匡胤怒道：“我就不给他升官，你能怎么样？”一副童真无赖模样。

后来，赵匡胤火气一消，还是同意了赵普的意见。

率真之人，说直话，办实事，简单而真诚，可爱可敬，又可畏可惧。可爱者，是其心里通明，一眼看得见底。可敬者，是其真诚无私。可畏者，是其说话不留情面。可惧者，是其想到什么就说什么。生活中常常有这样的人，直来直去，雷厉风行。大智若愚，大直若曲。直，易折；真，易辱。

孙子兵法曰：兵不厌诈。可见，率真处世是违背兵法基本原则的。但人的性格是天生的，不属于你的，你怎么也学不到。属于你的本性，想改也改不了。

知错能改，善莫大焉

士季说过：“知错能改，善莫大焉。”犯了错不要紧，重要的是能认识自己的错误，及时改正错误，并从错误中吸取教训，这样，才能使人进步，使人类进步。所以，我们要知错能改。

赵匡胤一生中没有太多的不良嗜好，不像一些昏庸的皇帝耽于酒色，

相反，赵匡胤勤于政事，是一个好皇帝。但是毕竟人无完人，再勤政的皇帝也有懈怠的时候。

赵匡胤兢兢业业，终于天下有了一统的雏形。在中原初定的时候，赵匡胤把矛头指向了偏安一隅的西蜀。在兵发西蜀之后，赵匡胤有必胜的把握，也就显得有点清闲，每天处理完日常政务之后，便在御书房看看书，偶尔也会召集一些亲信近臣们射猎、蹴鞠，这是他平生最喜欢的两项较力型运动。自登基当皇帝以来，不是戎马倥偬，便是政务繁冗，难得这样清闲过。

这日早朝之后，赵匡胤在几个嫔妃宫女的簇拥下，又来到皇宫后苑，挟弓弹鸟。

此时已是初冬天气，花草凋零，树木萧条，后苑中略显得有些清冷。但是今日艳阳高照，晴空万里，身边又有这些正值豆蔻年华的妙龄宫女们相伴，赵匡胤仍觉得心里暖融融的。有许多鸟儿正站在光秃秃的枝头上晒太阳，对这群有说有笑的闯入者毫无戒备。

赵匡胤张弓拈弹，略一瞄准，“嗖”的一声，一粒豆粒大小的弹丸利箭般地射了出去，一只翠鸟立时羽毛纷飞，应声坠落下来。妃嫔宫女们一齐欢呼起来，纷纷向赵匡胤恭贺。赵匡胤只淡淡一笑，又挟弓向另一处走去。一连射了四五次，次次弹无虚发，射下的鸟儿各种颜色都有，有的死了，有的还活着。宫女们捧着这些美丽的战利品，一片啧啧称颂之声，她们是从心底里敬佩这位神武英睿的君王。赵匡胤亦十分高兴，脸上荡漾着从心底泛起的笑意，他有些陶醉了。

就在这时，却有一名太监来报，说是侍御史陈子政求见。赵匡胤认为臣下此时求见，必有大事，便宣他进了后苑，让妃嫔们暂到一旁回避。

陈子政行过大礼，便开始啰啰唆唆地禀奏，说了一件又一件。赵匡胤耐着性子听着，好容易才奏报完了，却都是些无关紧要的琐碎之事。赵匡胤

便有些生气地说道：“这算什么大事急事，何必如此惶急地前来禀报？”

谁知那陈子政却是个憨直之人，居然当面顶撞赵匡胤道：“此事虽不算甚急，但是总比陛下弹鸟还急切些吧？”

赵匡胤登基以来，难得像今天这样清闲，正玩得兴致勃勃，却被这人搅扰了，本就不太高兴，更想不到他会当面顶撞，还带着几分讥讽的口吻。就连那些手握重兵、桀骜不驯的大将军们，以及赵普等那些位高权重的宰执大臣们，在自己面前都是俯首帖耳，言听计从，谁敢如此放肆？赵匡胤顿时勃然大怒，只觉得一腔热血都涌到了头顶上，情急之下，顺手拿起了旁边的一把斧子，用斧柄狠狠地向陈子政脸上捣去。却不料陈子政倔强地立在那里，不躲不闪，竟被撞掉了两颗门牙，一股鲜血立时从嘴里流了出来。

陈子政既不谢罪，也不说话，却弯下腰把掉落在地上的两颗门牙拾了起来，仔仔细细地擦干净，用手帕包了，放入袖中。

赵匡胤甚感奇怪，余怒未息地问道：“怎么？你难道要收集物证，去告朕的状不成？”

陈子政却不急不慢地说道：“陛下贵为天子，微臣还能到何处去告？不过还有史官在，他们会将此事载入史册。”

一句话，说得赵匡胤目瞪口呆，他顿时醒悟。是啊，自己身为天子，至高无上，可以为所欲为，臣下都怕自己，可是历史却不怕，它会无情地把自己的功过得失毫厘不差地流传下去。历史上，许多帝王都是因耽于玩乐，荒废朝政，最终导致误国丧权，身败名裂。自己怎能因为弹鸟作乐而不听劝谏，还动手打了臣下呢？想到这里，赵匡胤只觉得悚然心惊，一股冷气沿着脊骨往上蹿，连忙笑着说道：“你说得对，朕不该耽于游乐，玩忽职守。”说罢，赵匡胤命人去取来一些金帛，赐给陈子政，以示歉意。

这件事给赵匡胤的震动极大。自此以后，他每出一言、行一事，都会

想起那两颗血淋淋的门牙，想到史官会记录在册。

如果是你做错事，你能不能像赵匡胤那样勇于承认自己的错误呢?

松下幸之助说：“偶尔犯了错误无可厚非，但从处理错误的态度上，我们可以看清楚一个人。”老板欣赏的是那些能够正确认识自己的错误，并及时改正错误以补救的职员。那些一犯错误就为自己辩解开脱的员工，只会引起老板的反感。犯了错误并不可怕，怕的是不承认错误，不改正错误。

敢于承认自己的错误，需要一种大智慧和大勇敢。俗话说：“智者千虑，必有一失。”一个人再聪明、再能干，也总有失误犯错的时候。人犯了错误表现出两种态度：一种是拒不认错，找借口辩解推脱；另一种是坦诚承认错误，勇于改正，并找到解决的途径。

每个人都会犯错，关键在于你认错的态度。只要你坦诚地承担责任，并尽力去想办法补救，你仍然可以立于不败之地。

有些人认为承认错误会让自己面子上过不去，便害怕承担责任，害怕惩罚。而事实却恰恰相反，勇于承认错误，你的威信不但不会受到损伤，反而会使人尊敬你、信任你，你在别人心目中的形象反而会高大起来。只有知错能改的人，才能不断完善自己，更加容易走向成功。

前车之鉴以正身

所谓“前车之鉴”，是指人们不仅要从自身的经历中吸取教训，而

且，还应对他人所犯的错误引以为戒。人们在不断地总结自己的生活经验和他人的失败教训的同时，使自己的思想境界不断地得到升华，能力不断地提高，人生不断地走向成功。

宋皇后是宋太祖赵匡胤的第三位皇后，号为“开宝皇后”，河南洛阳人，《宋史》称其“近代贵盛，鲜有其比”。宋家三朝国戚，其父为左卫上将军、忠武军节度使宋延渥，生母为后汉太祖刘知远之女永宁公主。宋皇后为人谦和善良，性情柔顺，知书达理，赵匡胤虽然比宋皇后整整大了25岁，但他们夫妻相敬如宾，感情甚笃。据《宋史・后妃传》记载，每当太祖退朝，宋皇后“常具冠帔候接，佐御馔”。

宋皇后对赵匡胤极为体贴恭顺，是一位十分贤德守礼的皇后，她文静儒雅，不喜游乐。作为皇后的她，贤明庄重，无可挑剔。但是皇帝还需要有擅长声乐、有色有艺、善于陪皇帝娱乐开心的妃嫔，宫中却缺少这样的人，原有的几个妃嫔，都不能使赵匡胤满意。

南唐主李煜的皇后小周后不但文才出众，体态轻盈，且能歌善舞，赵匡胤对她十分迷恋。她在皇帝淫威下，也只能强颜欢笑。但太祖总觉得她对自己没有情爱，只是表面应付，便千方百计讨好她，试图使她能真正与自己如胶似漆起来。

后蜀主孟昶的花蕊夫人，媚态十足，有色有艺，也被赵匡胤纳在后宫，但太祖总觉得她不如小周后那样纯真可爱。

花蕊夫人曾为孟昶的宠妃，青城（今都江堰市东南）人，后蜀大臣徐国璋的女儿，孟昶曾以“花不足以拟其色，蕊差堪状其容”来描写其倾国的容貌，并赐予她“花蕊夫人”的封号。花蕊夫人不仅天生丽质，而且才华过人，精通诗词。

后蜀亡国时，花蕊夫人以俘虏的身份被押往汴京。赵匡胤早就听说她会作诗，召见她时，命她当廷赋咏，花蕊夫人便作了一首《述亡国诗》：

君王城上树降旗，妾在深宫哪得知；
十四万人齐解甲，宁无一个是男儿。

一次，赵匡胤召她们进宫，十多天了就是不放回去。这天正是中秋佳节，小周后启奏要求回家，赵匡胤笑道：“你和李煜在一起共度中秋已好多次了，这次不能让给朕，与卿过个欢乐的团圆节吗？”

中秋晚上，太祖令人在宫内殿前广场摆下香案，放上糕点、水果各色吃食，邀宋皇后一同赏月夜宴，小周后和花蕊夫人也陪侍身边。

忽然太监来报：“晋王和王妃到了。”

晋王赵光义和太祖赵匡胤不但兄弟情深，而且，赵匡胤谨遵母命，早已打算将来把大宋王朝的帝位传给赵光义，虽没向赵光义说明，但暗中却在努力培养他的权威和能力，现在已把赵光义提升为侍中，位列宰相之上，一切朝政大权、重要决定，都交给赵光义去处理，以锻炼他处理政务的能力。平时，兄弟二人之间更是无话不谈，也不拘泥于君臣之礼。

赵光义看见小周后也在那里，心中便不高兴，对赵匡胤道：“哥哥，你是我们大宋的开国皇帝，兄弟十分希望哥哥能做出一番辉煌事业，为我大宋奠定万年基业，功勋超过唐朝的李世民，为后人万代称颂。可是近来京城中却有人说哥哥有点像殷纣王、隋炀帝！”

赵匡胤一听，脸色一变，说道：“哪个胆敢污蔑朕，兄弟你说出来，我定将其严惩。”

赵光义道：“这没用。人言可畏，杀一两个人，又怎能掩天下人之口？”

赵匡胤问：“说朕是殷纣王、隋炀帝，有什么证据？”

赵光义道：“比如说这两个女子，哥哥，你把她们留在宫内，求一时之快，可知为此将使你英名尽丧。”

赵匡胤说："亡国之君，有什么了不起，不值得大惊小怪。"

赵光义说："好事不出门，坏事传千里，哥哥这一时不检点，使得过去传颂天下的侠义英名，都要付诸东流了。一旦民心丧失，社稷危矣！"

赵匡胤听了低头不语。赵光义又说："自古以来女人是祸水，纣亡于妲己，周亡于褒姒，吴亡于西施，唐代的杨玉环更是红颜祸水，这样的例子多得不可胜数。如今你留住这两个女子，谁知又会生出什么事来。哥哥你乃顶天立地的男子汉，难道不想当个万古流芳的圣君，却要自毁名节，惹人笑骂百世吗？"

这一席话，说得赵匡胤脸上一阵红一阵白，扭头叫过司礼太监，说道："备轿，把这二位夫人送回家去！"

赵光义见小周后等退下了，才对赵匡胤说："这样做才不愧为大丈夫。目前，北有契丹强敌虎视眈眈，北汉也时常出兵扰我边境，希望哥哥把精力集中到政务上来，创造出前无古人的丰功伟业，传颂千古。"

赵匡胤被赵光义说得豪气横生，对赵光义说："朕戎马一生，身经百战，创立大宋，岂甘心自暴自弃，当尽力而为，誓做千古英主。兄弟今日这番金玉良言，为兄十分感谢。"

赵光义说："兄长能有这番话，我做兄弟的也感到光彩。"

说毕，又举起酒杯道："为了我大宋万年基业，为了开国英明君主，兄弟敬你一杯！"

赵匡胤也举起酒杯，与赵光义对饮。

身为皇帝的赵匡胤，在名节问题上能听取弟弟赵光义的意见，并立即改过，实在是难得。自古以来，因女色误国的君主大有人在，而能够吸取教训，以社稷为重的帝王却并不多见，赵匡胤不愧是头脑清醒的政治家。

"教训"——是人生最好的老师。所谓吃一堑，长一智，是经验的总结，是智慧的积累，是跌倒后爬起来的人对过去和未来的思考。错误

和挫折教训了我们，使我们变得聪明起来。任何单位，任何个人，错误总是难免的，我们只要求犯得少一点，犯了错误则要求改正，改正得越迅速，越彻底，就越好。善于吸取教训，是自我总结的过程，也是一个学习的过程。

端正心态做事情

只要具有做事认真的态度，每个人都可以把眼前的事情做好。与其他皇帝相比，赵匡胤是一位心思缜密、做事也很认真的皇帝。正是因为他做事认真才为他带来了很多发展机会。

历史上，曾经有评论家对赵匡胤有非议，说他这个人诡计多端、善谋略、私欲极强，谁也没有他狡猾；他表面上为人宽厚、谦恭礼让，颇有仁爱之心，实则这都是笼络人心的手段而已。比如，他当了皇帝后，见到前朝旧臣，立即痛哭流涕，表示自己当皇帝，实在是不得已，深有“负天地，无限愧疚……之感”，骗得这些老臣听从他的摆布。

一般而言，新皇帝登基后，往往对前朝的一套人马予以清除。可是，赵匡胤却没有这样做，而是事先让翰林替周恭帝拟发禅位诏书，举行仪式后，这才合理合法地穿上龙袍，登上皇帝宝座。他让恭帝和符太后迁入西宫，授恭帝为郑王，符太后为周太后，把他们养起来，并对天下实行大赦。

对他有非议的评论家认为，这些只不过是赵匡胤收买人心的手段罢

了。或许，诚如他们所说，但是，赵匡胤身上还是有很多令人佩服的地方，就说他办案时的认真态度，就不是一般人能够有的。

登基后，赵匡胤经常便服出宫。大臣极力劝他，说："出宫太危险了。"赵匡胤却说："皇帝只待在宫里，不了解外面情况，怎么能治理好国家呢？我不树敌、不欺压百姓，哪会有人加害于我？"

一天，一个乞丐向一家商铺讨钱，嫌给的少，于是大骂店主，围观的人很多。这时，突然蹿出一个人拔刀杀死了乞丐，然后慌忙逃走。事情传到赵匡胤耳朵里，他说："人命关天，不能草率敷衍，一定得认真追查，尽早破案。"

皇上的圣旨谁敢怠慢，命案不久就告破。原来是店主恼羞成怒叫人杀了乞丐。

赵匡胤召见了办案人员，说："你们辛苦了，可这命案马虎不得，千万别冤枉好人，你们再认真审查审查。"

过了几天，办案的官员又来了，说案子已经彻底查清了，确定是店主让人杀死了乞丐，还带来了杀人的刀。

赵匡胤说："再审了吗？"

官员回答道："再审了。"

赵匡胤问："真查清了吗？"

"是，没错！人证物证俱在，皇上看这杀人的刀……店主已经交代清楚了，还亲手写了供状。"

赵匡胤对身边的侍从说："去！把我的刀鞘拿来！"

侍从把赵匡胤的刀鞘拿来了，赵匡胤把那把刀顺利地插进刀鞘里，生气地说："你们看，这刀是朕这鞘里的。那天，朕也在场，不小心把随身带的刀落在了现场。你们没有细查，就一口咬定说这是凶器。你们这样办案能不冤枉好人吗？"

办案人傻了眼，连忙磕头请罪。

赵匡胤命他们重新彻查，戴罪立功，才免除了他们敷衍办案的罪责。由此可见赵匡胤办案的认真态度。正因为他的这种态度，才没有冤枉无辜者。作为国君的他能如此做，实属难能可贵。这一优点，也为他在治理国家上赢来了很多发展机会。

很少有人把认真与机遇联系在一起，但在市场经济的今天，只要我们深入想一想，就会发现二者有着必然的联系，因为认真已经成为商业竞争和人才竞争的重要手段，认真在不同人眼里有着不同的分量，在领导或老板眼里，部下的认真体现了对企业的忠诚和尽心，在用户和顾客眼里，认真体现了诚信和厚道，所以认真一旦被认可，一定会改变在“上帝”心目中的地位并留下与众不同的美好印象，不仅可能带来机遇，甚至可能改变命运，下面举个例子也许能说明这个问题并有所启示。

我们都知道大明星成龙，他也不是天生下来就是大明星，也有他平凡而又艰难的起步，他回忆说：“我的路是从演死人开始的。”在演艺圈恐怕没有比演死人更简单的角色了，但要演好也离不开认真二字，成龙细心琢磨，一遍又一遍地尝试，功夫不负有心人，成龙终于成了“死”得最像的人，得到了导演很高的评价和更多重要的角色，但是成龙并不满足这些，他的梦想是做一名武术指导，他想跟当时一位很有名的武术指导学武艺，于是千方百计找机会接近这位武术指导，每天都在武导的必经之路等，终于被武导看出了成龙好学的决心，并给了他一次擦汽车的机会，虽然是极普通的侍候人的工作，但在成龙心里却看成是难得的机遇，他不放过汽车上的每一个污点，所有擦不到的每一条缝隙都用牙签挑剔得干干净净，他说：这是他一生中擦得最干净的一辆汽车，从此他成了武导身边的红人，为他学武艺和当武术指导奠定了必要的基础，现在的成龙仍然没有忘记认真两字对他的人生道路所起的重要作用！

当我们赤手空拳刚起步，还没有任何资本的情况下，我们用什么来证明自己呢？只有认真是我们每个人都可以拥有又可以感人的重要武器！

用兴趣爱好引导人生

兴趣的魅力是无穷的，但要自己去寻觅；兴趣和爱好是人生最好的老师，但要自己去聘请。赵匡胤的兴趣与爱好，与书有关。

宋太祖赵匡胤的一生大体可划分为三个阶段：20岁之前在家读书、闲居；20～34岁北上投军，跟随周太祖、周世宗南征北战，直至当上了禁军统帅；34岁兵变称帝后为第三阶段。纵观其一生大部分时间在征战中度过，除了幼时学了两年四书五经之外，没有接受过正规的学校教育，基本上算是个武人，一位“马上天子”。

但是，宋太祖并非与书无缘。他一生爱藏书、爱编书，和书有深厚的情感，或者可以说，他是穿戎装、着黄袍的读书人。

早在当皇帝之前，赵匡胤就对读书产生了极大兴趣，“虽在军中，手不释卷”。一旦他得知民间有什么好书，必定千方百计地去搜寻，即便花费重金也毫不吝惜。因为这个缘故，还生出一段误会，险些惹出麻烦。

这是发生在后周显德年间的一件事：赵匡胤随周世宗征淮南，一举攻下南唐寿州城。某日，有人向周世宗密告：赵匡胤私自运载了数车东西，都是贵重的金银财宝。周世宗最恨手下人乘攻战之机私取财物，马上派人进行调查，结果却使周世宗大感意外。原来，车上装的根本不是什么贵重

财物，而是满满的几车书籍，周世宗困惑不解地问赵匡胤："卿方为朕做将帅，辟封疆，务当坚甲利兵，何用书为？"赵匡胤顿首道："臣无奇谋赞圣德，滥膺寄任，常恐不逮，所以聚书，欲广闻见，增智虑也。"

周世宗听罢，很是吃惊。暗忖：当今天下，战争频仍，重武轻文，已成风气，人们把读书人蔑称为"措大"，将文人们使用的毛笔称作"毛锥子"，认为安朝廷、定祸乱只需长枪大剑，"毛锥子"根本顶不了什么用处。但赵匡胤则与此种社会潮流背道而行之，别人重武，他独重文；别人爱财，他独爱书；别人只注重提高武艺，他却矢志于增长见闻和才智，这样的将领岂不是很难得吗？当时，恰好周世宗为了统一天下的需要，也有意改变重武轻文的现状，准备采取一些限制武臣、奖用文臣的措施，所以得知真相后对赵匡胤很满意，不仅没有怪罪他，反而把他褒奖了一番，并以功授赵匡胤忠武军节度使。

赵匡胤当了皇帝以后，求书、藏书的爱好更是有增无减。在统一战争中，每讨平一个割据政权，总要下专诏将各国的藏书妥为保护，运往京师。乾德元年（963年）平荆南，下诏尽收高继冲政权所藏图籍，充实开封的集贤院、史馆、昭文馆等三馆；乾德二年（964年）宋灭蜀，次年九月，宋太祖专门派遣左拾遗孙逢吉前往西川，收取后蜀的图书经籍，得书1.3万余卷，悉送三馆；开宝八年（975年），宋军破金陵，十二月，宋太祖在接到报捷书以后，马上派太子洗马吕龟祥去金陵，将李煜所藏图书送来开封。南唐皇帝素重文，李璟、李煜父子虽在政治上昏庸无能，但在文学艺术上都有很高造诣，南唐皇宫藏有大量书籍。金陵被攻陷后，李煜曾想自焚，却舍不得烧了珍藏的图书，结果统统成了宋太祖的战利品。宋太祖实施"先南后北"的战略，不仅取得了军事和政治上的胜利，还使大量图书免于战火，得到了保存，对封建文化的发展起到了不可低估的作用。

宋太祖也十分重视收集流散于民间的图书。乾德四年（966年）闰八月，他下诏购求亡佚图书，凡吏民有所献者，即令史馆点检篇目，若系馆中所无则收下，献书人送翰林学士院试问吏理，可任官职的，列名上报。诏令既下，献书者络绎不绝，一年内竟得献书1200多卷，献书者涉弼等人还因此获得了科名出身。宋太祖令人把这些书分置书馆，妥善保存。

昭文馆、史馆、集贤院三馆是宋王朝的皇家藏书馆，建隆初年，藏书仅1.2万多卷，平定诸国后，得蜀书1.3万卷，江南2万多卷，加之多方搜求，鼓励献书，至开宝中期，藏书已达8万卷。宋太祖又令有司提出缺书目录，派人到各地去征求图书，还规定，各地要向政府缴纳新出版的书，奇缺的书要由专门机构来补写。

宋太祖重藏书，也重编书。他令监修国史薛居正主持，由卢多逊、张澹、李昉、刘兼、李穆、张九龄等编修《五代史》（后称《旧五代史》），于开宝七年（974年）编成。此书共150卷，记述了朱全忠灭唐至北宋赵匡胤称帝（907—960年）五代十四帝53年的历史。此书以范质《五代通录》为底本，兼采五代实录诸书，取材丰富，门类较为齐备，是研究五代史的重要史料。

此外，建隆二年（961年），宰相王溥还修成两部典制文献：一为《唐会要》，此书详细记载了唐代典制的沿革，兼载人物事迹，包含了很多唐代实录和唐人著述等原始资料，有很高的史料价值。书成后，宋太祖诏令藏于史馆。另一部是《五代会要》，据五代后梁、后唐、后晋、后汉、后周诸朝实录及其旧事传闻，叙载五代典章制度，内引诸朝诏令、奏议颇多，为历代史家所重视。还有窦仪等编撰的《宋刑统》，是我国古代一部基本的、较为系统的成文法，终宋之世而未变，在我国法制史上占有重要地位。

“以史为鉴，可知兴替”。宋太祖组织编修史书是为了总结历史经验

教训，以为治理国家的借鉴，他同时又注重对当代重要事件的记录，以备史官修史之用。

有了兴趣和爱好，其实也就有了提升自己素养的能力。当我们的兴趣与爱好越来越浓厚的时候，同时我们的能力也会有一定程度的提升，这对我们以后的成功是一种很大的帮助。

不因私废公

人都有个人感情，而个人感情对一个人对事情做出的判断会有很大的影响，个人感情因素甚至会对一个人对纪律的贯彻执行产生影响，这就要求在个人感情与纪律产生冲突时，割舍个人感情，而选择遵从纪律，做到不因私废公。

古人有云：三十而立。30岁的时候，赵匡胤还是后周将领，在后周军中南征北伐，也正是赵匡胤恰好30岁这年，发生了滁州之战，当时飘扬在滁州城下的后周军旗为他的30岁生日增添了光彩。站立在滁州城关，北望开封，回想伴驾出征的经历，赵匡胤心中充满了得意。这一段时间来，后周军数与南唐军交战，多获胜利，但也有兵锋受挫和损兵折将的记录，而赵匡胤却是不辱使命，每战必胜。

就在这时，高辛庙占卜时那个“圣铰”吉兆又浮现于赵匡胤脑际，他暗自思忖：当初求神问卜是在颠沛流离、大志难伸时不经意而为之，想不到真的成了大吉之兆，今后的路若还是这样一帆风顺，步步登高，执国

政、当天子也许并非虚妄！

赵匡胤越想越兴奋，激情澎湃，热血沸腾。但是，赵匡胤却理智地克制住自己的情绪。他深知，自己资历尚浅，功不高位不显，还远不是自鸣得意的时候。木秀于林，风必摧之，须谨慎从事，处处小心，对皇帝要表现出始终一贯的忠诚，绝不能给谗谄小人留下可乘之机。若谗谄之口不禁，君怀猜忌之心，将会前功尽弃，功亏一篑！

经过这一番利弊得失的权衡比较，赵匡胤发热的头脑马上冷静下来。他不再陶醉于往昔，决心谨慎地去开拓未来。滁州小憩期间，他一方面整肃军纪，遏止涣散，同时又秣马厉兵，枕戈待旦，准备更加出色地完成皇帝赋予的使命。

这天夜半，滁州城外来了一队人马，声称是马军副都指挥使队伍，急迫地传呼开门。守城的兵士将来人的旗帜标志仔细地察看了一番，虽觉确为自己人，却仍不肯把城门打开。他们委婉地对来人说，主帅有令，夜间不得开城门，以防有诈，请他们天亮后再进城。

当时正值严冬，天气寒冷，夜风如刀，那队人马听说不让他们进城，鼓噪声大起，连声埋怨滁州守军不讲情面，故意刁难，还有的大声叫骂，污言秽语不绝于耳。守城的兵士们却只当没听见，硬是不肯开城门。

这时，一位50多岁的老将驰马近前，怒气冲冲地说："我乃马军副都护使赵弘殷，是你们主帅之父，快将城门打开，让我等进城！"

守城兵士闻听，惊得直咋舌，赶紧去报知赵匡胤。刚刚就寝的赵匡胤得知此事，马上披衣而起，随守城兵士来到城门楼上，当赵匡胤的目光投射到城下那位老将身上的时候，心中陡然升起一股热流。自己20岁离家外出，闯荡天下，不觉已历10年。10年来，他无时无刻不在怀念着他的亲人，始终如一地牢记着父母对他的教诲。这期间，他也时时在打听着父亲的消息。他得知，父亲在后汉乾祐年间，曾领兵征讨王景于凤

翔，战于陈仓。那次战斗中，他左眼中箭，仍奋勇冲杀，大败敌军，因功迁护圣都指挥使。周太祖广顺末年，改为铁骑第一军指挥使，转右厢都指挥，领岳州防御使。征淮南之役，也建有战功。赵匡胤为父亲的成功而欣喜，也为父亲失去左目而牵挂。但是，因征战连年，无暇多顾，鲜尽孝心。今日父亲风尘仆仆夜至滁州，赵匡胤何尝不想把父亲迎入城中，倾诉别情？

然而，父子亲情却没能动摇他严守军纪的意志，他没有让兵士把城门打开。他歉疚地对赵弘殷说："父子虽至亲，城门王事也，不敢奉命。"

赵匡胤看似无情的拒绝使赵弘殷一时愣住了。他有些怨恨这个不孝的儿子。但转念一想，儿子舍弃父子之情而尽忠王事，无可指责。他身为人子，亦为人臣，事君高于事父，国事重于家事。匡胤能舍小而取大，疏亲情而重君命，堪称明理之举。于是，赵弘殷原谅和理解了他的儿子，带领部下在城外露宿一夜，直到天亮才进入城中。可是，入城后却因夜感风寒病倒了。

在赵弘殷病卧滁州的日子里，赵匡胤精心照料，恪尽孝心，使赵弘殷颇感宽慰。这期间，还有一人殷勤侍奉于赵弘殷病榻之侧，"朝夕奉药饵"，赵弘殷"待以宗分"，此人便是赵匡胤的挚友和谋士赵普。

赵普比赵匡胤大五岁。原籍幽州蓟县，因避后唐赵德钧兵戈之乱迁居洛阳。关于赵匡胤与赵普的结识，一说他们自幼便是好友，曾与赵匡胤同时求学于陈学究。赵普小时候好动贪玩，不安心学业，一部《论语》只学了一半便搁置一边，以为天下混战，成大事全凭谋略之事，不在学术精深。日后，赵普曾三度为相，为宋王朝躬献良策，政绩斐然，"半部《论语》治天下"之说即由此而来。

据《宋史·赵普传》记载，赵普成年后曾为永兴军节度使刘词幕僚，后由刘词和后周宰相范质举荐于朝廷，与赵匡胤同为周世宗部下，并一起

攻入滁州，任军事判官，所以便有了赵弘殷病卧滁州期间赵普朝夕侍奉这段故事。现在我们姑且不去考证赵匡胤与赵普的结识始自何时，还是回到滁州城内，回到赵弘殷病榻前。此时，赵普已像对他自己的父亲一样，精心照料赵弘殷多日了。

也许，就是在这些暂无战事的日子里，赵匡胤与赵普交情益深。赵匡胤惊异于赵普的才能，暗自钦佩不已。一日，赵匡胤欲斩盗贼百余名，交赵普审讯，赵普怀疑内有无辜者，便详加审讯，以避免错杀，结果使许多人得以幸免，赵匡胤从此更加敬重赵普。赵匡胤因功被封为定国军节度使后，立即把已任渭州军事判官的赵普招到自己身边，做了佐理节镇事务的推官。从这以后，赵普始终跟随赵匡胤，成为他创立北宋王朝的核心人物。

赵弘殷在滁州病愈后又参加了扬州之战，与周世宗会师于寿春，因功封检校司徒、天水县男，与赵匡胤分典禁军，一时荣之。他死于显德三年（956年）。按古礼，父母死，得免官守丧三年。但因战事紧张，重任在身，赵匡胤略尽孝心后便又忙于战事去了。

在中华民族的传统美德中，孝道是最为人看重的个人情感，正所谓，身体发肤，受之父母，不敢毁伤，孝之始也。一部《孝经》传承了中华儿女的精神寄托，然而在面对老父在城下要入城的时候，是遵守纪律，紧闭城门，还是要遵从个人情感，开城门让父亲进城休息，这是赵匡胤当时面临的两难选择。我国最早的一部解释词义的著作《尔雅》对于孝道所下的定义是："善事父母为孝。"而赵匡胤当时的举动无疑在世人的观念中是违背了孝道的，但是我们要说这是符合纪律的，赵匡胤没有因私废公。

言传身教育子女

子女是父母生命的延续，他们在一定程度上体现着其父母生命的价值，所以如何教育子女，就成了一个很关键的问题。对子女的教育，不能采用大棒教育，也不能空口说教，而是应该言传身教，让孩子切实体会到自己良苦的用心，太祖赵匡胤就很重视对子女的言传身教。

赵匡胤有6个女儿，申国、成国、永国三公主皆早亡。魏国大长公主，开宝三年（970年）封昭庆公主，下嫁左卫将军王承衍；鲁国大长公主，开宝五年（972年）封延庆公主，下嫁左卫将军石保吉；陈国大长公主，开宝五年封永庆公主。赵匡胤对这三位公主管教也很严，平日衣服费用皆有节制，不使其奢华太过。三位公主也很听从赵匡胤的教诲，不敢逾矩。

开宝五年夏天，永庆公主要出嫁了。永庆公主是赵匡胤原配夫人贺皇后所生。永庆公主很像她的母亲，恭顺、知礼、温柔，长相也和贺皇后相像。赵匡胤很喜欢这个女儿，特别是在贺皇后去世后，一看到她便想起自己的结发妻子，更因自己新婚燕尔即离家远行，浪迹天涯，难得照顾妻子儿女，心中存有深深的歉疚。所以，他对永庆公主格外怜爱，凡事大都任着她，尽量使她快快乐乐，无忧无虑。这似乎是一种爱的补偿，爱的延续。

永庆公主的婚事是杜太后在世时定下的。那还是在赵匡胤没有当皇

帝的时候。有一次杜太后到宰相魏仁浦家里作客，见他的小儿子魏咸信侍奉在其母身边，面如冠玉、风度翩翩，言谈举止又显得恭谨有礼、少年持重，顿生好感。

当时老太太便想，魏家历来家教极好，这魏仁浦的宽厚仁爱是远近知名的。很早就听说，魏仁浦小的时候，家道贫寒。有一次他母亲借了几尺黄缣为他缝制了一件衣服，让他穿在身上。当时仁浦只有13岁，却心中感到老大不忍。他一边穿着衣服，一边流泪道："作为当儿子的不能尽孝，反让慈母为自己求贷缝衣，于心何忍？"

不久，他便辞别老母，欲去洛阳闯世界，挣前程。半路过河时，他将母亲给他缝制的这件衣服，包裹上石头沉于河底，对河水发誓道："我魏仁浦此去，若不能富贵发达，决不再过此河，永不回家。"

后来，魏仁浦果然历练成材，周太祖时已官居羽林将军。周世宗时更被授为右监门卫大将军兼枢密副使。在赵匡胤登基后，与范质、王溥一起，成为主持朝政的宰执大臣。

有其父必有其子，有魏家这样的门风和家教，魏咸信又是块质地优良的璞玉，日后定能琢成大器。因此，杜老太太便为自己宠爱的孙女儿选择了这位如意郎君，定下了这门亲事。

赵匡胤对于母亲杜氏的话一向是言听计从，但是女儿的婚姻大事，他不能掉以轻心，他一心要让儿女们一辈子幸福，这件事他不能不管。

现在，女儿和咸信都到了男大当婚、女大当嫁的年龄了，该是给他们办婚事的时候了。可是这乘龙快婿自己还没见过。一天，他让赵光义把魏咸信带至皇家校场，让他与党进等一批将军们校射。魏咸信领命后翻身上马，绕场一周后，不慌不忙引弓搭箭，嗖嗖嗖一连数发，竟是箭箭中靶，武艺不在众将之下。党进等众将领齐声向太祖恭贺。赵光义也笑着说道："咸信不仅骑射好，而且知诗书，有才略，陛下又得一德才兼备之佳婿，

可喜可贺。”太祖大喜，遂下诏永庆公主下嫁魏咸信，并授咸信右将军、驸马都尉。婚礼于近期择日举行。

成婚这天，汴京城里热闹非凡，士庶百姓一大早便扶老携幼，在御街上转来转去，等着看这空前热闹的婚礼。他们猜想，赵匡胤是大宋王朝的开国之君，功业显赫，威加四海。永庆公主又是他最小的女儿，这个婚事必定办得十分隆重。可是他们失望了，好不容易盼到迎娶的队伍从皇宫东面的驸马府走来，人们一下子围了上去。却见卤簿、仪仗都十分简略。鼓乐队、彩轿装饰等也都平平，与普通仕宦家的婚嫁场面没有什么两样，连一些朝中大臣的子女们的婚嫁都不如。

原来，在婚事之前，许多大臣都建议赵匡胤，这次下嫁公主，一定要办得特别风光，特别隆重。嫁妆要丰厚，仪仗要盛大，各种程序都应宁繁勿简，这样才能显示大宋的鼎盛和皇家的威仪，也可告慰在九泉之下的贺皇后，不失王朝公主的尊贵。朝中大臣和各级官府都纷纷献来贺仪和礼单，金珠宝玉、绫罗绸缎应有尽有。

赵匡胤将这些贺礼一律斥退。他下令有司，给永庆公主置办嫁妆，必须严格按照规定办事，不得超越。婚礼各项议程也不得过分铺张，连必须举办的喜宴也不准兴师动众，大事张扬，只准在小范围内进行。

出嫁的头一天晚上，赵匡胤把永庆公主召至御书房，十分慈爱地开导她说，皇帝的女儿出嫁，是天下大事，按说就是办得再铺张、再奢华，臣民们也不会说什么。但是，一旦皇家这么做了，朝臣们便会群起效仿，各级官员也会跟风而上，天下官员都崇尚奢靡，最后还是苦了黎民百姓。这样就会败坏了政风、民风和整个社会风气，时日一久，甚至会腐蚀朝政，动摇江山。

赵匡胤见女儿对他的这些大道理并没听进去，一副不以为然的样子，他只好耐着性子说道：“唐太宗李世民这个人，你不会陌生吧？此人堪称

千古明君，万世英主。可是他在他最疼爱的一个女儿长乐公主出嫁时，准备大事操办，嫁妆要比其他公主多出一倍。他的贤相魏徵出面谏阻，唐太宗很不高兴，回后宫跟长孙皇后说了此事，长孙皇后不但不生气，反而称赞魏徵不愧为社稷重臣，劝唐太宗减少女儿的嫁妆，俭约办婚事。事后，长孙皇后还特意派人向魏徵致谢。你是我的女儿，事事应以江山社稷为重，效仿先贤，为民垂范，才能保我大宋帝业永久。"

赵匡胤说了很多，永庆公主一声不响地听着，虽然口里也答应着，心里却仍不高兴，觉得父皇对自己有些刻薄。

婚后数日，永庆公主回到皇宫，来向赵匡胤请安。父女二人虽然才刚刚几天未见，却与久别重逢一般，一股浓浓的亲情弥漫在太祖的心中。赵匡胤拉着小女儿的手，亲切地问长问短。永庆公主打量着赵匡胤那慈和的却又为政事操劳得有些憔悴的脸，那满头浓密的黑发中渐渐冒出的银丝，心头一阵发酸，险些掉下泪来。一股巨大的暖流在她的周身激荡。她开始懂得了赵匡胤，这是一种强烈的严父加慈母的爱，这是任何东西都换不到的伟大的父爱。她偎在赵匡胤的胸前嘤嘤地哭了。

赵匡胤与女儿谈了一阵，这才注意打量着她的穿着。永庆公主穿的是一件贴绣铺翠的短襦，显得十分华丽。

赵匡胤的脸色开始变得严肃了，他缓缓地说道："你把这件衣服交给我吧，以后不要再这样着装了。"

永庆公主的脸一下红了，她知道这是父亲在责怪自己。便嗫嚅着说道："父皇，一件短襦能用多少翠羽？这也不算是太过奢华。"

赵匡胤看了看女儿，尽量把语气放得平和一些说道："你这话就不对了。这可不仅仅是你一个人的事，你穿这样的衣服，宫廷中就要效仿，很快官宦豪绅之家都会竞相效仿。京城里翠羽本已很贵，用的人多了，必然促使小民们为追逐厚利而辗转贩卖，长此下去就会危害民生。你生长在

帝王之家，富贵已极。‘普天之下，莫非王土；率土之滨，莫非王臣’，在有些人看来，整个天下都是咱赵家的。帝王家人可以穿天下最华美的衣服，吃天下最美好的食物，尽情地享受天下的一切。我的女儿莫说穿件翠羽短襦，就是穿金戴银，谁又能说半个‘不’字。但是，以朕之见，你们兄弟姊妹，应只担心名不扬德不立，切勿只讲究吃喝穿戴，追求享受。你等不开奢靡先例，为天下人做个俭约的表率，也算是替朕分忧。”

赵匡胤说得十分动情，说到最后，竟有些激动，站起身在地上走来走去。赵匡胤对女儿所说的话，都是他发自肺腑之言。赵匡胤是中国历史上少有的几个俭约皇帝之一。《宋史》曾记载道：太祖“躬履俭约，常衣浣濯之衣，乘舆服用，皆尚质素，寝殿设青布缘苇帘，宫闱帘幕，无文采之饰。”

永庆公主深知父亲的俭约，她从小在赵匡胤身边长大。赵匡胤从来不讲究衣着，除了那件上朝穿的龙袍之外，赵匡胤平时只穿普通的粗绸布衫，脚上常年蹬着一双苎麻编织的鞋子。连他住的寝殿，门帘都是那种以青布镶边的普通竹帘。而当时王公大臣家中，就连市面上一些较为豪华的酒肆歌楼，谁家不是珠帘绣额，玉雕金饰？

就在前不久，赵匡胤随意检查大内府库，见从后蜀主孟昶宫中运回的各种器皿，极尽奢侈华丽，就连一件盛小便的溺器，都用七宝装饰。赵匡胤对臣下慨叹道：“为人主者，糜烂如此，焉能不国亡家破？我宋廷当以此为戒。”遂命将这些价值连城的器皿，全部搬到院中砸碎。

这些事，永庆公主都是听后宫里的宫女们传说的，当时她还不太相信，现在看来，这是千真万确的了。

她开始明白赵匡胤的一片良苦用心。赵匡胤年轻时只身闯天下，尝尽了人间苦辛，甚至过着风餐露宿、寄人篱下的乞丐般的生活。他今日高居九五，仍不忘过去的艰辛和坎坷。为了大宋江山千秋永固，他像勾践那样卧薪尝胆，像唐太宗那样牢记创业难，守业更难。她羞愧地低下了头，

自己太不懂事了，辜负了父皇的一片苦心，误解了父皇对子女那博大深邃的、像江河大海一样的深深的爱。

她的脸上已经挂满了泪珠，看看父皇那刚刚浆洗的、已经穿了好几年的粗绸短衫，嗫嚅着说道："父皇放心，您的话女儿记住了，今生今世，它都刻在女儿的心里了。"

第二天，永庆公主身上的翠羽短襦不见了，她的床头上却多了一本书。这是她让人专门从皇家藏书室借来的，是唐太宗的皇后长孙夫人手撰的《女则》。

赵匡胤把这一切都看在眼里，他欣慰地笑了。

从赵匡胤教育永庆公主的事例中，我们可以知道言传身教的重要性。对子女的教育，仅仅停留在口头的说教效果肯定不好，尤其是在生活水平日渐提高的今天，对子女的溺爱程度随着生活水平的提高而不断加深，这使得如何教育子女成了一个重要的话题。

第三章

竞争力是成功的捷径——赵匡胤这样对我说竞争力

物竞天择，适者生存指明竞争才能导致强者生存，以至于社会的不断进步和发展。要想进步就要有竞争，有竞争就有竞争对手，如何对待竞争对手，就决定了你竞争的速度、结局和品位。赵匡胤作为大宋开国皇帝，在逐鹿中原的过程中，遇到过很多竞争对手，而他对待对手的策略和方法，是非常值得我们借鉴的。

学习力决定竞争力

随着科技进步与经济的增长，这个世界的整体水平都在快速地提升，在这样的背景下，所有的事物都在以它前所未有的速度更新换代，竞争的激烈性也在明显地趋于激烈。一个人要想跟上这样的时代步伐就不应该固守原来的速度，亦步亦趋地被动追赶，而应该变换方式，主动学习所有先进的东西为己所用，并且能够在最短的时间内学到最具竞争力的知识。这样，你才能够比他人花更少的精力却比他人早一步成功。

宋太祖“严重寡言”，性格比较内向。他虽然出身行伍，但与那些缺少文化素养的赳赳武夫有所不同，他酷嗜观书，虽行军打仗，也手不释卷。

即位后，宋太祖更喜欢读书，经常派人到史馆去借书看。兵部郎中、知制浩卢多逊担任史馆修撰、判馆事后，总是预先派人打听太祖所要借阅的书目，然后及时通读，在心中记下有关书籍的内容，等待宋太祖问询。而每当太祖问到涉及书中内容的问题时，卢多逊自然是对答如流，往往令同僚佩服不已。

宋太祖不仅自己好学不倦，还劝导文武臣僚和皇室子弟读书。赵普听从他的劝导，养成了读书的习惯，终日手不释卷。赵普在年轻时，没有多少学问，只是对吏事较为精通。做了宰相后，太祖经常劝他多读点书，否则在朝廷难以立足。赵普于是有了好学不倦的习惯，每天处理完政事回

到家中，就关起门户，从书箱中取出书来，“读之竟日”。由于有了丰富的书本知识，“少习吏事”的赵普临政处事，更是如虎添翼，得心应手。赵普去世后，家人打开箱子一看，原来是《论语》20篇，所以有赵普半部《论语》治天下的说法。对于武臣，太祖也鼓励他们读书，他说：“今之武臣，欲尽令读书，贵知为治之道。”皇室子弟也应多读书，他曾对秦王侍讲说：“帝王的后代，应当多读经书，知道历史上治乱的情况。”

太祖读书的目的十分明确，即广见闻，增智虑。劝导文武臣僚读书的目的也十分明确，就是知为治之道，知治乱大体。这两点说得具体一点，就是吸取书本上的知识以及历史上的经验教训，提高自己的知识水平和办事能力。读过书后，他经常与大臣一起讨论历代王朝的治乱兴衰及其帝王君主的得失。开宝七年（974年）闰10月20日，监修国史薛居正等呈上新修的《五代史》150卷，第二天，宋太祖就谈出了自己的心得体会，他说：“昨观新史见梁太祖暴乱丑秽之迹，乃至如此，宜其旋被贼虐也。”乾德四年（966年），太祖策试制科举人的时候，同翰林学士承旨陶谷等人一起谈到历代帝王得失问题，他说：“则天，一女主耳，虽刑罚枉滥，而终不杀狄仁杰，所以能享国者，良由此也。”史称宋太祖“留意听断，专事钦恤”，对御史台、大理寺等部门官员的选择尤其严格审慎，这与太祖注意吸取历史上的经验教训有关。他曾对御史台官员冯炳说：“我每读《汉书》，见张释之、于定国治狱，天下没有冤民，这正是我所期望于你的。”太祖曾立有一条“家法”，即不杀士大夫及上疏言事人，这条家法的出现，也是宋太祖善于吸取历史上的经验教训的结果。

赵匡胤通过读书，学到了很多灵活应敌的战略和方法。其中送还吴越国王钱俶一事便是从古书中活学活用的例子。

赵匡胤在书上看到荀巨伯仁义驱胡的故事。汉代有一名士荀巨伯以仁义著称。一次，他去远方探望重病卧床的友人，正好赶上胡人攻打友人所

居的城市，城里的人纷纷弃城逃命。

友人对他说："我现在是走不了了，你赶紧出城逃命去吧。"

荀巨伯说："我荀巨伯难道是那种为了求生而抛弃仁义、不讲信用的人吗？"并坚持不去。

城陷后，胡人问荀巨伯是什么人，为何能够行走却不逃命，竟敢独自留在城中。

荀巨伯正色答道："我的朋友身患重病而不能行走，我不忍心把他丢下而独自逃命，我宁愿以自己的身躯来换取朋友的生命。"

胡人听后，非常感慨："你真是个仁义之士。我们这些无仁寡义之人，算是闯进有仁有义之地了。"于是，胡人放弃了杀掠，撤兵离去。一城的生灵由此得以保全。

于是，赵匡胤把这种方法运用在对吴越国王钱俶的收服中。

宋军兵伐江南之时，赵匡胤对吴越使者说："待平定江南后，你主钱俶可暂来开封与朕一见，以慰相念之情，见后即可复还。"

开宝九年（976年），吴越王钱俶迫于形势，冒死前往开封朝见。虽然每天赵匡胤盛情盛宴款待，但钱俶内心仍然不能平静，生怕赵匡胤为了统一大业而食言，将自己扣为人质，趁机要挟吴越投降。

钱俶在这种惶恐和焦虑中度过了两个月后，赵匡胤忽然诏令他可以返回故国。在送行的宴会上，赵匡胤还送给钱俶一个黄布包袱，并嘱咐他到了途中方可打开观看。钱俶开始非常高兴，以为是赵匡胤赏赐给自己的财物。但到了途中打开包袱，吓得钱俶差点背过气去。原来，包袱中根本不是原来所想的封赐，而是朝中数十位大臣要求扣留钱俶做人质的奏章。这样一来，赵匡胤假群臣之手给钱俶造成心理上的压力，迫使钱俶向宋朝投降。另外，赵匡胤又将群臣要求扣留钱俶的奏章交给他，并放他回去，让钱俶感受到赵匡胤的仁慈与宽厚，用恩情来感化他投降，这正是对书中知

识的运用。

书籍是千百年来人类智慧的浓缩。在封建时代，士人以读书通史为荣，并有“书中自有黄金屋，书中自有颜如玉”之类的说法。长期以来，儒家的“四书五经”是读书人的必修课。读书人从中而知礼义廉耻，从中得到做人处世的道理。另外，书中的史实和经验又为后人留下借鉴，使后人避免重蹈覆辙，取捷径来实现自己的人生理想。

赵匡胤通过读书观史，不断地学习，学会了治国之术，将书中的知识运用到治军和治国之中，确立了以“仁”治国的方针，成为一个既能文又能武的君主。

一个想要出人头地的人，在任何环境中都应该学会培养自己的学习力，增加自己竞争的砝码。当然，在学习之前，要先弄明白自己究竟要学什么，同时要搞清楚自己会从中获得什么收益，只有有的放矢，才能使自己的学习更有针对性，得到更大的益处。

学会借用舆论力量

一个人如果想要别人记住自己，最好的办法就是要提高知名度，只有让别人知道有你，知道你是谁，才可能和别人抗衡。所以我们就要学会制造舆论，以立于竞争中的不败之地。

后周显德六年（959年）五月三十日，病魔缠身的周世宗柴荣返京，至六月十八日，这位年仅39岁的皇帝就匆匆离开了人世。

刚刚出任殿前都点检的赵匡胤已越来越不满足目前的地位了，他感到千载难逢的机遇在向他频频招手。

赵匡胤意识到机会来临的时候，便迅速调整了自己的策略。

他努力抑制住内心的狂喜，让自己处于这样一种态势：不急不躁，掌握主动，进可以攻，退可以守。

他对机会的最细微处进行了认真的策划。

柴荣从发病到不治而亡，不足两月，又正当盛年，对后事没有做出深思熟虑的妥善安排，只好匆匆忙忙地将符氏立为皇后，封年幼的皇长子柴宗训为梁王，显然含有“接班”的意思。

柴荣死后，7岁的柴宗训继位。后周王朝将真正处于“主少国疑”的混乱状态。

再看人事方面的调整，对赵匡胤也非常有利。柴荣在病情加重的时候，对后事粗略地做了些安排。文臣方面，任命范质、王溥参知枢密院事，魏仁浦兼枢密使。这种安排自然有托孤的意思。

在这三位宰相中，魏仁浦“虽处权要而能谦谨”，性情宽厚，不会咄咄逼人，与赵匡胤关系不错。

赵家与魏家颇有交情，母亲杜氏还是魏家的常客；王溥则早已向赵匡胤靠近，开始巴结赵匡胤。

而对于心直口快的范质，虽无深交，需要小心对付，但他毕竟是文官，在军队中没有实力，没有一点号召力。

最使赵匡胤惬意的是，真正使他畏惧的谏议大夫、开封府尹王扑已在三个月前去世。这等于拔掉了他的眼中钉、肉中刺。

令赵匡胤最不放心的，是军队系统的人事安排，然而此时，也出现了对他十分有利的变动。

张永德被免职，殿前都点检一职已由赵匡胤本人担任，安排赵匡胤做

殿前都点检，柴荣显然也带有托孤的意思。

赵匡胤由此权重位荣，办起事来也越来越顺手了。

原来一直空缺的殿前副都点检一职，由慕容延钊出任。慕容是赵匡胤的老亲信，关系非同一般。

原来空缺的殿前都虞侯一职，则由王审琦来担任，此人本是赵匡胤的义社十兄弟之一，与当时已担任殿前都指挥使的石守信一样，都是赵匡胤势力圈子中的核心人物。

这样，整个殿前司系统的所有高级将领全部换成了“赵家军”成员。

侍卫司系统中，赵匡胤原来只和韩令坤有兄弟之谊。然而，等到周世宗去世之后，韩令坤升任一直空缺的侍卫都虞侯一职，其空出的侍卫马军都指挥使一职，则由高怀德出任。

原来与赵匡胤有矛盾的袁彦担任的侍卫步军都指挥使一职，此时，则由张令铎所取代。

高、张两人在一年后，先后都与赵匡胤结为姻亲，由此可见，他们当时与赵匡胤关系之密切。

在侍卫司系统的五个高级将领中，赵匡胤的亲朋好友就占了三位。

余下的两位，一位是侍卫司的马步军都指挥使李重进，他是侍卫司的最高统帅，但此时正领兵驻守淮南扬州。

京师中实际只剩下副都指挥使韩通一人，自然无法同赵匡胤相抗衡。

赵匡胤还想把事情做得更周密些，而且这样做对他自己也有利。还是在周世宗在位时，就已有“点检做天子”的舆论在传播。

周世宗死后，年仅7岁的梁王在柴荣的灵柩前即位。太后符氏不是梁王的亲生母亲，只是匆促册封的皇后，地位并不稳固。

孤儿寡母充当后周国主，最高权力实际出现了真空。“主少国疑”作为一种失望情绪的宣泄，正弥漫于京城的每个角落。原来由柴荣主持的北

伐大业，此时已不得不中止了。

后周王朝今后何去何从，不仅京城百姓心里没底，连朝廷大臣也心中无数。

当然，赵匡胤也不是没有一点顾虑。当时手握重兵的韩通驻守在开封城内，周围又有一批效忠周室的大臣，要在京城下手，万一不能成功，不仅会身败名裂，连性命也难保住。

显德七年（960年）正月初一，后周君臣正在朝贺新年，京城四处一派节日气氛。

正在这时，一份关于镇、定二州边关军情的紧急密报传到朝廷：契丹入侵，北汉兵自土门东下与契丹军会合组成联军，大举进犯。

新帝刚刚继位，满城官民都在庆祝新年，而军情如此紧急，如何是好?

执掌朝政的宰相范质、王溥一时没了主意，情急之下，也未对这份军情进行核实，便以周恭帝的名义诏命赵匡胤率禁军北上御敌。

一直在寻找机会的赵匡胤终于等到了这一天。

奉命出征后，赵匡胤首先对部队进行了周密的部署。

高怀德、张令铎等都随军出征，但把殿前都指挥使石守信、都虞侯王审琦留在了开封。

这样的安排显然是想由石守信、王审琦等义社兄弟控制京城局势，以应对韩通可能采取的行动。

为了更加无所拘束地采取行动，对于年龄、资历、声望都比他高出一头的副手、殿前副都点检慕容延钊，赵匡胤则先派他于正月初二率领前军先行。自己则留在后面，根据形势，采取相应的策略。

慕容延钊率军出发之日，汴京城内就传出了“将以出军之日，策点检做天子”的种种消息。

京都市民，听到这类传闻，又将九年前郭威进入开封、纵兵剽劫的

往事和不久前有关周世宗得“点检”木牌的事联系起来，产生了丰富的想象。

开封民众对前后两次“点检做天子”的传闻自然异常敏感。一时间，京城四处沸沸扬扬，百姓惊恐万分，害怕遭到抢劫而纷纷搬家躲藏。

赵匡胤对这一切都洞若观火，为防止自己离京后，万一发生变故而祸及家人，赵匡胤事先将家属寄居在一座寺庙里。

令人奇怪的是，后周宫廷内对京城这一骇人听闻的传言竟然一无所知。

从赵匡胤事先安置家人、对皇宫封锁消息等等举动来看，这些传言绝不是无意散布出来的。

正月初三，慕容延钊出发的第二天，赵匡胤正式率大军离京出发，为了给欢送他的京都市民留下一个良好印象，也为了显示他的部队与其他骄兵悍将的区别，他特意下令对部队严加约束。

果然，当成千上万的市民目睹赵匡胤率领禁军秩序井然、军纪严整地离开爱景门时，都不约而同地长出了一口气，躁动的人心稍稍安定下来。

离开京师后，赵匡胤开始有条不紊地动作起来。

禁军军校苗训曾学过星相术，善于望气观星，在周围军士中小有名望。他指着太阳对众人说：“天上有两个太阳，它们争斗了很长时间。”并煞有介事地对赵匡胤的亲信幕僚楚阳辅解释道：“一日克一日，这是天命。”

两人一问一答，一唱一和，既形象又逼真，周围士兵很快一传十，十传百地将传闻传播开去。凡做大事，舆论先行。赵匡胤多谋，为了实现自己做皇帝的梦想，利用一批人摇旗呐喊，大造“点检做天子”之势。待赵匡胤走上夺权之路时，这就显得顺理成章了。由此可见赵匡胤的高明之处。

舆论造势往往是成大事者的必经之路，所谓名正言顺就是这个道理。赵匡胤不愧是一位足智多谋的政治家，为了实现自己做皇帝的愿望，他唆

使下属们制造“点检做天子”的谣言，从而为自己争夺帝位做好充分的舆论准备。在这里，舆论造势成为了政治家惯用的一种手段。

避实就虚，先弱后强

现代社会，竞争日益激烈，在竞争的过程中，会涌现出许多不同的竞争对手，在和这些对手的对决中，总要有个先后之别，而这种先后之别如何进行确定，就成了值得探讨的问题了。赵匡胤崛起的过程中，因为正赶上乱世，群雄纷争，一时间围绕在自己周围的对手可谓形形色色、人数众多，赵匡胤在角逐的过程中，抓住有利时机，确定了一种先弱后强的顺序。

我们首先来看一下当时天下的形势。虽说赵匡胤顺利地取代后周做了皇帝，可是实际上，这个皇帝却难以超脱起来，全然没有“普天之下，莫非王土，率土之滨，莫非王臣”的感觉。在他的半壁江山周围，登基称王的人不在少数，有些甚至咄咄逼人。

在北方，契丹族所建立的辽国，控制了河北北部燕云十六州和长城以北广大地区，久蓄入主中原之志，是赵宋王朝的劲敌。

在西北，党项族所形成的势力正在崛起，开始显露出威胁中原王朝安全的苗头；夹在两者之间的北汉政权，以太原为中心，占据山西、河北、陕西部分地区，仰仗契丹支援，长期以来，与以前的后周和现在的宋王朝处于公开的敌对状态。

在西南，后蜀政权占据了四川全境，一度把势力范围扩展到汉中盆地和甘肃东南。后蜀政权自后唐时期开始经营，几十年来，一直与中原王朝分庭抗礼，使后蜀第二代皇帝孟昶成为五代十国时期在位最长的一任皇帝。

江淮以南，吴越政权以杭州为中心，控制了浙江和苏南的太湖流域；南唐政权经过后周的三次打击，仍控制着以金陵为中心的长江流域地区；此外，荆南、湖南、南汉、漳泉等割据政权分别占据湖北、湖南、广东、广西和福建等地区。

军阀之间，各有固定的地盘，互有并吞之心。它们并无固定的敌友界限，今日“连横”，明日“合纵”，翻云覆雨，干戈不息。

赵匡胤从邺都投军到开封称帝，度过了十余年的军旅生涯。其间，他奉事过两代君主，经历过多次战事，他推波助澜并亲眼目睹了郭威建周的一幕，又故伎重演使短命的后周王朝寿终正寝。后周三帝，末帝柴宗训实不足论，可是对太祖郭威和世宗柴荣，赵匡胤却始终怀有极大的敬意。这不仅仅是因为二帝对赵匡胤恩泽深厚，信任有加，而是二帝的雄才大略和文治武功在赵匡胤心中留下了极为深刻的印象，使他不由得肃然起敬。尤其是世宗柴荣，在致力于整顿改革的同时，仍念念不忘统一大业，亲冒锋镝，征战无休，屡奏捷音，令人叹服。可惜的是，他英年早逝，壮志未酬。

赵匡胤不是后周王朝的继承人，可他在称帝伊始也像柴荣那样立下了削平天下的志向，决心继承柴荣未竟事业。在赵匡胤看来，这不仅仅是一种事业的延续，更是新王朝的需要。唐末以来200多年大分裂阻碍了社会的发展，阻碍了经济文化的繁荣，而这种局面的继续存在必将严重地威胁大宋新王朝的安全，这是赵匡胤绝不愿看到的。

环顾四周，赵匡胤深感局势的严峻。他曾对赵普说：“吾睡不能着，一榻之外，皆他人家也。”这句话，道出了赵匡胤的深深忧虑。

赵匡胤在立志统一天下的时候，不禁想起了当初周世宗柴荣制定进取大策的情景。

公元955年，继位不久的周世宗命群臣计议统一之策。“时群臣多守常偷安，所对少有可取者”，但比部郎中王朴的一篇《平边策》却深得柴荣的赏识。

王朴开宗明义，提出“攻取之道，从易者始”。他认为：“当今吴国东至海，南至江，可挠之地两千里，从少备处先挠之，备东则挠西，备西则挠东，必奔走而救其弊，奔走之间可以知彼虚实，众之强弱，攻虚击弱，则所向无前矣。”他提出首先攻取南唐的江北地区，“既得江北，则用彼之民，扬我之兵，江之南不难而平也。如此则用力少而收功多，得吴，则桂、广皆为内臣，岷、蜀可飞书而召之，如不至，则四面并进，席卷而蜀平矣。吴、蜀平，幽可望风而至。唯并必死之寇，不可以恩信诱，必须以强兵攻之，但亦不足以为边患，可为后图，候其便则一削以平之”。

比部郎中的策略，句句切中要害，清如泉水，整篇建议，要点是非常明确的：

（1）在总体战略中贯彻“先易后难”的原则。

（2）在具体步骤上，应先取江南，再下岭南、巴蜀；南方既定，移兵攻取燕云，最后以强兵制服北汉。

（3）在战术上，应避实击虚，避强击弱。

（4）在策略上，应分别对待，先诱以恩信，后制以强兵。

这个著名的建议，被概括为“先南后北”策略，得到周世宗的赞同。不过在实际执行过程中根据形势的变化作了一些修订。周世宗首先攻取了后蜀的秦、凤、阶、成四州之地。连续两年用兵淮南，于显德五年（958年）三月收取了南唐在长江以北的全部土地。但是，按照“先南后北”的

战略，周世宗此时应当乘胜攻灭南唐，可实际上，他却在接受南唐降号称藩之后，于四月间班师北返。转而亲率三军直捣幽燕，北上攻取关南之地，直到身染重病，被迫班师回京。

当时，赵匡胤29岁，任职殿前都虞侯，领严州刺史。他十分赞赏王朴的深谋大略，更钦佩周世宗的果断决策，现在，当他也像当年周世宗那样矢志统一的时候，多么渴盼能有王朴这样的近臣为他出谋划策！遗憾的是，斯人已去，往者已矣，赵匡胤的心头不免袭上几分伤感、几分落寞。

在赵匡胤眼里，后周臣僚，也即昔日的同事中，能得到他敬重的人不多，而王朴却是一个。《默记》卷上记载：赵匡胤当了皇帝后，一日路过功臣阁，风开半门，正与王朴画像相对，赵匡胤望见，却立耸然，慌忙“整御袍、襟领，磬折鞠躬顶礼乃过”。随从见赵匡胤如此肃然，大惑不解：“陛下贵为天子，王朴不过前朝之臣，何须如此？”赵匡胤坦言：“此人若在，朕不得着此袍。”老辣的赵匡胤对王朴如此敬畏，在统一问题上，对王朴提出的“先南后北”战略，不会意气用事地将它完全舍弃。特别是他作为这一战略目标的主要实施者，对其中的得失体会应当多于常人。

不过，赵匡胤在采取何种统一方针上还是颇费周章，一时难以决定。

或许是从周世宗身上受到启发，赵匡胤也打算遍询近臣，集思广益。他首先向被他亲切地以“驸马”呼之的武胜军节度使张永德密询进取北汉之策，张永德以为不妥，原因是，北汉兵虽少，但很强悍，“加以契丹为援，未易取也”。他的想法是，“每岁多设游兵，扰其农事”，再“发间以谍契丹，绝其援”。对此骚扰离间之计，赵匡胤表示赞同，不过一时未决。

此后，在一次宴会上，赵匡胤又对宰相魏仁浦说起打算攻打北汉之事，魏仁浦回答说：“欲速不达，惟陛下慎之。”这番话，引起了赵匡胤的深思。

在平灭李筠之后，赵匡胤曾以用兵河东事召见了华州团练使张晖，张晖主张，鉴于泽、潞战争创伤尚未恢复，军务复兴，恐不堪命，不如收兵育民，等时机成熟再图进取。

由此看来，宋太祖赵匡胤在制定统一大计的过程中，曾一度欲将北汉作为首要的进攻方向，然而，经过多次征询朝臣的意见和深思熟虑之后，他渐改初衷，开始了对统一方略的通盘设计。

赵匡胤最终定下决心是在走访了谋臣权相赵普之后。

当年十一月，李重进的反叛得以平定，统一战略问题又提到了议事日程。一天夜晚，赵匡胤和弟弟殿前都虞侯赵光义冒着漫天大雪敲开了赵普家门。皇帝雪夜来访，赵普深为惊异，询问原因，赵匡胤如实相告："一榻之外，皆他人家，难以入睡。"于是三人席地而坐，商议统一之策。赵匡胤称："吾欲收太原。"

赵普听罢，一时之间愣住了。他用惊异的眼光看看赵匡胤，道："陛下何有此想？非臣所知也！"

赵匡胤忙问其故，赵普道："陛下欲先攻太原，臣以为大不可。太原势强，一时难下，况太原当西北二边，即便一举攻下，则边患我独当之，依臣之见，莫不如先易后难，先南后北，待削平南方诸国，彼弹丸黑子之地，将何所逃？"

赵匡胤道："卿言之有理。朕曾言王朴谢世，谋臣绝矣，今闻爱卿一席话，岂非王朴再生！"

赵普道："臣不敢妄比王朴，愿效赤诚而已。陛下推重王朴，想必是因那篇誉满天下的《平边策》，但陛下却欲先收太原，此与王朴之谋可谓南辕北辙，臣实不解也！"

赵普所持理由，实际上也是赵匡胤长期考虑的一个难题，是张永德和张晖等人想说而未说出的一层忧虑。所以，首攻北汉的用兵设想，赵匡胤正式将它放弃了。

但是，赵匡胤又不愿在赵普面前丢了面子，便故作坦然之态，笑道：“吾意正与卿同，姑且试卿耳。”赵普道：“陛下神武，愚臣远不及也！”

一席长谈，确定了先南后北统一全国的战略方针。当然，一个关系到赵宋千秋大业的战略方针，不可能就这样简单而富有戏剧性地制定出来，而是经过两年多的酝酿和反复求证，才最终形成的。早在赵匡胤即位不久，就开始“密访策略”，就统一方针问题广泛征求臣僚们的意见。当时的官员大半不赞成先攻北边，而主张应兵锋南指。正是因为他们的建议，才促使赵匡胤定下了先南后北的战略方针。

先南后北的战略到底包括哪些内容呢？赵匡胤本人对此作过较为完整的表述，他说：“中原地区自五代以来，兵连祸结，国库空虚。必先取巴蜀，其次取广南、江南。这样，国家储藏才能富饶。北汉与辽接壤，如先攻取北汉，那么辽国之患，就会由我独自承担，还不如先让它苟延残喘，作为我们的屏障，等到我财用富饶后，再攻取它，为时不晚。”这一战略的着眼点是先弱后强，也就是先易后难，北守南攻，待取得南方雄厚的人力物力资源后，再集中力量对付北面的强敌。当然，任何战略方针的制定，都离不开当时的环境和主客观方面的条件，同时，也会随情况的变化而发生改变。赵匡胤在实施这一战略的过程中，并不是一成不变的，而是视当时的情况不断地加以调整。

战略已经制定，余下的问题就是如何付诸实施了。荆湖地区的武平和南平割据势力，成为赵匡胤牛刀小试的初选对象。

赵匡胤的这种策略其实就是避实就虚、先弱后强。所谓的避实就虚、先弱后强，就是要先将实力比较弱小的竞争对手扼杀，然后集中精力对付比较强大的竞争对手，这样做首先是自己的优势力量对付势力不足的竞争对手，可以取得压倒性的胜利；其次，消除了小的竞争对手的羁绊和扰

乱，对付实力强大的对手时便没有后顾之忧；最后，在消灭小的竞争对手的同时，必然会将他们的资源为自己所用，这在无形中就壮大了自己的实力，在与之前实力雄厚的竞争对手对决时，也有了相对的优势。

我们可以仔细分析一下赵匡胤先弱后强的策略。这个战略方针的制定，根基于赵匡胤君臣对当时各方实力的冷静思考。战争，首先是交战各方军事力量的竞赛。宋王朝建立之时，神州大地依旧是四分五裂，政权鼎峙。宋和辽虽然都是力量最强的政权，可就辽和宋的力量对比而言，辽的经济、军事实力又显然占据了优势。仅从军力方面讲，辽有军队30万，以擅长骑射的骑兵为主力；宋初军队只有19.3万人，其中步兵占大多数。在燕山以南华北的旷野平原上作战，辽军在数量和兵种构成上，均处于有利地位。再看北汉，兵力不多，却精悍无比，又有辽朝作为后盾，也不是可以轻取的对象。在这种情况下，如果贸然将兵锋北向，不仅毫无取胜的把握，弄得不好，还有可能损兵折将，动摇新建宋王朝的根基。对此，赵匡胤不能不认真考虑。

战争，还是双方经济实力的较量。没有雄厚的财力作保障，要支撑长期战争，完成国家统一，也不过是一句欺人的大话。赵宋政权虽有后周所奠定的良好基础，不过中原地区自唐中叶以来，兵连祸结，战乱不断，社会生产遭到严重破坏。恢复和发展生产，增强财力，不是一朝一夕可以办到的。而这个时期的南方，虽也有政权的更迭和军事上的冲突杀伐，但时间较短，规模也较小，有些地方甚至几十年干戈不及，对社会经济没有造成特别严重的破坏。加上由于累朝的人口南移，地力开发，经济重心转到南方，南方的经济实力胜过北方。更重要的是，南方各政权政治腐败，军力衰弱，容易攻取。在上述情况下，赵匡胤选择了南方作为首攻对象，不过是顺理成章，形势使然。

在现代社会中，我们应该采取像赵匡胤那样避实就虚、先弱后强的策

略。在激烈的社会竞争中，将弱小的对手先打垮，吸纳进自己的实力中，然后集中自己的精力，对付自己的主要对手。

离间对手，获得优势

在我国古代的军事战争中，离间计被运用得淋漓尽致，甚至在离间计之上发展了反间计，古人的智慧传承至今，离间计在我们今天的竞争中仍然可以运用于对手。在赵匡胤的统一战争中，对于南唐压倒性的攻伐中，所用的离间计可谓锦上添花。

面对宋朝咄咄逼人的统一步伐，南唐后主多次遣使向宋修好，妄图可以继续偏安一隅。宋太祖看透其中奥妙，于是扣押了前两次的使者，第三次南唐遣使，宋太祖已经做好了吞并南唐的准备，考虑到南唐名将林庆肇会对大宋军队造成不必要的损失，于是太祖心生一计。

南唐使者来到汴京，这次接待南唐使者的官员，宋太祖专门派了翰林学士卢多逊去担任。南唐的这个使者是个名不见经传的小吏，派大学士卢多逊负责接待，规格有些太高。宰相赵普、开封尹赵匡义等都不解其意，提出质疑。太祖并不理会，只把卢多逊单独召至一密室中，嘱他要如此如此。

卢多逊邀约南唐使共进午宴。这次宴会十分隆重，山珍海味，南北大菜应有尽有。席间，卢多逊及其随从频频劝酒。南唐使者怕酒后失态，显得很拘谨，只是在推辞不过的时候，才勉强喝一点。

卢多逊却显得十分爽快，带头豪饮，一连喝了七八杯，喝得满脸通

红，说起话来舌头都不大听使唤了。

用过午膳，卢多逊邀约南唐使者到附近一所宽敞明亮、陈设豪华的房子里暂作休憩。房间的东墙壁上，赫然挂着一幅军人画像。卢多逊乘着酒兴，指着那幅画像问使者："此人，你……你可认识？"那使者抬头一看，不禁大吃一惊，这不是南唐著名将领，南都留守兼侍中林庆肇吗？他的画像怎么会挂在这里，便说道："此乃南唐侍中林大人的画像，但不知贵朝为何要挂他的画像？"卢多逊对他神秘一笑，也许是酒喝多了，竟口没遮拦地说道："吾皇陛下素……素爱林庆肇之……之勇，常说道，以……以庆肇之勇，足以统……统大军，安天下。今大宋强盛，天……天下归心，四方豪俊，无……无不望风归顺。林庆肇久困南唐蕞尔小邦，甚不……不得志，又听说我大宋皇上，思……思贤若……渴，便打算归降大……大宋朝廷。先派人来……来联络，吾皇慨允，并答……答应事成之后，任其为金……金陵节度使，这……这才又送来画……画像，以为信物。"

那使者一面听着，惊得心中突突乱跳，他强作镇静地问道："此事当真？"

"那……那还有假，吾皇陛下已赐其宅……宅邸，只等林……林将军事成后来住了。你看，这座大大宅院就……就是林……林将军的。"他顺手指了指房间左边一处建筑豪奢、规模甚大的住宅说道。刚说完，似是酒力涌了上来，急忙跑到室外大吐起来，随从人员见他已经醉成这个样子，只好将他送回府邸。

第二天，南唐使者辞行归国。宋太祖特赠予李煜白银五万两，并命宰相赵普亲自把白银送到南唐使者下榻之处。为什么要向南唐回赠这么大额的重礼，左右群臣皆不解其意，唯有太祖与赵普心里明白。

原来当时南唐以陆昭符为使来宋时，曾偷偷地送给赵普五万两白银。赵普见数量太大，又加上前次吴越送瓜子金的事为太祖撞破，他不敢私

吞，便将此事禀报了太祖。为了不引起南唐君臣的怀疑，太祖让他权且收下，以后再做处置。

现在以宋廷名义回赠南唐，等于原物退回。他是要让李煜看看，大宋朝廷君臣和睦，铁板一块，没有他们的可乘之隙。另外，他也要让李煜知道，大宋国力强盛，库帑丰盈，对他的金器银具，珍珠宝玩并不放在眼里。

当然，对于南唐向赵普行此重贿，宋太祖心里也不是没有想法。尽管赵普没有侵吞这笔贿赂，但在太祖心里还是再一次留下了一道抹不去的阴影。

吴越主也好，南唐主也好，为什么都向赵普行此重贿？这从侧面提醒了宋太祖，赵普作为首辅宰相，权力已经高度膨胀，达到了炙手可热的程度。连国外的这些人都看明白了，赵普专权擅政，独揽朝纲，只要收买了赵普，便可以左右朝廷的决策，甚至左右皇上的意志。而这一点，是宋太祖绝对不能容许的。

看来，是该裁抑一下赵普的权柄了，这样对朝廷、对赵音本人都有好处。若是任其发展，不加限制，还不定闹出什么事来呢？到那时，后悔也就来不及了。

决心一下，宋太祖再不迟疑，立即大刀阔斧地采取行动。他跟谁也没有商议，也不征求任何人的意见，立即下旨，任命薛居正、吕馀庆为参知政事，也就是一下子任命了两位副宰相，把赵普手中很大的一部分权力分散到他们手中。

南唐使者回到金陵，要求单独觐见皇上。李煜在后宫中召见了他，屏退左右人等，使者详细禀报了林庆肇私通大宋一事。

李煜听罢，大吃一惊，忙问道："你所言确实吗？"使者答道："千真万确，他送去的画像小人亲眼所见，而其情弊乃翰林大学士卢多逊酒后失言。陛下一定要早做处置，若是迟了，后院失火，祸起萧墙，则悔之不

及矣。”

李煜挥挥手让他退下，嘱他不要对任何人说及。他自己躲在后宫里，却又惊又怒，陷于极度的痛苦之中。国势败危如此，人心多已离散。在大厦将倾之际，许多人都在寻找自己的出路，攀高枝，抱粗腿，这在人情薄如纸，世态炎凉的当今世上，已经司空见惯，他并不觉得特别奇怪。但是林庆肇何许人也？他乃两朝元老，数代宿将，朝廷待他恩重如山，我父子拿他当亲人看待。想不到人心险恶如此，连这样的人也会背我而去，而且要在背后捅我一刀。

他感到无限的悲凉，一颗心在绞痛，在滴血。忽然，这位历来柔软懦弱的主儿，双眼中迸射出了两道狰狞的凶光，恶狠狠地说道：“你既无情，休怪我无义。南唐一日不亡，叛臣贼子就休想得逞。”

他立即令人拟旨，一日连下两道急诏，宣林庆肇火速从南昌赶回金陵。

林庆肇接到十万火急的诏旨，以为京都发生大事，不敢怠慢，带上几个侍卫，连夜马不停蹄，直奔金陵而来。

他来到都城之后，却见金陵城里平静如昔，大感纳闷，连忙递牌子求见皇上。可是李煜却不见他，只让他住到驿馆候旨。

林庆肇在驿馆内一连住了三天，一日数次要见皇上，都被拒绝了。他想出去找那些同僚、熟人们问问，到底出了何事，可是驿馆被数百名兵士把守，一个个荷刀持枪，凶神恶煞，不准他离开半步。

他心里咚咚乱跳，就像有十五只吊桶打水，七上八下。究竟为什么？朝廷中出了什么大事？是什么大案把我牵扯进去了？他丈二和尚摸不着头脑，心里不停地猜来猜去，却怎么也猜不出个头绪。只好在这里干等着，等皇上召见之时，自会水落石出，真相大白。

可是等来等去，等到的却是太监送来的一道圣旨和一壶鸩酒。皇上赐他自尽，罪名是叛国通敌，谋反作乱。林庆肇大惊失色，高呼冤枉。可是

他的喊声再大，深居在皇宫里的李煜也听不到。只对这个像木头一般的太监喊冤又有何用？他大声呼叫要见皇上，辩白愚忠。可是，几个如狼似虎的宫廷内侍手持明晃晃的大刀扑了上来，立逼他马上服酒。

林庆肇彻底绝望了，他不知道这个糊涂君王究竟听信了谁的谗言。自己一生忠勇，为南唐朝廷东拼西杀，屡立战功，想不到到头来却落个这样的下场。他愤怒、痛苦、心酸，但此时此刻这一切都没有用了。他上前端起酒壶，突然"哈哈哈"爆发出一阵令人毛骨悚然的惨笑，口中说道："南唐有此忠奸不分、良莠不辨的昏君，焉能不亡。"说罢，将壶嘴对着口，咕嘟嘟一气灌了下去，然后将酒壶狠狠一摔，踉跄了几步，轰然倒地。顿时口鼻蹿血，顷刻毙命。

李煜鸩杀林庆肇的消息传到大宋朝廷时，赵匡胤正在与大臣们商讨征伐南唐的战前筹备事宜。听到这一消息，太祖异常兴奋，禁不住哈哈大笑道："李煜小儿，入我彀中矣。"众臣属都不知何意，吕馀庆问道："陛下何以如此说？"赵匡胤不无得意地道："还记得北汉使用反间计，险些让朕中了圈套，误杀大臣吗？今朕亦用此计，李煜这个糊涂虫果然中计，为朕除去一心头大患。"

众人这才恍然大悟，纷纷向赵匡胤称贺。

原来林庆肇是南唐赫赫有名的战将，不仅武艺超群，而且极富韬略，善治军旅。他是南唐少数几个强硬的主战将领之一。

在赵匡胤发兵征伐南汉的时候，他曾秘密上表李煜，表中说道："宋军前年刚刚吞并后蜀，现在又径攻南汉，连年征战，师老兵疲。眼下淮南诸州，所驻宋军都不过千余人。请陛下拨给我几万人马，我自寿春北渡，径取正阳。这里原来都是我南唐的庶民，思归旧土，必不反抗。我率大军可全部收复几年前沦于后周的江北旧境。纵使宋军派兵来援，臣据淮对垒抵御，定然不会有失。在臣发兵之日，陛下可告知宋廷，说臣举兵叛乱。

这样，如果此事成功，则为国家收复了疆土，利在朝廷。倘若一旦失败，陛下可将罪责全推在臣一人身上，杀臣全家以向宋廷表明陛下对他们并无二心，不至于贻祸国家。”

林庆肇意在趁宋军后方空虚收复失地，这在当时确是一条十分可行的上上之策。他以身家性命做赌注，胜则国家得利，败则戮其全族，亦免李煜遭宋廷罪责，给国家酿成祸事，如此耿耿忠心，烈烈赤胆，可昭日月。

但是，这个懦弱成性的李煜，对宋廷畏之如虎，唯恐偷袭不成反获罪，便执意不肯听从，将林庆肇的密奏扔到一边，置之不理，白白地坐失良机。

后来，赵匡胤听说了这件事，吓出了一身冷汗。他知道，林庆肇的这一建议，确是十分高明的一着狠棋。倘若当时李煜真的照办了，淮南之地恐已不为大宋所有。纵使收复南汉，也有些得不偿失了。

由此，赵匡胤对林庆肇这个人耿耿于怀，一直蓄谋将其除掉。否则，一旦大宋发兵南唐，战端一起，此人将是一个极难对付的敌手。

为了除掉这个劲敌，赵匡胤先是派人潜往南唐，以重金收买了林庆肇的家仆，偷出了林庆肇的画像。然后，趁南唐使节来汴京，亲自导演，让卢多逊登台，演出了“酒后泄密”的把戏。

想不到李煜竟会如此昏庸糊涂，简单的几句话，一点颇类玩闹的小把戏，就让他鸩杀了一代名将。也许这是天意，李煜自毁长城，南唐的气数不会太长了。

离间计在一些人看来不够光明正大，甚至会被人视作缺德，但是战争时期，为了尽可能地保存自己的实力，削弱对方实力，而施用离间计离间对方内部，或者离间对方的合作者，都是不错的办法。

在现代社会的竞争中，离间计仍然拥有很大的用武之地，也许有人会说离间竞争者内部的环境，破坏其联合伙伴属于不良竞争，但是事实上，

我们现在的竞争确实存在这种竞争，因此，在竞争激烈的今天，不妨试一试离间对手，让自己获得优势，进而获得竞争的胜利。

两路夹击平西蜀

大海如果失去巨浪的翻滚，也就失去了雄浑；沙漠如果失去了飞沙的狂舞，也就失去了壮美；人生如果失去了对手，也就失去了前进的意义。面对人生的竞争对手我们既要以平常心态欢迎他，更要用谋略击败他。

乾德二年（964年）十一月，北宋太祖赵匡胤下令进攻西蜀。

西蜀便是四川。四川历来号称天府之国，经济繁荣、财厍富足。且地处盆地，四周高山险峻，易守难攻。唐代大诗人李白曾咏出名句："蜀道之难，难于上青天。"

唐末天下大乱，四川天高地远，朝廷无暇顾及，为人称"贼王八"的王建所盘踞。唐亡，王建自立，史称前蜀。后来王建的前蜀被后唐庄宗李存勖所灭。而李存勖派往该地的节度使孟知祥又反叛自立，史称后蜀。其地在宋之西，又称西蜀。此时西蜀的国主是历史上有名的庸君孟昶。他的名气，得自他的穷奢极侈。据说连他的尿壶，都镶嵌着7种名贵的珠宝。他日日击球走马，沉溺于"方士房中之术"，大政委于大臣王昭远。

王昭远出身微贱，志大才疏。为人粗浅，没有头脑，军事知识也只是读过几本兵书。赵匡胤取荆湖，南接五岭、西控三峡、东制江南。蜀国首当其冲，唇亡齿寒，陷于危境。以宰相李昊为首的一些大臣，认为赵匡胤

的运势气魄，不像后汉后周，“一统海内”怕就应在此人身上！因劝国主孟昶向宋纳贡、维持割据现状。王昭远则极力反对，下令在边境屯兵，并扩充水军，摆出迎战的架势。

赵匡胤注意到蜀国竟敢积极备战，冷笑一声，更加坚定了“先取巴蜀”的决心。

伐蜀以赵匡胤亲征的名义。指挥官称“行营前军兵马都部署”。大军兵分两路。陆路以忠武军节度使王全斌任行营前军兵马都部署，武信军节度使崔彦进任行营前军兵马副都部署，枢密使王仁赡任都监，带步骑兵3万西进陕西函谷潼关，出凤州（今陕西凤县）南下；水路以宁江军节度使刘光义任行营前军兵马副都部署，枢密承旨曹彬任都监，带步骑军2万出归州（今湖北秭归），溯长江西上。

赵匡胤志在必得。

天下大势早已全在心中的赵匡胤，却命人取出川江地图，一一指点，详授机宜。特别指示统率水师的刘光义，夔州（今重庆奉节县）水面蜀军严密设防，江上有设三重栅寨的浮桥，巨炮夹江列置，所以溯江而上至此，切勿以舟师争胜，贸然进击。需停止前进，以步骑兵两岸偷袭，破伏夺桥，而后水路并进，一举破之！

孟昶得报宋师伐蜀，急令王昭远任北面行营都统、赵崇韬为都监迎战。并气急败坏地对王昭远道：

“北，北军之祸，乃因汝而起，汝当勉力为朕却，却之！”

王昭远却无自知之明，在宰相李昊奉孟昶之命于郊外为其军饯行之时，喝得酩酊大醉，道：

“我此行何止退敌？但率此二三万雕面恶小儿，取中原易如反掌乃尔！”他自以为孔明再世，手执铁如意，指点军事，踌躇满志地去了。

十二月，宋西征军陆路王全斌等取兴州（今陕西略阳），连下石图等

20余寨。夺军粮40万石。先锋史延德又在进川咽喉、栈道门户西县（今陕西沔县西）大败蜀军，生擒蜀招讨使韩保正、副招讨使李进，夺军粮30万石。蜀残军将栈道烧绝，退守葭萌（今四川昭化南）。王全斌一面命军抢修栈道，一面率军绕道进蜀，强渡罗江。

两军主力在大漫天寨（今四川昭化南）决战。宋军分三路猛攻。蜀军集中全部精锐迎战，大败溃退。王昭远又亲自引兵抵抗，结果三战皆败，狼狈夺路而逃。渡桔柏津后，烧毁浮桥，退守剑门。

王昭远惨败的消息传到成都，孟昶大恐，急命自己的儿子孟元哲率万余精兵增防剑门。

孟元哲乃一纨绔子弟，不习军事，副将以下“皆庸懦”。军中旗用五彩刺绣，旗杆也缠着蜀锦。出发之时，天微雨，孟元哲怕湿了绣旗，令卸下来。天晴重新装上时，竟一不留神，把几千面绣旗都装倒了。孟元哲所带成群姬妾、歌妓舞女，手执各种乐器，又花团锦簇一般杂列军中，迤逦而行。观者无不摇头，哂笑冷叹！

如此之军，岂能上阵！

乾德三年（965年）正月，王全斌下益光（今四川昭化）。从降卒牟进口中得知，益光江东越过几重大山，有一条叫作“来苏”的小路。蜀人在西岸设栅，有船可渡。从此路出剑门南20里，至青疆寨即同官道会合。如走这条路，古来所称“一夫荷戈，万夫莫前”的剑门天险，竟不足于恃！王全斌大喜，却以蜀军连战连败，士气沮落，自信有压倒一切、决战决胜的气魄与能力，只派先锋史延德率军从“来苏”小径轻袭青疆寨，自统大军从正面官道浩浩荡荡杀向剑门。

宋军南北两路夹击，猛攻剑门。

王昭远仓皇留下偏将把守，自己引兵退屯汉源坡（今四川剑阁东）。未到汉源，闻报剑门已破。慌得两腿打战，瘫坐在胡床上站不起来。都监

赵崇韬出战，战败被俘。宋军斩首万余级。王昭远免胄弃甲，只身逃至东川（今四川三台）。这位“蜀中诸葛”藏在老百姓仓舍之中，束手无策，成天悲嗟流泪，哭得两眼肿成烂桃一般。直到被俘，仍哭叹自己是“运去英雄不自由”。

孟元哲行至绵州，闻剑门失守，随即溃遁，逃回成都。

与此同时，宋军另一路大军刘光义、曹彬部，按照赵匡胤的既定部署，一举攻破锁江的夔州。夔州既下，西向纷纷披靡。宋军连取万州（今重庆万县）、施州（今湖北恩施）、开州（今重庆开县）、忠州（今重庆忠县）等地。遂州（今重庆遂宁）知州陈愈献城而降。峡中诸州县尽为宋军所有。

水陆宋军，眼看即将会师成都！

蜀主孟昶惶骇无策，老将石頵道：

“东兵远道而来，不能持久。可聚兵坚守，困敝之。”

孟昶顿足长叹道：

“我父子丰衣美食，养兵40年，一旦遇敌，未有为我向东放一箭者！今果然聚兵坚守，又安得效死者乎？”

竟在宰相李昊劝谏下，奉表出降了。

宋军灭蜀只用了66天。此战采用两路夹击的战略战术，取得了惊人的战果。“天府之国”并入北宋版图后，使北宋的财力物力大大充实，为此后统一战争的持续进行奠定了物质基础。

在当今这个竞争社会中，我们要么做弄潮儿，要么就被潮水淹没，没有其他选择，想要在竞争中占有一席之地，我们必须要拼杀，战场如此，商场亦是如此，想要活下来必须要把对手击倒。

一箭双雕除对手

在当今社会，企业竞争纷纭复杂，既要使自己的企业蒸蒸日上，又要使自己的利益不受损失，竞争力度之大，使每个层次的领导者疲于应付。此时，不妨多向古人学习，看看古人是如何处理的。

春秋时期，晋国的近邻有虞、虢两个小国。公元前658年，晋献公决定吞并这两个小国，计划先攻打虢国。但是晋军要开到虢国，必先经过虞国，如果虞国出兵阻拦，甚至和虢国联合起来抗晋，晋国虽强，也难于得胜。晋国的荀息根据虞公贪财无义的弱点，提出用宝物贿赂虞公，以便“借道”先伐虢，最后再灭虞。实行结果，确实取得了极大的成功。虞公接受晋国的礼物后，不但答应“借”，而且愿意出兵帮助晋军。虞国大夫宫之奇进谏，讲“唇亡齿寒”的道理，虞公不听。就这样，晋献公在虞公的帮助下，轻而易举地把虢国灭亡了。晋军得胜回来，驻扎在虞国，说要整顿人马，暂住一个时期，虞公毫无戒备。不久，晋军发动突然袭击，一下子就把虞国也灭亡了。就这样，晋献公以伐虢为由借道虞国，反过来又灭掉虞国，堪称战争史上智取对手的经典。

赵匡胤在一统天下的过程中就用到了此计，取得了很好的效果。

在统一的战略问题上，赵匡胤和赵普不谋而合，其制定的先南后北之策可称作是他军事谋略的杰作。同时也可以看出，赵匡胤并不是一个独断

专行的皇帝，他能够虚心听取臣僚的意见，在制定大政方针时也能放眼全局，力争做到积极稳妥，万无一失。

为了确保对荆湖用兵的顺利，防备党项、北汉及契丹从后面侵扰，赵匡胤在建隆三年（962年）四月从禁军中选派了一批得力将领，率兵守卫北部边陲要地，加强和调整了北面的防守力量。当时，宋朝四周的割据政权并峙，赵匡胤将荆湖作为统一天下的首要目标，体现了避强击弱的兵家要则，再以强将健卒戍守北边要地，可防腹背受敌，赵匡胤此举堪称深谋远虑，稳妥得体。

荆州南平割据政权为后梁时高季兴所建，都府设在江陵，据有荆、归、峡三州之地，居江汉一隅，地狭力弱，四向称臣，全靠赏赐和商税生存。

武平割据政权的前身是湖南之楚国，为五代时马殷所建，称武安留侯。后兵乱连连，周行逢继立。周世宗授周行逢为武平节度使，制置武安静江等军事兼侍中，尽有湖南之地，治所仍在郎州。宋朝建立后，周行逢遣使朝宋，赵匡胤加兼周行逢为中书令。

对于荆湖这两个割据政权，赵匡胤早有攻取之意。他认为，湖南和江陵不但仓廪充实，年谷丰登，而且东距建康，西达巴蜀，是挟制南唐和后蜀的战略要地，攻占了荆湖无异于取得进攻南唐和后蜀的进兵基地。所以，当他与赵普定下“先南后北”的大政方针以后，便决定将统一战争的锋芒指向这两股割据势力。不过，宋太祖没有仓促用兵。为确保旗开得胜，他还需要出师有名。

宋太祖建隆元年（960年）八月，南平王高保融病重，因他儿子高继冲尚幼，难以胜任政事，高保融就令他的弟弟行军司马高保勖总判内外军马事。27日，高保融一命呜呼，结束了他12年的南平王的生涯。

赵匡胤听说高保融死了，便派兵部尚书李涛前去吊丧。李涛回来后，宋太祖问他高保勖能否胜任，李涛以为然。高保勖为讨好赵匡胤不断向赵

匡胤进贡，于是，赵匡胤授予他代表皇帝权威的符节和斧钺，任命他为荆南节度使。

建隆三年（962年）十一月，在位两年的高保勖病死。高继冲权判内外军马事。他善弄兵，善聚财，高氏统治从此崛起。

湖南武平的情况也很不妙。建隆元年九月，武平节度使周行逢病危，他召集文武官员至榻前，以儿子保权相托，说："我本起自陇亩为团兵，同起者十人皆已诛死，唯有衡州刺史张文表独存，常因没做到行军司马而怏怏不乐。我死之后，文表必叛，当以杨师瑶讨之。如不胜，应固城不战，归附朝廷。"

周行逢提到的这个杨师瑶与他是乡里姻戚，在行逢部下做亲军指挥使，多有战功，深得行逢信任重用。周行逢死后，受遗命继任的周保权记住了他父亲的话，一面提防张文表作乱；一面继续重用杨师瑶，以防不测，同时周保权倍加尊顺北宋王朝，以期得到庇护，得到恩赐，使其在湖南的统治得以延续。

对于武平、南平这两个割据政权的情况，赵匡胤一直在密切关注着。他看到荆湖丧乱迭生，继任的小王且都年少，难以执掌政事，两个割据政权内部又因王位的接继面临危机，深觉用兵的时机已到，便迅速加紧了发兵的准备，进攻荆湖之战有如箭在弦上，一触即发。

促使赵匡胤用兵的直接原因是武平的张文表之乱。

原来，张文表果如周行逢临终预料的那样，待周行逢一死即起叛心。他对周保权继任武平王大为不满，愤然扬言："我与行逢俱起微贱，屡立功名，今日安能北面事小儿乎？"恰好，周保权派兵到永州去轮换戍守，路过衡阳，张文表发动叛乱占据潭州。

张文表占领潭州的消息传到武平首府朗州，周保权大惊，即命杨师瑶率领全部兵马去抵抗张文表。临行，周保权将他父亲的遗嘱告诉杨师瑶，

杨师瑶大受感动，流着泪对军士说："汝见郎君乎，年未成而贤若此！"军士奋然，都表示愿意拼力死战。

周保权在命令杨师瑶出兵潭州讨伐张文表的同时，又分别派人到荆南求援，向宋廷乞求出师。张文表也上疏为自己申辩，南平的高继冲也把此事上奏宋廷。

周保权乞师平叛，使赵匡胤终于找到了出师的借口。乾德元年（963年）正月初七，赵匡胤以山南东道节度使兼侍中慕容延钊为湖南道行营都部署，枢密副使李处耘为都监，派使者11人发安、夏、郢、陈、澶、孟、宋、亳、颍、光等州兵马会师襄州，开始了对张文表的讨伐。

在平叛大军出发之前，赵匡胤曾派一间谍去了荆南，刺探"人情去就，山川向背"。此人叫卢怀忠，任内酒坊副使。卢怀忠经过一番秘密察看，归而报曰："高继冲甲兵虽整，而控弦不过三万；年谷虽登，而民困于暴敛。南通长沙，东距建康，西迫巴蜀，北奉朝廷，观其形势，盖日不暇给，取之易耳。"

卢怀忠这个情报非常重要，它使赵匡胤定下了先取荆南，后及湖南的决心。宰相范质闻听，谏阻说，宋不能越过荆南而取湖南，这样有越人国土之忌。赵匡胤道："荆南乃四分五裂之国，今出师湖南，假道荆南，因而平之，定能成功。荆南既定，再取湖南，此万全之策，怎说是越人国土？"

宰相赵普非常赞同赵匡胤的决策，道："此乃'假途灭虢'之计，古已用之，今陛下借用，定会速胜。"

宋太祖赵匡胤决定重施此计，也当一回晋献公。但是，他却不准备以宝物贿赂荆南的高继冲。荆南称臣已久，高氏纳贡犹恐不及，何须贿赂？宋太祖只派出一使臣前往荆南，向其借道，同时要求高继冲派水军3000配合宋军，助攻潭州。慕容延钊和李处耘是乾德元年（963年）正月初七奉

旨出征。时慕容延钊正在患病期间，所以军事行动多以李处耘指挥。宋军把借路之意转告荆州高继冲，并让他准备足够的柴米，以借军用。

高继冲没想到朝廷的兵马会来得如此迅速。经与官佐属吏商量，答复是：敝邑方遭丧乱，举境不安，若大军前来，民庶恐惧，愿供刍饩于百里之外。李处耘听罢，很是不满，又派丁德裕前往。这一次，口气十分强硬，似乎不是在借道，而是命令高继冲让出一条道来，并向高继冲暗示：王师南下平叛，荆南不予提供方便，难道是想与叛逆张文表联手对抗朝廷吗？

李处耘这一兴师问罪之举，吓坏了荆南幼主高继冲。他赶忙与孙光宪、梁延嗣商议，两人都认为王命不可违，识时务者为俊杰，经过一番争论，终于一致赞同归顺朝廷。于是，高继冲派衙内指挥使梁延嗣和他的叔父高保寅带上丰厚的牛酒，前去犒劳朝廷的军队，且暗中留心他们的动向。

李处耘在第二次派丁德裕借道荆南的同时即引兵自襄州南下。二月初九，大军至荆门，李处耘见到前来犒师的梁延嗣等，款待甚殷，又好言安抚一番，梁延嗣等很高兴，马上派人报告高继冲，说，王师借道，旨在讨伐张文表，可不必忧虑。这样，高继冲的心里才像一块石头落了地。

荆门是进入南平首府江陵的必经之路，距江陵100余里。当天晚上，带病率军的慕容延钊将梁延嗣等请入帐中，盛设酒宴，与其聚饮。

席间，慕容延钊强忍病痛努力做出一副十分友好的姿态，言谈语吐中表现出对荆南借道的感激之情，并说，此次荆南慨然借道，功莫大焉，自当奏明圣上。梁延嗣等受宠若惊，毫无戒心地畅饮起来。

梁延嗣等没有想到，就在荆门酒酣之时，李处耘已密率精兵数千，疾速挺进江陵！身在江陵的高继冲原本等待高保寅和梁延嗣归来，却意外地听到了王师逼近江陵的消息！高继冲顿时慌了手脚，赶忙出城迎接。

高继冲是在江陵城北15里之处见到李处耘的。李处耘首先向他施礼，说，主帅慕容延钊顷刻即到，请在此稍候。高继冲不敢违命，带领随从恭

立于路边，等候慕容延钊的到来。李处耘则率兵继续进发，从江陵的北门直入城中，等到高继冲和慕容延钊前来的时候，李处耘已分兵据守了城中各要冲，江陵轻而易举地落入宋军手中。

李处耘在入城之前，曾严令部下："入江陵城有不由路及擅入民舍者斩。"所以，宋军入城后秋毫无犯，江陵百姓未被骚扰，高继冲返回他的首府时看到的仍是一派平和的景象，只是这江陵城再也不属于他高家，城头上已变换了大宋的王旗，宋朝的兵马布列街巷。见此情景，高继冲如丧家之犬，惶恐万状。他自知事情已不可逆转，便向慕容延钊交出了牌印，派客将王昭济等向朝廷呈上表章，把所辖三州十七县142300户钱赋图册尽呈宋朝，荆南割据政权就此寿终正寝，荆南并入北宋版图。

紧接着，宋太祖派枢密承旨王仁赡为荆南都巡检使、权知荆南军府事，仍授高继冲为荆南节度使，不久又迁武宁节度使，高氏亲属僚佐，各予拜官晋升。孙光宪因归命有功，被任命为黄州刺史。荆南之兵愿意回乡归农的可自便，官府为其修葺屋舍，给以耕牛种食以安其居，可谓皆大欢喜。

至此，宋太祖"假途灭虢"之计获得了第一阶段的胜利，随之而来的则是对湖南的乘胜进军。当张文表起兵作乱之时，宋太祖赵匡胤曾于建隆三年（962年）十二月派中使赵遂等携诏书宣谕潭、朗二州，令张文表归阙，且命荆南发兵帮助周保权。次年正月二十三日，又诏令荆南发水兵3000到潭州，但仅仅10多天后，二月初九，高继冲便因江陵被宋军所占而投降，从这个情况看来，荆南并未向湖南发兵，讨伐张文表之乱，仅有杨师瑶的兵马。

杨师瑶是从朗州向潭州进发的。交战之初，杨师瑶有些失利，两军相持至乾德元年（963年）正月，张文表出战，杨师瑶与其大战于潭州西北之平津亭，张文表兵败被擒随后被杀，潭州遂被攻占。宋军既收荆南，张

文表又已被杀，宋军的使命似乎已经完成。但是，李处耘并未班师回京，而是加紧调动部队，昼夜兼程地向朗州进发。宋太祖晓以利害，期望湖南周保权能够投降归顺，但是周保权在手下怂恿下，选择起兵反抗，最终被李处耘大军剿灭，割据多年的湖南政权也归于大宋。

湖南大捷的报告送到京师，宋太祖赵匡胤大宴群臣，热烈祝贺。他得意于自己“假途灭虢”、一箭双雕的高明，深为大宋版图的扩大、人口的增加而欣喜。他决计继续实行“先南后北”的既定方针，把统一战争进行到底。

太祖假道伐虢，在很小的付出之下，就收取了荆湖之地，一箭双雕，可以说是很成功的计谋。假道伐虢之计，不仅在军事征伐中很有效果，其实在我们现代社会的竞争中，也能收到很好的效果。

假道伐虢，我们可以理解为，实力强大的一方，在面对两个弱小的对手时，可以用一方作为跳板，消灭第三方，回过头来再消灭剩下作为跳板的对手。

现今社会竞争中，处在劣势之间的竞争关系很微妙。一方面，他们没有实力和大的竞争对手进行对决；另一方面，为了自己的利益，他们又必须参与到竞争中，这就使得他们的竞争对象在一定程度上锁定在了同样实力弱小的竞争者之间。于是这就给实力雄厚的竞争者以可乘之机。

实力雄厚的竞争者一方面用自己的强大实力对小的竞争者施加压力，另一方面以永不侵犯他的利益为诱饵来欺骗诱惑他，以协助他竞争为借口，在这种时候利用他的侥幸心理，将自己的力量渗透进去，于是在他还没反应过来的时候，控制住了他的力量。

需要注意的是，假道伐虢的策略不一定要自己占据优势时才可以运用，只要运用得灵活，即使自己处于极度的劣势，也可以将借道发挥得淋漓尽致，为自己谋取最大的利益。

得民心者得天下

为君之难易在于民心之向背，得民心者得天下，失民心者失天下，是所谓君犹舟也，民犹水也，水可载舟，亦可覆舟。这是一代明君唐太宗的至理名言。赵匡胤由衷地崇拜唐太宗的治国方略，他决心做唐太宗那样的治国有方、驭臣有术的贤君圣主。

在赵匡胤纵情于漫无边际的想象时，一个熟悉的名字跳入了他的脑际。他是韩通，后周臣僚中唯一敢于以武力抗拒赵匡胤兵变的人物。

对于韩通，赵匡胤怀有两种截然不同的情感：既恨其不识时务，又敬其忠心事主。回想初三那天兵回开封，后周臣僚皆望风归附，独韩通率众备御，赵匡胤恨不得将他碎尸万段，夷灭九族。但是，赵匡胤却又对韩通的愚忠产生了一种莫名其妙的敬重。依当时情势，成败得失一目了然，稍微有些头脑的人便可看出“主少国疑”的后周政权危若累卵，赵氏代周势在必行，逆潮流而动必自食苦果。但韩通却不被自身安危所累，不肯为保全自己而归降新朝，甘愿以身殉主。此等忠义立身、名节为重的精神难道不是大可褒奖的吗？韩通为后周效死固不可取，但在他身上体现出来的忠君报国的精神却是大宋新王朝每一个文武臣僚应该具备的。若用韩通的忠义来教诫当今之臣僚，则可以造就众多的忠义之士，大大有利于大宋王朝的巩固和帝业的长久。

此外，如何给韩通定名，也直接关系到民心所归。当今之大宋，不过是刚刚起步，脚下是刚刚改变了归属的大地。后周虽亡，但基础尚在，天下臣民的思想深处还没有完全解除后周统治的影子，其对大宋新王朝的接受和认可尚处脆弱的初始阶段，因此，安定和争取民心便显得十分重要。忠孝节义乃古之圣贤所教，民素重之，若彰显韩通之忠义，足可符天下人之望，取得众心之拥戴。

想到这里，韩通的形象在赵匡胤心目中渐渐因其不可忽视的作用而变得高大起来。他暗自思忖：谁说为君难？能得治道即不难！治国重在驭民，驭民重在得民心。民心向宋，何难之有？

赵匡胤窃喜自己的高明，决定对韩通大为嘉奖，封官晋爵，并为他举行隆重的葬礼。

主意已定，赵匡胤下诏曰：

易姓受命，王者之所期；临难不苟，人臣所以全节。故周天平军节度使、检校太尉、同中书门下平章事、侍卫亲军马步军副指挥使韩通，振迹戎伍，委质前朝，彰灼茂功，践更勇爵。夙定交于霸府，遂接武于和门，艰险共尝，情好尤笃。朕以三灵眷佑，百姓乐推，言念元勋，将加殊宠，苍黄遇害，良用怃然。可赠中书令，以礼收葬。遣高品梁令珍护丧事。

诏令既下，朝野震惊，议论纷纷。大多数人都认为皇帝此举堪称圣明，褒扬忠义乃人间正道，同时也为皇帝的大度容人、治国有方而折服。但是，也有人对此持有异议。最不理解的是王彦升，作为赵匡胤的部将，他一直认为自己是大宋代周的功臣，其功之高无人能够相比。因为在所有的兵变参与者中只有他率部对后周抵抗势力进行了真枪真刀的较量，是他亲手杀死了韩通，诛灭其家，如今，皇帝不仅不对他特别恩封，却对逆臣贼子如此厚爱，这不是功过颠倒、是非不清吗？王彦升越想越憋气，决计

往见皇帝，讨个公道。

赵匡胤不动声色地接待了这位不速之客。他根本没把王彦升的恼怒当回事，而是用赞赏的口吻述说起韩通的忠义来。他说，韩通素富勇力，尤重臣节，乾祐初年，周太祖为枢密使，统兵伐河中，韩通奉命随征。他奋勇冲杀，率先登城，身上六处受伤，不惜以鲜血报答周太祖的器重。世宗即位，韩通奉命在博野、安平筑城，他频频往来其间，夜宿古寺，昼披荆棘，不辱使命。此后，世宗征淮南，韩通奉命留守京师，为京城都巡检。他督使畿甸之民筑新城，拓宽旧城街道，无怨无悔，半年而竣其工。韩通还多仁义之心，在東鹿和彭城驻军时，见大兵之后，遗骸遍野，便派人收葬为万人冢，受到当地百姓的称颂……

王彦升见皇帝对韩通如此褒奖，心里很不是滋味。但他又不敢向皇帝进言。因为他从皇帝的语气和神情中已经看出，皇帝的决定是无法改变的，执意争辩只能自讨没趣。

王彦升正欲退下，赵匡胤问道："当初军入京师，朕曾令不得滥杀，不得有丝毫之犯，卿可记得？"

赵匡胤这一发问，使王彦升禁不住打了个寒战。暗忖，我杀韩通全家，有违当初约法，皇帝莫非要治罪于我不成？

王彦升越想越害怕，额头上浸出了汗水，神情十分沮丧。

赵匡胤笑道："朕听说，卿善击剑，可卿手中的剑确实不应滥杀啊！卿妄杀韩通全家，有违朕之约法，本应治罪，朕念你有功于国，又值本朝初建，赦你之罪。卿实当信守忠义，慎言谨行，勿负朕之厚望！"

王彦升羞惭万状，连呼"谨遵圣命"，狼狈退下。

赵匡胤果真没有将王彦升治罪，还将他从散员都指挥使的位置上提拔为恩州团练使，领铁骑左厢都指挥使。赵匡胤这样做，同样是为了稳定局势，安定人心，将一切不满和敌对情绪化解在萌芽之中。

在加封王彦升的同时，韩通的葬礼也在积极筹备着。赵匡胤特别指令：要按照重臣显官的规格进行厚葬。葬仪要隆重，墓地选择要开阔高敞，山势水形俱佳，墓前要立石碑一通，将其平生事迹镌刻其上，以资旌表。金银器、玉器、瓷器等随葬品要力求丰厚，陵墓建造力求高大宏伟。赵匡胤还特许荫庇其亲属，给予种种优厚待遇。

葬礼这天，鼓吹震天，旗幡蔽日，送葬的队伍浩浩荡荡，绵延数里，开封百姓争相围观，几至万人空巷。当他们得知死者竟是本朝逆臣，仅以忠义得到旌表之后，不禁对新君主赵匡胤顿生敬意，深觉这位大宋皇帝明达不凡。

赵匡胤笑了，他希望看到的正是这些效果。厚葬了一个韩通却换来了万千民心的归附，这难道不是十分值得的吗？但是，只有赵匡胤自己才清楚韩通在大宋政治中究竟处于一种什么样的位置。史载，宋太祖赵匡胤后来曾幸开宝寺，“见通及其子画像于壁，遽命去之。”《宋史》作者在《周三臣》传前有云：“《五代史记》有《唐六臣传》，示讥也。《宋史》传周三臣，其名似之，其义异焉，求所以同，则归于正名义、扶纲常而已。”这是作者为韩通作传的初衷，也在某种程度上道出了赵匡胤厚葬韩通的真实目的。

孟子说“得道多助，失道寡助”，古今中外，我们能举出得人心而胜利的例子很多。无论商场还是战场，这样的道理也是相通的。所以得人心者方得天下。

第四章

得人才者得天下——赵匡胤这样对我说人才

在瞬息万变，情况异常复杂的社会生活中，辨识人才、任用人才、管理人才是非常重要而且复杂的事情。因此，对于大多数人来说，识人、用人和管人的技巧都是工作和生活中必不可少的能力。

用不同的人做不同的事

用人是一门学问，更是一门艺术。用人并不是一个简单的过程，只有讲方法、讲艺术才能取得最佳的效果。赵匡胤就是一位很会用人的帝王。

建立宋朝之后，赵匡胤对人事安排做了调整。人事调整带来了禁军体制上的变化。宋代禁军中的五个最高级军职，即殿前都点检、副都点检、侍卫亲军都指挥使、副都指挥使、都虞侯长期空缺。赵匡胤有意安排殿前都指挥使、都虞侯、马军和步军的都指挥使等低级军职来统领禁军。降低军职、择纳新人，可以说是赵匡胤控制禁军的主要手段。从一批资深将帅解除兵权后组建的禁军领导班子的成员构成中，约略可以窥见赵匡胤的这番苦心。

韩重赟，磁州武安（今属河北）人，少以勇武隶周太祖麾下，后从世宗征北汉、淮南，屡立战功，是赵匡胤"义社"十兄弟之一。在诸宿将皆被解除军权之后，韩重赟得以保留。961—967年，出任殿前都指挥使，前后共6年。韩重赟得以继续留任的主要原因，一是他惯于奉命行事，从不逾矩越规，二是他与石守信等人相比，名望和资历都比较浅，而且品级较低，便于赵匡胤驾驭。

即使如此，赵匡胤对韩重赟的一举一动都十分关注。韩重赟在名义上是禁军殿前司系统的最高指挥官，但他的工作却很少与领兵打仗有关。在任期间，他曾发京畿丁壮数千人修筑开封皇城和洛阳宫殿，也曾领壮丁数十万在澶州塞堵黄河决堤，却没有一次像模像样的受命领兵出征。倒是在他免职出任彰德节度使后，按赵匡胤的意图领兵在定州同契丹打了一次小小的胜仗。尽管韩重赟忠心耿耿，绝无谋反的迹象，但他所担任的这个军职差点葬送了他的性命。乾德五年（967年），有人告发韩重赟私下选取亲兵作为自己的心腹。赵匡胤闻之，勃然大怒，意不顾昔日的结义之情，执意要将他诛杀。只是由于赵普的求情，这才侥幸免除杀身之祸，但殿前都指挥使的乌纱帽却因此被掀掉。赵匡胤不能容忍禁军将领有任何心存不轨的企图存在，哪怕有人指鹿为马、故意陷害。

张琼，大名馆陶人，是后周一名战将，尤以勇猛和善射著称。

张琼对赵匡胤有救命之恩。征战淮南，赵匡胤受命领兵攻打寿春城，当时，赵匡胤乘皮船进入城壕，寿春城头的南唐士兵一见皮船靠近，即万箭齐发。同船的张琼以身体掩护赵匡胤，结果，大腿被箭射中，当即昏死过去。醒来见箭镞入骨，无法拔出，张琼便命周围手下拿来酒壶，痛饮之后凭借酒力破骨而出，血流不止而神色自若。被救的赵匡胤深为感激，钦佩万分。从此记住手下有员勇将可堪重任。

禁军人事调整，赵匡胤想到了张琼，原来担任殿前都虞侯的皇弟赵光义在961年七月出任开封尹后数日，赵匡胤曾对手下人谈了他的打算："殿前卫士如狼虎者不啻万人，非琼不能统制。"遂决定由他接替赵光义。张琼在962—963年间出任殿前都虞侯。

刘廷让，涿州范阳（今河北涿州）人，原名光义。少隶郭威帐下，后周广顺初，补内殿直押班，从周世宗征淮南有功，历禁军将校。961—967年出任侍卫马军都指挥使。为赵匡胤"义社"十兄弟之一。赵匡胤在禁军人事安排上，舍石守信而起用刘廷让，自然有其原因。刘廷让与石守信年龄相当，仅差一岁，但资历和声望刘廷让却比石守信低得多。石守信在仕途可谓一帆风顺，在后周时即因军功晋升为殿前都虞侯，宋初又转任侍卫都指挥使，刘廷让在宋初，不过是一名龙捷右厢中级军官，让他典领禁军，不足以构成大患。

刘廷让的另一个特点是小心谨慎，唯赵匡胤之命是从。平蜀时，赵匡胤以曹彬与他一起统率东路军西进，赵匡胤在其临行前，曾向他出示地图，面授机宜；指示他在攻打夔州锁江浮桥时，应当弃舟登陆，从陆路偷袭，然后再水陆夹攻。对于这一指示，刘廷让丝毫不敢有任何改变，最后完全依计行事。另外，赵匡胤在宋军出师时，曾指示诸将“所得州县，当倾帑藏，为朕赏战士，国家所取唯土疆尔。”这番指示，等于默许诸将纵兵剽劫，结果，王全斌等人都纵容部下掠夺女子金帛，本人也大肆搜刮财富，最后激起民愤。但刘廷让则比较注意克制，史书说“惟光义秋毫无犯”，表明刘廷让处世行事以小心谨慎为原则。因而让他典领禁军，对赵匡胤来说相对比较放心。

崔彦进，大名人，961—967年担任侍卫步军都指挥使。同刘廷让一样，崔彦进在后周时期，只是禁军东西班指挥使，到宋初才晋升为控鹤右厢指挥使，职务较低，资历较浅，不足以形成自己的势力。

崔彦进很能打仗。后周征战淮南，北伐契丹攻打瓦桥关，都立有战功，宋初平定李筠和李重进叛乱和出师后蜀，崔彦进都出任前线指挥官，是赵匡胤比较赏识的一员骁将。

赵匡胤对崔彦进比较放心，似乎没有多少猜疑，其间的原因，如《宋史》本传所说：“彦进频立战功，然好聚财货，所至无善政。”在赵匡胤看来，贪财总比滋生野心要安全得多，因而对他用而不疑。

杨义，瀛州（今属河北）人，963—972年担任殿前都虞侯，973—976年晋升为殿前都指挥使，是赵匡胤欣赏的一员爱将。

乾德元年（963年）十一月，为了报答神明赐予的祥和时世和丰收年

景，赵匡胤决定举行祭祀大典。当时成立的筹备班子是以开封尹赵光义为南郊御营使。殿前都指挥使韩重赟为仪仗都部署，杨义则以副手身份协助韩重赟工作。

杨义之所以受到赵匡胤的信任和重视，主要是由于他的忠诚。史书说他对赵匡胤“忠直无他肠”。乾德四年（966年）杨义突然得暴病失音，按说很难再担任禁军指挥之职了，但赵匡胤不仅没有将他免职，反倒抚慰有加，不仅亲自到他家中探视，而且赐钱200万缗，同时又命掌军如故。

不能说话的杨义也自有一套办法。他手下有一名叫田玉的仆童，善解人意，深得杨义喜欢。每当杨义向皇帝奏事或接待宾客、或向部下发布命令，或申诫某人，总要把田玉带在身边。杨义在手掌中写上几笔，田玉就会将杨义想说的话说出，田玉所说，尽如杨义所欲说，这个仆童便成了杨义的传声筒和代言人。所以杨义“虽不能言，而指顾之间，众皆秉令，军政肃然”。

党进，朔州（山西朔县）人，968—973年出任侍卫步军都指挥使，974—977年任侍卫马军都指挥使，掌握侍卫司兵权长达10年，也是赵匡胤十分器重的一员爱将。

党进是一名性格极其鲜明的军人。幼年家境贫寒，因无生活出路，曾给魏帅杜重威当仆童，由于他耿直憨厚，深得杜重威赏识，杜重威败后，他以力大过人来到军队，端上当兵的饭碗，成为一名职业军人。

随后一连串的征战，党进以军功在后周晋升为禁军铁骑都虞侯。至宋初，顺理成章地成为禁军中的中级军官。乾德四年，代理步军都指挥使，开宝元年，赵匡胤正式委任他为步军都指挥使。从普通士兵一步一个台阶升为禁军高级将领，党进凭的是忠勇，凭的是军功。

党进对自己的职业有一种强烈的认同感。他平日招待宾客，总是温雅嬉笑，面慈目祥，不似武人。一擐甲胄，则髭髯磔立，目光如电，视之有

如神人。

尽管党进为人粗疏，但颇重义气，做了禁军高级将领，仍不忘杜重威旧恩。杜家子孙有贫困者，党进总要每月拿出俸资予以接济，这一点曾令许多士大夫对他刮目相看。正因为党进的忠勇仗义，赵匡胤才让他典领禁军长达10年之久。

以上是赵匡胤时代禁军重要将领的大致情况。从赵匡胤所配备的新班子构成来看，这位行伍出身的皇帝的确是煞费苦心。一是将五个最高军职悬空，使禁军长期缺失最高统帅，便于自己操控和驾驭。二是低职高配，起用品级和声望都难孚众望者来统领禁军，使他们难以形成自己的势力圈子。三是在具体人事安排上，以忠诚而没有野心为用人根本原则，一有风吹草动，即随时撤换，决不手软。

正所谓知人善任，古代各君王的用人观念启迪着我们现代人，领导者只有善于用人才能给自己的事业铺平道路。

会择人才会用人

在今天日新月异、不断变革的知识经济时代，谁拥有了人才，谁就拥有了竞争力。作为用人的一个基本环节，择人的重要性是不言而喻的。然而，在人才济济的社会里，要根据不同的需要选择出真正适合自己的、不同类型的人才并不是一件容易的事情。若想从这些良莠不齐的人群之中选出自己需要的优秀人才，这就要求用人者观察敏锐，眼力深邃，具备一定

的择人本领和方法。

宋太祖择人的三大指向，一是才能为本，资序居次。上文述及在制度上太祖考核官吏仍然以资序为主，但在用人的方向上努力做到以才能为本。宋初幕职州县官即选人，品级分为四等七阶，注拟差遣从两府司录到县尉分为十等，若按年限资序，这些低级文臣特别是其中才能卓著者很难有晋升的机会。宋太祖考虑到这一点，为了不埋没这些低级文官中的优异人才，常常越级提拔使用。据《涑水记闻》记载，太祖备有一个小记录本，用于对臣僚的考察与了解，不论是朝中官员还是地方官员，只要有一才一行可取者，不问资历和级别，都记下来，等到某部门缺少官员需要补充时，就翻开笔记本，从中选用。对那些职位高而无真实才能的官吏，多委以无实际职掌的散闲之官，而品级低下的官员，只要有突出的才能，则多委以重要部门的政务。重视才能的择人指向，一方面保证了政府机构的工作效率，有利于封建政府政策措施的贯彻执行；另一方面有利于抑制官僚队伍中因循苟且的不良风气。

二是树立榜样，自警自奋。安守忠在永州、兴元、汉州等州府当地方官，颇有政绩。尤其是在汉州，正当宋军平蜀之时，军队费用开支巨大，国库供应不足，安守忠慷慨助以私钱。后来，宋太祖在其他官吏赴任前总忘不了告诫说："安守忠在蜀，能自律己，汝见，当效其为人。"对清廉的官吏，太祖总是勉励，树为其他官员学习的榜样。而对为政腐败的官员，除依法论罪外，还将其作为反面教材，告诫官吏不能效仿。西京留守向拱在河南府专事修饰园林第舍，纵酒淫乐。后来左武卫上将军焦继勋调来当知府，太祖对焦继勋说："西洛久不治，卿无复效向拱也。"焦继勋果然没有重蹈覆辙，到任视事一个多月，便扭转了混乱的社会秩序。太祖用正反两方面的典型激发各级官吏自警自励，择善而从，从而达到了"人思自效"的用人效果。

三是召对亲试，择优黜劣。这是太祖用人不同于其他帝王的又一显著特点。无论是派使臣出使，还是官吏赴任，太祖都要召来面谈一番，或勉励或告诫。对即将步入仕途的士人，太祖一般也要亲自召对策试，看看该人到底具备什么才能，适合担任哪方面的职务。太祖这样做的目的是为了择优黜劣，把好用人的最后一关。公元974年，密州所举贞廉德行忠孝之人齐得一应诏来到京城，策试中选，被任命为章丘县主簿。像齐得一这样因召对、策试合格被任命为官的仅据《续资治通鉴长编》记载就不在少数。自然，召对策试中不合格的也有。如公元973年，太祖召京师百司吏700多人，见于便殿，亲自阅试，不合格者达400人，都被勒退。

知人善任

知人善任，包括知人与善任两个相互联系的层面。古代帝王，“为政之本，在于选贤”，而选贤之要，务必知人善任。知人就是要辨识人才，善任就要将人才用到合适的位置，即所谓的好钢用在刀刃上；善任的前提条件是知人，知人的终极目的是善任；知人之后对人才善任，在善任中进一步辨识人才，继续知人识人。在竞争日益激烈的今天，能否真正做到知人善任，既是对领导者品行修养与领导能力的检验，也直接关系到在竞争中的兴衰成败。宋太祖赵匡胤的知人善任主要体现在以下两方面。

一是刑狱之官，这关系到人民的切身利益。五代乱世，禁网繁密，藩镇列郡恣意施刑。直到宋朝初年仍旧是刑典弛废，吏不明习律令，牧守

又多是武人，率意用法的情况普遍存在，这对太祖统一天下，巩固政权，整肃吏治，拨乱反正都是不利的。所以，宋太祖一方面用重法惩治奸佞，另一方面经常亲自择狱虑囚，务求刑治慎明。随着政权的逐步巩固，疆土和人口的增加，宋太祖更为留意刑政，逐步建立健全法制，尤其重视刑狱官员的选择。他期望御史、大理寺等主管刑狱的官员能像西汉时期的张释之、于定国那样，既能严格按法处刑，又能审慎决狱，使天下没有冤民。宋初，各地州府任命牙校为马步都虞侯及判官断狱，往往多失其中。公元973年7月，宋太祖下诏废除这一做法，改马步院为司寇院，挑选新及第进士、考中《九经》《五经》科者及资序相当的人为司寇参军，专治刑狱。如果刑官判狱失当，或贪污受贿、曲情枉法，都要受到惩处。公元961年，金州民马从圯的儿子马汉惠是个无赖，曾害死其弟，又偷鸡摸狗，为害乡里。马从圯便同其妻及次子一起杀了马汉惠。防御使仇超、判官左扶判马从圯等3人死罪。宋太祖得知后，极为愤怒，认为量刑不当，以“故人死罪”命令有关部门予以弹劾，结果仇超、左扶都被除名，杖流海岛。公元962年，河南府僧尼法迁，因私用本师财物，按法律规定不当判定死罪，判官卢文翼以盗论处，置于极典。卢文翼因而被除名，与此案有牵连的法曹参军桑植被削夺两官。

二是边疆将帅。宋太祖对边将的选任，主要依据功劳。这些边将多多少少都有缺点，如骄恣专横、好大喜功等。但只要他们忠于朝廷，不过分苛刻边民，能镇抚少数民族，经常率兵打胜仗，太祖就常予以召见，厚赐赏，多勉励。太祖对边将的选任明显有别于文臣和内地的武将。这一区别完全是由当时的客观形势所决定的。边境的安宁对于刚刚取得皇位的宋太祖来说，是极为重要的！何况当时全国尚没有统一，南方有南唐、后蜀、吴越、楚、南汉、南平等割据政权，北方有北汉和契丹，西方有少数民族党项人建立的政权。在这种形势下，太祖常注意于谋帅。

命李汉超屯关南，马仁瑀守瀛州，韩令坤镇常山，贺惟忠守易州，何继筠领棣州，以拒契丹。又以郭进控西山，武守琪戍晋州，李谦溥守隰州，李继勋镇昭义，抵御北汉。赵赞屯延州，姚内斌守庆州，董遵诲屯环州，王彦升守原州，冯继业镇灵武，以备西疆。太祖常说：安边御众，须是得人。在这一思想的指导下，太祖给予这些边将不少特权，如优恤他们的家属，厚其爵禄，多给公钱和辖区内的财政收入，可以从事贸易，可以招募骁勇作为爪牙，凡军中事务可不奏请皇帝自行处置。

边将每次来朝，太祖必召对命坐，厚为饮食和赏赐。太祖认为只要财用丰盈，这些边将能秉承君意，作为皇帝就是减少后宫用度、克勤克俭来筹集边费，也不吝惜。太祖曾经命令有关部门为洛州防御史郭进修造住宅，厅堂全部用甑瓦。有人说这种待遇只有亲王、公主才能享受。太祖说："郭进控扼西山十多年，使我没有北顾之忧，我视郭进难道薄于儿女吗？赶快前往督役，不要妄说。"

太祖对边将这样优待，这样宠信，意在责其边功。从实际情况看，宋太祖的期望基本实现了。这些将领大多能恪尽职守，安边御众，屡立战功。如易州刺史贺惟忠，洞晓兵法，在易州葺治亭障，抚养士卒，能得其心。每次用兵，所向无敌，名震契丹。10多年间契丹不敢骚扰边境，当地百姓赖以安之。李谦溥任隰州刺史10年，敌人不敢来犯，被调任济州团练使后，边将失律，太祖只得又调回李谦溥。正因这些边将肯以死效力，太祖在位期间才没有边患之忧，才可能从容地进行统一中国的战争。

对一些既不称职又趾高气扬的边将，太祖一般不采取严惩而采取调离的办法，然后选择合适的人选取而代之。如灵武节度使冯继业杀兄代父领镇，颇为骄恣，经常出兵掠夺羌人羊马，戎人不附。又抚士少恩，部下多怀有异心。太祖在没有即位前与之有旧。即位后，冯继业多次到京城朝见进贡。可太祖对其军政举措放心不下，于是考虑替代人选。太祖认为知

泗州段思恭曾经在眉州有功，于是召其赴京，任命他为灵州知州。太祖对段思恭说："冯继业曾言灵州非蕃帅主之，戎人不服，虽卫、霍名将，必见逐矣。意谓非我，他人不能治也。汝能治之乎？"段思恭回答说："谨奉诏。"太祖对段思恭的魄力很佩服，又说道："唐李靖、郭子仪皆出儒生，立大功，岂于我朝独无人耶？"勉励段思恭向名将学习，为朝廷立功。段思恭到任后，矫正缺失，悉心安抚，周访利害，上报民情。不久，"戎人不附"的灵州一跃而为"夷落安静"。太祖所以不严惩这些骄恣专横的边将，旨在避免矛盾激化，从而减少边将反叛的可能性。

上述种种事例，皆为宋太祖知人善任之事迹。知人善任是古今用人者用人的至高境界，要做到知人善任首先需要知人，就是识别人才，这需要非常透彻的眼光，而要做到善任，则需要在正确评价人才之后，对人才进行大胆任用的魄力。宋太祖为政，就做到了知人善任。

当今社会，竞争激烈，而竞争的核心，则可以归纳为是人才的竞争。国家质检的竞争，是人才的竞争。各大企业的竞争，也是人才的竞争，无论是争夺市场，抢占技术高点，比拼品牌信誉，所有的竞争，归根结底，都是人才的竞争。

"择之精""任之久"

用人不疑，说起来简单，做起来却很不容易。封建时代的官场延续了上千年，除了一些正直不阿的臣子，多数是厚颜无耻的小人。所

以皇帝面前尔虞我诈的谗言肆行，正所谓三人成虎，即使是英明的帝王也往往难免受其所惑，故而能将用人不疑坚持到底的皇帝不多。但是赵匡胤作为一代开国皇帝真正做到了用人不疑，给我们后世树立起了借鉴的榜样。

北宋开宝五年（972年）八月，大理正李符出知归州回朝后，因京西诸州钱币不登，赵匡胤任命李符为京西南面转运使，并亲笔写下“李符到处，似朕亲行”的条幅以赐，嘱他将这八个字揭于大旗，便宜从事。

赵匡胤任用的边将，数十年不易，郭进守西山前后20年，李汉超镇关南，前后17年，赵匡胤对他们充分信任，不受谗言左右。其他如赵普为相，长达10年；刘温叟任御史中丞，长达12年；魏丕主持作坊事务10余年……都是充分信任、放手使用的例子。宋人评价赵匡胤在用人上，是“择之精”“任之久”。择之精，讲的是把握好用人关；任之久，讲的是放手使用。赵匡胤的用人之道，收到了预期的效果。

在新王朝中，赵匡胤确实培养了一批励精图治、才干出众的官员。《宋史》评论宋初诸将“率奋自草野，出身戎行，虽盗贼无赖，亦厕其间，与屠狗贩缯者何以异哉？及见于用，皆能卓卓自树”。张万平则吹捧赵匡胤是“擢贤任能，使人如器”，“升沉取舍，唯才是视”。“唯才是视”应该说是符合事实的，从赵匡胤随身带着的那个专记官员优点的记事本上我们也能略知一二，但“唯才是视”有一个重要前提，那就是忠诚。离开这个前提，一切都无从谈起。这其实正是赵匡胤用人的一条重要原则。

北宋建隆二年（961年）三月，赵匡胤对雄武节度使王景委以重任，将其调任凤翔节度使并充西面沿边都部署。这次改任并不带有防范的性质，主要在于赵匡胤深知王景的为人。同赵匡胤相比，王景是前辈人物，周世宗显德年间收复被后蜀占领的秦、凤、成、阶四州，王景与向拱出力最多。

当时王景被任命为西面行营都部署，担负指挥之责，王景率兵出大散关进讨，大破蜀军，斩首数万，秦州由此得以收复。对这次战争，赵匡胤是熟知的，当时他曾以帝皇使的身份亲临前线，与王景等人有过深入的交往。这次任命，同那场战争多少有些关系。

另一个原因是王景比较谦虚谨慎，折节下士。赵匡胤即位后，每有使者来藩，无论品级多低，王景都要亲自迎送，全力招待，因而颇能博得一般使者的好感，带回来的情况自然对王景十分有利。更难得的是王景这种屈首并不是表面文章，而是一种对朝廷发自内心的忠诚。

当时他的幕僚曾对此不以为然，称“节度使职位颇高，不宜过分自行损抑”，王景则回答说：“人臣重君命，固当如此，我唯恐不谨耳。”

赵匡胤曾在建隆年间派吏部尚书张昭出使王景藩镇，王景一次即赠钱万缗，手下有人认为此礼过重，王景则说：“我素闻张昭之名，今日派他来我处，乃是国家看得起我王景，怎么可以按惯例办事！”

王景就这样靠着自己对朝廷的那份诚心诚意的拥戴，博取了赵匡胤的信任。此外，王景为政宽厚也是他获得重用的一个原因。

《宋史·本传》称他：“素无智略，然临政不尚刻削，民有讼必面诘之，不至大过即谕而释去，不为胥吏所摇，由是部民便之。”后周广顺元年（951年），王景由地方调任中央，当时曾有数百人堵道挽留。可见王景做地方工作也是有经验、有声望的。

王景离任雄武节度使后，建隆三年（962年）六月，赵匡胤任命枢密使吴廷祚接任。

吴廷祚是文官，在后周时期曾担任过怀州和郓州的地方主官和西京、东京两都留守，是赵匡胤比较尊重的一位官员。

赵匡胤即位之初，吴廷祚仍继续担任枢密使。李筠叛乱，吴廷祚向赵匡胤献策，提出李筠勇猛而轻敌，此次征伐宜速击而不宜久战，赵匡

胤深以为然。在赵匡胤亲征李筠期间，他决定让吴廷祚担任东京留守，同时主持开封府工作，这对吴廷祚来说，无疑是一种高度的信赖。随后征战淮南李重进，赵匡胤再次让吴廷祚担任东京留守，让他全权处理后方的一切事务。

此次派吴廷祚出任雄武节度使，赵匡胤经过了长时间的考虑。原来在建隆二年（961年），尚书左丞高防出知秦州（甘肃天水，雄武节度使驻地）后，见秦地盛产木材，又见西部的少数民族以伐木牟利，于是建议朝廷在此设立采造务，圈地数百里，筑堡设关，又动用军卒300人进行采伐，供应京师。如此一来，因利益关系必然导致与当地少数民族发生冲突。

当时双方商定以渭水为界，以北属当地少数民族采伐范围，以南则归采造务伐取。当地少数民族并不同意这种划分，一时纷争频频，高防于是动用军队抓捕了40多人。

赵匡胤接到报告后，感到边境生事，可能将来难以收拾，认为高防的做法有欠妥当，于是便将高防调回开封担任枢密院直学士，转而让有多年地方工作经验、深得自己信赖的吴廷祚出镇秦州，以平息事端，保持边境安宁。

在任命下发的前一天，赵匡胤特意召见了吴廷祚，把自己的考虑告诉了他，同时还颇为深情地对吴廷祚说："卿久掌枢务，年龄渐高，今与卿秦州，以均劳逸，明日制出，恐卿以离朕左右为忧，故先告卿也。"赵匡胤让人效力效忠之时，这些事情总是做得很周全的。

由于赵匡胤"以节度使受禅"的缘故，因而在最初，这个职位曾经是他手中所握着的一个筹码和一件赏赐品，显得颇有些分量，无论是授予新职还是对原任节度使的处理，赵匡胤都持着小心谨慎的态度。

一般来说，对原任的节度使，只要肯积极与新政权合作，赵匡胤还是会留用的。尽管这些节度使中也有个别是靠门第关系坐上去的，但大多数

是靠战功、靠资历、靠本事才获得的。赵匡胤对他们的态度如何，直接影响到他们与新政权的合作，也直接关系到新政权的稳定。

赵匡胤是聪明的，在政权新立时期，他对这些节度使待之以礼，让他们感受到新天子对他们的重视。建隆元年（960年）七月，河阳节度使赵晁因病回京，不久去世，赵匡胤把丧事办得很隆重，同时又赠他太子太师衔，后又赠他侍中衔。其实赵晁在藩镇专事聚敛，“无他勋劳”，但他曾与赵弘殷一道在后周禁军中共事，“有宗盟之分”，所以赵匡胤才有这种姿态。

俗话说：“用人不疑，疑人不用。”许多有谋略的政治家深谙此道，并挖掘出很多人才。赵匡胤对忠于自己的贤臣，十分信任，并放手地任用他们，从而为自己培养出来一大批励精图治的官员。可见，赵匡胤是个知人善任的君主。

古代政治家通常都具有“用人不疑，疑人不用”的品质，表现最为出色的应该算是三国时期的刘备，他“弘毅宽厚，知人善任”，从不怀疑部下的忠心，在乱世中，以自己为核心组建起一个小团体，逐渐发展到雄踞一方称王于世。

其反观当今，与古代何异，商场如战场，领导者同样也应当多多效仿古之贤君，以知人善任达到理想的高地。

学会建立人脉资源

人脉是一种资源，并且是一种作用巨大的资源。对任何一个人来说，

一旦掌握人脉资源，必定能事半功倍。一个拥有高层次、广范围、深基础的人脉网络的人，足以在竞争中脱颖而出、超越他人。正如世界顶尖激励大师安东尼·罗宾所说："人生的最大财富便是人脉关系，因为它能为你开启所需能力的每一道门，让你不断成长、不断贡献社会。"

显德六年（959年）周世宗去世、宗训继位时，赵匡胤掌管禁军大权已6年。此间，他一方面恩威兼施，使禁军将士服伏在地，另一方面把一些重要将领拉到自己身边，与其结拜为兄弟，称为"义社"，下面为他"义社"的主要成员：

石守信，开封人，早年奉事周太祖郭威，隶属其帐下，广顺初年，累迁亲卫都虞侯。曾跟随周世宗柴荣征晋阳，与赵匡胤一起参加了高平大战，因功迁亲卫左第一军都校。大军凯旋后，迁铁骑左都校。此后，又作为前锋，参加了征淮南之战，在六合、涡口、扬州等战役中再建奇功，遂领嘉州防御使，后转殿前都虞侯，转都指挥使，领洪州防御使。恭帝即位，加领义成军节度使。石守信能攻善战，骁勇无比，为后周功臣，在禁军将领中举足轻重。

王审琦，其先为辽西人，后徙家洛阳。后汉乾祐年间，甚得郭威亲任。曾随驾平李守贞之乱，以功署厅直左番副将。又随世宗讨刘崇，征淮南，破南唐军于紫金山，授官控鹤右厢都校，领虔州团练使。后周军围濠州时，王审琦率敢死队数千人拔水寨，夺月城，攻克濠州。王审琦"厚有方略，尤善骑射"，从世宗攻楚州时，城将攻陷，王审琦准确判断敌军逃遁方向，设伏以待，全歼逃敌。又从平瓦桥关，再建战功。恭帝即位，迁殿前都虞侯，领睦州防御使。赵匡胤以王审琦为挚友，在他当皇帝以后曾令王审琦侍宴，说："酒，天之美禄；审琦，朕布衣交也。"

李继勋，大名元城人，也曾效命于郭威帐下，显德初年任昭武军节度使。周世宗南征时，曾令李继勋率黑龙船30艘于江口滩败敌兵数百，获战

船两艘，以功迁左领军卫上将军，后改右羽军统军，恭帝即位授安国军节度使。

韩重斌，磁州武安人，少以武勇隶属周太祖郭威帐下，也是跟随世宗战高平、征淮南的功臣。

刘廷让，本名光义，宋太宗即位后赐名廷让。祖籍涿州范阳（今河北涿州），曾祖刘仁恭，唐卢龙军（幽州，今北京）节度使，唐末割据者；祖刘守文，为唐横海军（沧州，今河北沧州东南）节度使，为弟刘守光所杀，父刘延进携家避难南逃。后汉枢密使郭威镇守邺都时，刘光义入麾下，后周太祖时，任至侍卫司龙捷右厢都指挥使。

刘守忠，相州（今河南安阳市）人，一作“左骁卫大将军致仕”，大将军应是上将军之误，其经历或许与右骁卫上将军刘廷让（光义）有某些近似之处，可能也任过节度使。刘守忠父刘万国任河中府（今山西永济西）马步军都指挥使，也许是在后周时。刘守忠子刘用是宋太宗晋王府旧人，太宗末任至高阳关副都部署，真宗时历任州部署、副都部署、知州等职。

王政忠，据李焘记载：“世言太祖义社十兄弟，政忠盖其一人也”，还说“并当检讨”，可见南宋初叶所存史料已极少。开宝八年（975年）五月，王政忠以解州刺史权知晋州（今山西临汾）兼兵马钤辖。次年八月，宋太祖以党进、潘美为帅进攻北汉，又派兵分路进兵，其中一路由郝崇信与解州刺史王政忠率领，出汾州（今汾阳）进攻太原。九月，宋军击败北汉军于太原城下。十月，当宋军继续攻打太原之际，宋太祖被其弟赵光义害死，“是月，太宗即位，召诸将还”。此后，王政忠即不见于记载。

此外，还有杨光义、刘庆义（史书记载不详）等人。赵匡胤与这些人以义气结拜，组成一个志趣相投、关系密切的小圈子，号称“义社十兄弟”。

“义社十兄弟”在后来为赵匡胤打江山时立下了汗马功劳。

连横合纵是一种智慧。不管在商场、战场上，将一切能利用的资源聚拢到自己身边，才能给自己带来更多财富。想要成功，不能孤军奋战，要懂得连横合纵，让天下人为己所用。竞争激烈的今天，个人能力再强，也难免势单力薄。单打独斗并不是明智之举，既费时费力，结果也不会如意。这样做成全的也是你的对手。必须利用各方势力，必要时“化干戈为玉帛”将使你受益匪浅。

慧眼识人，为我所用

成大事者要有识才的慧眼。要把众多的人才汇集到我们的事业中来并充分发挥他们的作用，识才是关键。“世有伯乐，然后有千里马”。慧眼方能识英才。赵匡胤就是一位很会辨识人才的皇帝，这一点要从窦仪担任翰林院大学士说起。

窦仪是一个博古通今、过目不忘的奇才，15岁时就能写一手好文章，令士子学人刮目相看。宋太祖十分器重他。大宋建立之后，就欲让他入翰林院。但是，窦仪在周世宗时，曾任过翰林院大学士，后来改任端明殿学士。前朝的翰林院学士再入翰林院，没有这样的先例，许多大臣反对。另外，当时的翰林院也确实没有空缺，太祖便没有再坚持自己的意见，将窦仪升任工部尚书，兼判大理寺，并诏命其重订《刑统》30卷，成为整个大宋以及其后历朝的重要法典依据，宋太祖对此十分满意。又过了几年，翰林院终于有了空缺。

翰林院中有一个叫王著的大学士，性情豁达，胸无城府，却少负俊才。后汉乾祐年间举进士，后周显德三年为翰林院学士。周世宗因他是旧日幕僚，眷宠有加，常召他入宫交谈，并准备用他为相，后因世宗驾崩而止。

太祖登基之后，任他为中书舍人，知贡举，仍为翰林学士。曾因规谏得体深得太祖垂青，下诏褒奖。

但王著这人太不争气，他虽然满腹才学，却嗜酒如命，常常喝得酩酊大醉，发酒疯误事。

一天夜里，王著在大内值宿，为熬过这寒冷漫长的夜晚，便弄了酒菜独酌独饮，一杯又一杯喝个不停，结果又喝了个一塌糊涂。他衣袍凌乱，发髻也散开了，长发倒垂下来遮住了眼和脸，自己在屋里又哭又笑地折腾了半个时辰，然后又跑到滋德殿前，将大门擂得咚咚乱响，大吵大嚷地非要求见熟睡中的宋太祖。

太祖被从睡梦中惊醒，不知出了什么大事，来到殿外一看，竟是一个酒疯子，披头散发，满脸污垢，嘴里还在语无伦次地吵嚷着。认出是翰林学士王著，不禁勃然大怒。一个堂堂的翰林学士，居然酗酒闹事，而且是深更半夜在皇帝的寝殿前撒泼打滚，滋扰生事，这也太不成体统了。这样的混账事，其罪名说多大有多大，就是杀头也不为过。但是宋太祖毕竟爱他的才学，念他是酒后失态，在盛怒之下，便让人把他捆起来。唤来几个宫女，让她们对他施刑，重打了30杀威棒。

说是重打，就这几个纤弱女子，能举得动那粗重的刑棒就不错了，哪还有力气重打？宋太祖有意这样安排，也是他爱护读书人的一片苦心。

这件事本来也就算了，太祖并没想认真治王著的罪。可是第二天早朝，大臣们听说了此事，都纷纷弹劾，有人竟揭发出王著经常乘醉夜宿妓院的丑事。太祖这一下子真生气了，文人无德，不堪为范。于是便下令将王著逐出翰林院，贬为员外郎。

翰林院有了空缺，他就想到了窦仪。有一天，他对大臣们说：“翰林院乃森严之地，当有宿儒及德行者居之，卿等以为窦仪如何？”

当时还任宰相的范质率先道：“窦仪清介忠厚，堪为人选。但在前朝已从翰林院迁端明殿，今又为工部尚书，再让他入翰林院，似为不妥，本朝亦无此先例。”

太祖却摇头道：“此言差矣。若有真才实学，何必囿于旧制？窦仪学识渊博，风度峻整。其父窦禹钧乃名噪一时的大儒，窦仪四兄弟相继登科，号称‘窦氏五龙’。朕引一龙入翰林有何不可？朕听说有两句诗：‘灵椿一株老，丹桂五枝香’，在缙绅文士中广为传诵，可有此事？”

范质接口道：“此乃五代时宰相冯道赠窦禹钧的诗句，冯道与窦禹钧极为友善，故赞誉之。”

宋太祖笑笑道：“冯道其人只知保官，私心甚重，平时也算个好宰相，艰难时却不足恃。但这首诗写得却极好，窦家灵椿虽老，却又丹桂齐芳，父子五人均跃龙门，实属难得。依朕看来，翰林院非此人不可，卿可宣朕旨意，勉令其就职。”

就这样，窦仪再次被任命为翰林院学士。窦仪两入翰林，一时传为佳话。人们既称羡窦仪的才高八斗，更钦敬太祖的慧眼识人。

在历史上也有很多这样的例子。安童是元初“开国四杰”之首木华黎的孙子，但他的名声业绩并非源自于出身门第上，而来自他能表现出与众不同的成熟和稳重上面。安童13岁时就因祖父的功劳而被“召入长宿卫，位在百僚之上”。但他一点也不愿意倚仗着祖辈功劳的荫庇，而是树立大志，勤奋学习。

在与阿里不哥争王位的过程中，元世祖取得了胜利。在其登上王位之后，元世祖拘捕了阿里不哥的党羽，世祖问安童：“朕打算把这些人置于死地，你觉得怎么样？”安童说：“每个人都是在为自己的主人效力。

他们跟随阿里不哥也是身不由己，在很多情况下，他们无法选择。现在陛下您刚刚登上王位，如果因为发泄私愤而杀死这么多的人，如何让天下的百姓臣服？”元世祖怎么也没有想到一个年仅16岁的少年可以明白这个道理，于是赞扬道：“爱卿如此年幼，你是怎么明白这个道理的？你所说的正是朕所想的。”这件事情之后，元世祖对安童真是刮目相看。在安童18岁的时候，元世祖看他处世练达，办事果断，为人稳重，足智多谋，于是打算重用他。可是在明白了元世祖的用意之后，安童推辞道：“如今虽然大元已经平定了三方，但是江南还没有归顺朝廷，如果您重用我这个缺少经验的青年，就会让四方感觉朝廷中没有人了，所以陛下还是另请高明吧。”任凭安童怎么拒绝，元世祖主意已决，说：“你考虑事情比我都成熟，一定可以胜任的。”因此，安童被提拔为中书右丞相。

安童在如此小的年纪就身居要职，因此招来了很多人的羡慕和嫉妒。至元五年（1268年），有些权臣想把安童的实权给剥夺掉，于是建议元世祖设尚书省让阿合马主持，而让安童居三公之位。在得知这件事情之后，元世祖交给大臣们讨论。没想到很多大臣极力反对，因为如果让安童当三公，那么他就没有实权了。而元世祖也听从了他们的意见，保证了安童的实权。

此后，安童一直身居要职，直到49岁因病去世，共为元世祖效力31年，为元初国家的稳定和繁荣做出了巨大的贡献。

三国中的刘备慧眼识英才，如果不是刘备三顾茅庐请诸葛亮出山来，成就了他一世英名，恐怕他到死也就是一介山中隐士而已，成不了什么大事。

作为现代管理者，也要懂得巧识人才，只有这样才能汇集更多人才为我所用。

优中选用优人

企业的卓越与否并非是由企业中的某一个成员所决定的，而是全体成员共同努力的结果。由此，整个企业成员的素质便直接决定了企业的整体素质，决定了企业的生存与发展。也正是因为如此，便要求企业的组织者与领导者在挑选企业成员的时候，不仅要有一个严格的标准，并且还要做到优中选优，这样才能确保整个企业的力量发挥到最大。

虽然宋太祖对人才的招揽如饥似渴，但也不是良莠不分，一并收纳。他也是一位优中选优的人。

为了更公正、更有效地甄选人才，宋太祖恢复了武则天创立的殿试制度，亲自考核中举的进士，以防舞弊之举。

建隆四年（963年），宋太祖下诏说：研读透一本经书能让人白了头发。数十次应考才能登科及第，这是前朝贤人们埋头苦读的情景。开设科举选取人才，本来应当给予宽容政策才对。如果按照旧制度，参加科考九次而不中，就应停止该举子的考试资格，这实际上不能广开选贤才之路。从今以后，可以准许他们再来应试。正是宋太祖爱才惜才，才有后来的文治昌盛。

宋太祖坚持“取士之道，责实为先”。荀子在《君道》篇中说：“英明的君主急于求得治国的人才，昏庸的君主急于夺取权势，疏远人才。”

公元964年，宋太祖下诏：国家得到有识之士的帮助就会昌盛。既然他们有聪明才智，就应该共同治理国家。推荐贤才者应该给予奖赏，大家应推举自己所了解的贤能之士。推选有贤能的人任职，必须力求名副其实。被推荐者必须为官清廉公正，还须通达世事，行动敏捷。而荐举者不得徇私舞弊，故意夸大其词，乱举庸人。

在得知有的主考官在取士时受贿营私，而导致真正的人才得不到任用时，宋太祖十分生气，决定自己亲自考问中第的进士，当面答对以辨优劣。从此殿试便成为科举考试的定制。省试选取人才，殿试授予出身。

公元973年，新科进士10人，诸科28人一起到讲武殿面圣谢恩。宋太祖亲自考问这些人，发现进士武济川、三传刘睿应对失策，才疏学浅，于是便当场取消了他们的资格。后来宋太祖又听说武济川是主考官的同乡，经过调查属实后，更感到事情的严重性。于是，下令给主考官降职处分，并对落榜生员重新进行考试，从中选出近200人，录取120人。

对殿试制度，宋太祖曾自豪地说："以往得中科举者，多为官僚世家所占，使一般平民子弟入仕无门。如今朕亲临殿试，力求公正无私，尽革往昔之弊。"为进一步严肃科考，选拔出真正的济世之才，宋太祖又下诏：规定地方长官必须选择有才学而且处事公正者担任诸州的考官。知贡举与考官同阅考卷，合格者则上荐，不合格者则放弃，不可使无才学之人受到优待。禁止不经层层考试而私荐举人，提倡检举告发，对告发属实者按等行赏。对弄虚作假的考生，一律退回原籍，不得再入科场。对徇私舞弊的考官，严惩不贷。

有一次，主考官宋白收受贿赂，取舍不公。为堵塞他人之口，他预先将考中者排名呈送赵匡胤。赵匡胤大怒，斥责宋白说："若榜出招致物议，当拿你杀头示众。"吓得宋白赶紧回去重改名次，如实汇报。另有一次，宰相范质的侄儿范杲在考前持自己以前的文章拜见主考官陶谷，希望

得到陶谷的赏识。陶谷表示："若考中进士，当先以甲科取你。"后来，有人将此事告发给太祖，范杲因此被取消了考试资格。

在人才选拔上，赵匡胤有自己的眼光和方法。他识才别有慧眼，并不看谁和他亲近，也不看谁是哪个派系的，而常根据一些细节评判人。

曹彬是宋太祖手下第一儒将。不过，曹彬发迹前只是个管茶酒的小官，又是后周皇妃的亲戚，似乎有些裙带关系。太祖统率禁军时，曹彬不怎么接近他，没有公事从不拜访。有一次，身居高位的赵匡胤家里办酒席，向曹彬要酒。曹彬拒绝了：这是官酒，不敢给你。但随后又自己出钱买酒送给赵匡胤。这是小事一桩，但宋太祖却非常感动。即位后不久，他在一次公开场合说："周世宗的旧臣中，不欺主的唯有曹彬一个。"太祖个性豪迈，却很喜欢这个清廉谨慎的人，因此让他掌军权。曹彬最终成了一代名将。

对于特殊人才，宋太祖打破陈规，破格擢用。宋初文坛上有一位大家柳开，博学多才，尤其在古文上有极高的造诣。但由于命运的捉弄，柳开参加科举考试屡试不中，头发都快白了，仍然只是一个举人。有人向太祖推荐柳开，说他才华出众，只是因为篆书写得不好，所以考试屡次落第。太祖听后，立即召见柳开，交谈后对其学识之广博极为赞叹，破例特赐柳开为及第。

赵匡胤优中选优的用人思想，很值得当今的管理者学习。其实在选人上不要说到优秀就想到完美，只要企业成员的各项技能中有一项达到顶尖水平，那么他对于企业来说就是优秀的，是可以入选的。如果你还不明白其中的道理，不妨来看看下面这个故事。

中世纪欧洲盛行探险，无论是贵族还是平民都热衷于此。当时，英国的某座城市有两个贵族青年，他们受到此种风潮的影响，有了探险的冲动，可是一直没有付诸行动，因为他们还有一个问题没有达成共识，那就

是应该寻找一些什么样的人组建这支探险队。

一个人认为，应当选择当地力气最大、反应灵敏的人，理由是因为探险中充满了危机，如果队伍中都是这样的人必定能化险为夷。

另一个人则认为，并不全部需要像这样的人，在他们中间最好有性格差异和特长不一样的人。

最终他们谁都没能说服对方，各自按着自己的想法组建了不同的队伍出发了。

这两支探险队伍中，一支全部由身材高大、勇武有力的人组成。另一支队伍却显得十分的杂乱，什么样的人都有，更令人奇怪的是中间还有一个马戏团的小丑。

看到这两支探险队伍，所有的人都认为那支由不同类型的人组成的队伍用不了多久就会灰溜溜转回来。然而事实上，败退回来的竟然是那支清一色由壮汉组成的队伍。当人们看到这支队伍后，第一个念头便是另外一支队伍可能遭遇了意外。

时间在慢慢地消逝，几年后，那支被人们认为遭遇到不幸的队伍竟然回来了，更让他们感到惊奇的是，这支队伍竟然到达了他们的目的地。

这到底是怎么回事呢？为什么一支精锐的队伍会在半途中无功而返，另外一支看起来毫不起眼的队伍却获得了成功？人们的心中充满了好奇，询问那位到达目的地的贵族青年。

“我只是让不同的人做不同的事情，并且让他们各自发挥自己的特长去帮助对方，使得整个探险过程就像是一次愉快的旅行。”年轻的贵族说道。

挑选优秀的企业成员是管理好企业的前提条件。从上面的故事中我们知道，决定企业是否真正具有竞争力的并不在于企业成员的整体技能有多强，而在于企业成员之间是否能够默契地配合和互补，形成一个行动统一的整体。

因此，在选择企业成员的时候，一定要避开一个误区：选择优秀的企业成员并不是要选择完美的成员，而是只要他在某一方面优秀即可，而且这种技能正是企业所需要的。企业管理人员应该尽量做到让每一个成员能担当最适合他个人及专业技能的职务，这样他们便会觉得自己能做出更多的贡献，会受到更多的肯定与欣赏，从而将他们的特点和优势充分发挥出来，真正地达到企业整体能力大于个人能力之和的目的。

吸取他人的智慧

一个人如果想要取得成功，不能仅靠自身的力量，还需要他人的帮助。就君主而言，因为要治理一个国家，单纯依靠自己的力量是不可能的。历代盛世的出现，都标志着一个贤明君主的存在。不仅他自身要开明进取，而且还需要培养一大批忠贞之士。从另一个方面来说，这些大臣的存在有效地弥补了君主力不从心的地方。

社会中的人不可能什么都懂，更不可能无所不知。当自己无法解决或者是了解一些问题的时候，可以投向他人，向他人寻求帮助。同样道理，君主也需要臣下的建议，它有时候对君主的决定起着决定性作用。

任何人都不是完美的，有优点，但也有缺点。如果是优点，那值得不断发扬，如果是缺点，则需要自身的不断努力和他人的帮助来改正。如果想要得到他人的帮助，必须有宽广的胸襟，虚心接受他人的意见和批评。正所谓“良药苦口利于病，忠言逆耳利于行”。只要能够拥有这种观念，

在任何时候都有勇气接受他人的批评，其实距离成功也就不远了。

宋太祖深知谏臣的重要性，每当谏官给他提意见的时候，宋太祖都会虚心听取，然后再不断考虑。

有一次，宋太祖在宫中的花园中乘凉，他命人召礼部尚书窦仪来宫中与他讨论起草诏令的事情。当窦仪来到花园的时候，看到宋太祖光头赤脚、衣冠不整地坐在那里，头脑顿时懵了，不知道如何是好，于是驻足不敢上前。宋太祖等了好一会儿，看到窦仪还没有来，心里感到特别迷惑，于是派人打听窦仪没有来的原因。原来窦尚书早就来了，只是站在门外不敢进来，因为皇帝这种衣衫不整的样子不应该被臣子们看到，这是不合礼仪的。得知原因之后，宋太祖立刻想起了刘邦召见郦食其的故事。于是马上换上衣服，戴上皇冠，穿上鞋，等一切弄好之后又召见窦仪。窦仪来了之后，向皇上进谏说："陛下开创大宋江山，应当以礼示天下。臣虽不才，不足以令陛下看重，但恐怕天下的豪杰听到皇上不以礼待人，就会自动散离了。"宋太祖听过之后，马上正襟危坐，接受了窦仪的批评，承认自己做得不好，而且承诺以后不会再犯这样的错误。

御史中丞刘温叟是一名谏官，当宋太祖出现言行过失情况的时候，他敢于当面直谏。翰林学士欧阳炯的性格属于豪放派，从来不会在小事上计较，擅长吹长笛。当宋太祖得知欧阳炯的特长之后，于是召他到宫殿中演奏一曲。刘温叟听说此事后，立刻赶到便殿，对宋太祖说是有事求见。进入殿内之后，刘温叟马上向太祖直言："禁署之职，典司诰命，不可做伶人事。"听到刘温叟这样说，宋太祖解释道："朕近来听说孟昶君臣溺于声乐，欧阳炯曾官至宰相，尚习此伎，因而被我擒获。今日召他吹奏，目的是想验证一下外面传言的真伪而已。"刘温叟知道宋太祖这是给自己找台阶下，但是也不好为难他，于是就起身告辞说："臣愚，不识陛下鉴戒之微旨。"这件事情发生之后，宋太祖再也没有召

大臣为他演奏的事情发生。

除此之外，还有一件事情证明了刘温叟的敢于谏言。一天晚上，刘温叟已经处理完公务，打算回家。谁知在经过宫门的时候，仆役们看到宋太祖正率几个内侍在明德门登楼，于是马上把这件事情告诉了主人。当然，按理来说，刘温叟应该回避，这样才能尊重皇上。但是，此时他转念一想，太祖此时登楼有失仪礼，所以提醒他也是应该的。于是，刘温叟就下令仆从照旧从宫门而过，并且还要表现出一番特别热闹的景象。次日上朝的时候，刘温叟禀奏太祖说："人主非时登楼，那么近侍们都希望得到恩惠，京城中的诸军也希望得到赏赐。臣之所以昨夜在宫门前用仪仗队开路，呼喝而过，是希望陛下自己知道非时不登楼的礼制。"听到刘温叟指责自己的错误，宋太祖也非常后悔自己的过失行为。

宋太祖出身军旅，精通骑术，这就使他特别喜欢骑马打猎。即使做了一国之君，他也是经常驰骋猎场。有这样的一些记载，宋太祖在打猎的时候，先由禁军划出场地作为围场，然后五坊各架鹰携犬相随，气势非常壮观。宋太祖一身戎装，弯弓搭箭，射杀围场中的飞禽走兽，每次都能大有收获。在中午的时候，所有人员都可以休息，并可以聚在一起吃喝玩乐。随后继续打猎，等太阳落山的时候就回宫。公元975年，宋太祖像往常一样带军到近郊打猎。在追赶一只兔子的时候，突然所乘的坐骑马失前蹄，宋太祖摔了下来。虽然没有伤着，但是宋太祖却大为生气。宋太祖起身就抽出佩刀，疯狂地向这匹马刺去，直到把马杀死才微微解了恨。这件事情过后，宋太祖也深为自己的行为感到后悔，虽然当时火气很大，但是不至于这样做，于是自责说："我虽为一国之君，但是做事太草率了，是我自己不小心从马上摔下来的，马没有什么过错，但是我却把它杀死了。"这件事情对宋太祖触动很大，于是决定从此之后不再去做这种劳民伤财的事情，包括打猎。

另外，在迁都的问题上，宋太祖也表现出了纳谏的大度。宋太祖在洛阳夹马营出生，对自己的故乡充满了感情。随着年龄的不断增加，宋太祖思乡之情更加深切。虽然京城开封距离洛阳很近，但是他还是觉得住在洛阳踏实。所以，在公元976年，他召集大臣，向他们表达了自己想迁都的意愿。

对于朝廷来说，迁都是非常重大的事情，它直接关系到一个朝代的兴衰，另外，也需要大量的费用。对于这件事情，几乎所有的大臣都是持反对意见。刚开始是李符向太祖建议，并且用迁都有八难试图说服宋太祖，即“洛邑凋敝，一难也；宫阙不完，二难也；郊庙未修，三难也；百官不备，四难也；畿内民困，五难也；军食不充，六难也；壁垒未设，七难也；千乘万骑，盛暑从行，八难也。”听到他这样说，宋太祖感觉不无道理，但是反过来一想，这些问题都是可以解决的，所以并不会对迁都产生阻碍，因此没有采纳他的意见。

不久之后，铁骑左右厢都指挥使李怀忠又劝谏：“把都城设在东京，不仅可以利用汴渠进行水运，运来江淮的很多粮食给百姓食用，而且可以运送很多官兵。陛下如果西迁，那么如何运送江南的粮食呢？况且府库重兵，全在大梁，这才是最稳定的基础，千万不能轻易变动。即使迁都了，那新都又能带来什么好处呢？”

虽然这些理由很有说服力，但是宋太祖并没有采纳。在这种情况下，他的弟弟晋王赵光义也劝谏，向他说明迁都的诸多不便，但是宋太祖仍坚持己见，说：“我不但想迁都洛阳，还想迁都长安呢。汴梁地居四塞，无险可守；我意徙都关中，倚山带河，裁去冗兵，复依周汉故事，为长治久安的根本，岂不是一劳永逸吗？”听皇上这样说，晋王企图以“在德不在险”继续说服太祖。当然，这一点真的触动了皇上，但是宋太祖还是心有不甘，对周围的人说：“的确，晋王所说非常有道理，但是还是有缺点

的。即使现在不迁都，但过不了多久，天下的民力就会被消耗殆尽。”关于迁都之事，朝野百官基本上都是持反对态度，虽然并没有真正说服太祖，但是鉴于大臣的一致看法，他只好放弃自己迁都的念头。

当地方官员提出自己意见的时候，只要太祖认为是合情合理的，就会采纳。隰州刺史李谦溥手下有一员武将刘进，他有着非凡的勇气和毅力，在与北汉的交锋中总是奋勇杀敌，以少胜多。北汉统治者把刘进看作是心腹之患，总想找机会把他除掉。有一天，晋州节度使赵赞忽然接到一封密信，上面罗列了刘进与北汉君臣交好的情况。为了保证边境的安全，赵赞马上把这件事情上报给了朝廷。于是，宋太祖就下命令把刘进押送京城，而且还严加审讯。李谦溥在得知这件事情之后，上疏太祖：“刘进为北汉人所恶，此乃反间计。”而且以身担保刘进是忠于皇上的，他是清白的。为了防止冤枉好人，宋太祖找人调查，结果正如李谦溥所言，此时的宋太祖马上派人释放刘进，官复原职，而且还赐给他一些财物。

自古以来，只要是开明的君主都能听进臣子的建议和言论。作为皇帝，宋太祖不仅重视臣民的谏言，而且善于纳谏，这充分体现了他的仁德和大度。

作为一名当代管理者应当如何管理企业呢？事实证明，最重要的就是善于听取别人的意见和建议。

第五章

笼络人才为己用——赵匡胤这样对我说管人

用人是一门微妙的艺术，其关键在于抓住人性的优点，摸透人性的弱点，找准人才与工作的最佳结合点，并巧妙地加以引导，从而发挥人才的最大效能。管人重在掌控人心，即通过灵活运用各种策略，调动下属的积极性、主动性，使他们自动自发地做正确的事，使他们心甘情愿地追随左右。

“恩”“威”并进收人心

要慑服众人，需有一定的胆魄和权谋。芸芸众生，大家看起来都相差不多，但总会有出类拔萃之人。在一个群体中，总会自然而然地产生出一个领袖人物，也就是大家公认的头领。

宋太祖的威信来源于严明的军纪。加入郭威的部队之后，宋太祖更是凭着出众的武艺和过人的胆识在同僚中树立起威信。在高平之役中，宋太祖的表现可圈可点。在周军败退，阵脚大乱之际，是宋太祖挺身而出，力挽狂澜，有条不紊地指挥禁军侍卫，勇猛向前，挫败了敌军的锐气，也鼓舞了己方的士气，终使周军反败为胜。这一仗，宋太祖打出了名声，得到了上至皇帝周世宗柴荣，下到一般卫队士兵的敬服，他的威望在军中日渐提高。在随周世宗统一国家的过程中，宋太祖披坚执锐，身先士卒，更加确立了他在禁军中无人比及的地位。治军应从严，只有把军队震慑住，让他们绝对服从指挥调度，这样的军队才有战斗力，打起仗来才能够无往而不胜。宋太祖对军队中的将领和士兵，平时得到什么奖赏，大部分分给将士们，自己仅取其中的一小部分，在将士中赢得了不贪财的美名。在战斗中，他却是绝不手软，对违抗军令、不服从指挥的将士严加处置。

在六合战役中，宋太祖率2000人的部队驻守六合，而南唐部队有2万之众。经过顽强抵抗之后，南唐部队久攻不下，损失惨重，被迫撤离而

逃。面对战机，宋太祖不顾己方兵少，断然决定追击溃逃之敌。但有的士兵认为，双方兵力悬殊，能把他们打退就已经不错了，追击起来，万一敌军顽强抵抗，或者反扑过来怎么办？所以，有一部分士兵在追击过程中畏缩不前，不敢向前冲。坐镇指挥的宋太祖为鼓舞士气，亲自在后督阵，催促士兵勇猛向前。对那些怯懦怕战的将士，宋太祖在他们每个人所戴的竹笠上用剑砍下记号。战后，又毅然决定将这些人全部斩首示众，以儆军心。这样一来，整个后周的军队立刻传遍了此事，全军为之震动。以后，跟随宋太祖行军打仗的队伍中再也没有类似的事情发生。

另外一员大将王全斌也是因为触犯军纪而受到严惩。大将王全斌英勇善战，随周世宗平定淮南，收复瓦桥关，后来又追随宋太祖南征北战，平定李筠叛乱，又率军伐后蜀取得大捷，可以说为宋太祖统一天下立下了赫赫战功。但是，他的骨子里仍然是五代以来军将贪暴不羁的性情。在平定后蜀时，他违背了宋太祖事先立下的军法，即“不得焚荡庐舍，殴掠吏民，开挖丘坟，剪伐桑柘，滥杀无辜”，而是日夜宴饮，不理军务，还纵容部下随意掠夺女子和财物。此外，王全斌擅自开启国库，敛民财物，专门杀戮降兵，致使后蜀百姓官员心怀怨恨，反抗者此起彼伏，浪费了国家大量的人力和财力。对王全斌这样既有战功又是亲信心腹的人，宋太祖为了严明法纪，还是给了他严厉的惩罚，将王全斌革职查办，永不录用。

所以，史书记载说，宋太祖英明妙算、机巧威权至如此，实凡俗辈难料。太祖这样做的真正意图是为了警戒诸将士，申明法令，不使江南丧失民心，而且在将帅之中树立威权。众将士一直奉此事为太祖用术的经典，对太祖佩服得五体投地，无不折服听命于他。

对于恃宠而骄的将领，宋太祖绝不袒护。

自古以来，世上就多居功自傲之人，往往恃其功绩而横行于世，做出种种违法之事，这里的张琼就是一个例子。他倚仗着自己救过皇帝的命，

所以才敢私自选用官马乘骑、收纳叛臣仆从、私养部曲、自作威福，使禁军中的将士畏惧。

建隆年间，宋太祖命张琼出任殿前都虞侯。张琼英勇无畏，但性格暴躁，士卒稍有过失，便重加治罪。禁军军校史珪、石汉卿奉宋太祖命负责反映将士动态，监视官兵言行。张琼就对他们产生怨恨，斥责史珪、石汉卿是一伙搅乱军心的巫媪。张琼私养部曲、自作威福、禁旅畏惧。因他私自选用官马乘骑，收纳叛臣李筠仆从，被举报有罪。虽然论罪当诛杀，但宋太祖念及他救过自己的命，就亲自对张琼审讯，怕冤枉了他。谁知张琼面对指控，拒不认罪。于是便把他交御史台调查核实罪状。张琼性情刚烈，见皇帝没有袒护他，便羞愤自杀了。对张琼之死，宋太祖大为震惊，但对举报张琼有罪的史珪、石汉卿两人也没有治罪。

宋太祖治军严厉有法，因而使军中无骄将悍卒。因此也使宋军在统一战争中屡战屡胜，很快就消灭了大多数的割据势力，实现了统一大业。这里需要谈的是宋太祖不仅厉行军法、执法如山，而且不徇私情。

古代有大义灭亲的忠臣，宋太祖也能大义灭亲。乾德三年年初（965年）十一月，宋太祖的内弟、国舅王继勋指挥的禁军雄武军，因为主官统御无方而导致军纪松懈，竟在大街上掠人子女，京城里巷为之不安。宋太祖闻讯大惊，将肇事者全部捕获，又将百余名参与者连同肇事者悉数斩杀，连小黄门阎承翰也因为见而不奏被杖责数十。直接长官王继勋虽然由于孝明皇后的关系，又因没参与违纪的事而免于追究责任，但在次年六月却因恃恩骄恣、多办违法之事而被部曲告发。经查实后，宋太祖立即把他的军职革除。

被免职后，王继勋闷闷不乐以致心理变态，便拿家中的奴婢发泄怨气，将奴婢身上的肉割下来切碎为乐，前后被伤害者很多，而外人不得而知。一日下大雨，王继勋家的围墙倒塌，被他伤害的奴婢一起逃奔到国门

诉冤。宋太祖这才了解了王继勋所做的坏事，立即将他的一切官职全部免去，又将他软禁在私宅，后又定罪流放登州，继而斩杀。

王继勋是王皇后的亲兄弟，皇后母仪天下，他便是国舅。他若能老老实实地做人，决不会失去富贵，可他却倚仗地位的尊贵，不好好做官，对属下不加约束，恣生邪僻，违法乱纪。他自己也恃恩骄恣，多为不法，以脔割奴婢为乐，伤害苍生。《诗经》上说："人而无耻，不死何俟？"荒淫无耻，不守法制，诛之事小，万人唾骂事大。

宋太祖不仅以执法如山、惩治奸邪、镇压暴虐之徒标榜于天下，而且以身作则，身为皇帝而处事质朴自然，不藏邪僻，不徇私情。既不惜爵赏，也不吝执法。软硬结合，刚柔并济，宋朝之初社会风气之澄明，由此可见其成因。

借用自己和身边的亲信来立威，大概是最简单而又最有效的捷径了，因为大家从中感受到了公平和公正。曹操割发代首，诸葛亮挥泪斩马谡，都是极有说服力的范例。这样的举动，虽然对自己的心理造成一定的损伤，但其收效却事半功倍，不仅树立了自己的威信，而且鼓舞了士气，起到了良好的宣传作用。

对待原来各割据小国的君主，宋太祖也是很好地贯彻了恩威并施、以恩取胜的策略。

平定后蜀后，宋朝的疆域急剧扩大，与建都于广州的南汉政权相接壤。在当时各个割据政权中，南汉统治者最为昏庸残暴，其奢侈残忍，令人发指，使国中臣民人人自危。南汉主刘鋹在位时，整日在后宫淫乱，将政事全部委托给宦官和宫女，宫中仅宦官就多达7000余人。他还认为，大臣有家室，便不能对国主竭忠尽智，于是强迫朝中有才能的官员全部自宫，然后才可以做官。此外，刘鋹还仿效商纣王，在宫廷中设立烧煮、剥剔、刀山、剑树等酷刑，甚至强迫犯人与虎豹等猛兽格斗，从中取乐。在

他的统治下，全国上下怨声一片，人民生活极为痛苦。宋太祖听说后，惊骇至极，决定救此一方之民于水火之中。当宋军还在筹划之时，刘鋹自动送给宋太祖一个征讨的口实。当时宋汉接界，南汉军为了抢掠，经常骚扰宋境，烧杀抢劫，无恶不作。宋军完全准备齐全之后，便开始了名正言顺的自卫反击战，一鼓作气，将引火烧身的刘鋹俘获。

南汉主刘鋹降宋后，被封为恩赦侯。一天，刘鋹随宋太祖到讲武池，太祖赐刘鋹一大杯酒。这一举动宋太祖虽是无意，却把刘鋹吓得魂飞魄散，以为性命休矣。原来，刘鋹在南汉时经常用鸩酒毒害臣下，此时他以为赐给他的也是一杯鸩酒，所以泣不成声，跪地求饶说："臣承袭祖父基业，违抗朝廷，有劳王师前来征讨，本来罪重当斩。陛下既然赦臣之罪而不斩，但愿做一个普通百姓，有机会能看到大宋的太平盛世，实在不敢饮此酒。"宋太祖听到侍从的解释后，抚须大笑，上前搀起刘鋹，说道："我与你推赤心于腹中，哪里有想毒死你的意思？"于是命人取过刘鋹的酒一饮而尽，又另赐给刘鋹一杯酒。刘鋹感到十分惭愧，无地自容。

在平定江南时，宋太祖以南唐后主李煜托词有病而不到开封觐见之名，命大将曹彬率10万大军伐南唐。后主李煜虽然在文学方面卓有建树，号称"词中之帝"，但对于治国和统军却知之甚少。战前便自乱阵脚，多次在部下中散布悲观情绪："宋军强劲，谁能敌之！"而宋太祖为了一举灭掉南唐，战前做了充分的物资和心理准备，他一方面周密部署部队，另一方面又告诫统帅曹彬："平定江南之事，全靠你了。切记要严明军纪，用恩信争取民众，不要滥杀无辜，不要抢掠民财；并应尽可能地迫使南唐投降，不要逞一时的匹夫之勇而攻城陷阵，避免无谓的伤亡。如果迫不得已而攻城，破城之后也不要加害李煜及其家属。"这一番话，虽然主要意图是巩固胜利成果，以便尽快恢复南唐的安定，但也不难看出，宋太祖对后主李煜及其家属，甚至南唐百姓还是比较仁义的。

统一基本实现之后，对各割据政权统治者的安抚工作又摆在宋太祖的面前。要想安定各地民心，稳定形势，除了要在各地废除苛捐杂税，取消以前的暴政外，对各地的统治者也要妥善安置。宋太祖在这一方面是毫不吝惜官位和金钱的，他隆恩广布。

后蜀主孟昶被封为检校太师兼中书令、秦国公；南汉主刘鋹被封为检校太保、右千牛大将军、恩赦侯；南唐后主李煜被授予检校太傅、右千牛卫上将军、违命侯。其家属也都得到厚赏和封赐。这些本来担心被斩的降王，看到宋太祖如此厚待，非常感激太祖的仁厚。在讨伐北汉之前的一次宫廷宴会上，刘鋹高兴地向宋太祖进言："现在皇上的恩泽遍布天下，天下的伪主今天都在此，只是缺少北汉的刘继元。刘继元迟早也会来的。等到天下的伪主都聚齐的时候，请皇上按照先来后到的顺序，在降王中封我一个降头。"这话虽然是嬉笑之言，但也可以从中看出宋太祖仁政怀柔之下，降王们尽皆心悦诚服之态。

宋太祖对这些降王，可以说仁至义尽，不要说把他们杀死或处罪，连责骂也很少听见。宋太祖之所以这样做，目的是让他们感受大宋王朝的皇恩浩荡，借以晓谕新征服地区的官员和百姓，使他们认为宋太祖是一个仁义的贤君圣主，从而使百姓和官员能够很好地遵守国家的法令，本本分分地做人，以维护赵宋王朝的基业。

宋太祖虽给这些小国的君主封公赐侯，但不难看出，在其所赏赐的封号中，有威权的意思。刘鋹被封为恩赦侯，其意很明显，说明刘鋹本来是罪犯之身，理应受到重罚，但考虑到安抚南汉民心，所以才封他为侯，其中的"恩赦"二字，便是宋太祖对他已往罪行的宽大。南唐后主李煜投降之后，被封为违命侯。这其中的意思更加明显，意即李煜胆敢违抗圣命，对抗天朝的统一大业，实乃违抗天命，应当重罚。虽然出于与对待刘鋹同样的目的，但对李煜却是比较严厉，故封其为违命侯，使其时常牢记自己

的违命之举。

事实证明，采用仁政和恩义要远比采用暴力和滥杀更有益于国家的稳定。秦始皇统一六国时，对六国君主杀的杀，贬的贬，造成国内怨声一片，各地的亡国之君迫于无奈，纷纷豢养死士，准备刺杀秦王。像荆轲刺秦，图穷匕首见的故事，已从民间传说中被搬上了戏剧舞台。恩惠与威慑一样，都是笼络人心的一种手段，只不过方法不同而已。一把无坚不摧的绝世利刃，虽可以削金断铁，无往而不利，但它在绵绵的流水面前，却也无可奈何。它的锐利，挡不住涓涓的细流。而一段木头，一堆泥土，却可以阻挡流水的速度，改变流水的方向。治理国家也是如此，一味用强硬手段，只能使人们在内心产生一种畏惧心理，并不能使人们心服口服。而重用恩典，再辅以威严，才可以使人们心口俱服。

对群臣的驾驭，仅凭皇帝九五之尊的身份和高高在上的地位是不够的，还需要一些权谋，用威望震慑住他们。宋太祖运用“恩”和“威”这两样攻心术，牢牢控制住将士和大臣，使他们成为维护其统治的基石，巩固了自己的权力。

所谓恩，即亲切的话语及优厚的待遇，特别是话语。记住下属的名字，每天早上打招呼时，如若能亲切地叫出下属的名字并加上一个赏识的微笑与信赖的眼神，这名下属当天的工作效率会大大提高，他会感到，上司知道我，我得好好干！另外，还要关心他们的日常生活，聆听他们的心声。特别是要为他们解决后顾之忧，比如户口、住房、子女上学、养老保险等忧虑。

所谓威，就是一定要有严格的命令与严厉的批评。一定要令出行随，不可为了维护自己谦和的形象而不对其错误给予严厉批评与斥责。上司的威严必须要拿出来，让下属知道你的决策是正确的，必须不折不扣地执行。

对下属交代工作、布置任务时更要显示出你的威严。一方面，要敢于

放手让下属去做，不要自己包打天下；另一方面，交代任务时，要求要明确，比如什么时间完成，达到什么标准。之后，必须检查任务的完成情况。

恩威并重，树立严明的纪律，才能管理好下属，发挥他们的潜能。

功过分明驭下属

“功过不容稍混，混则人怀惰堕之心；恩仇不可太明，明则人起携贰之志。”赵匡胤就是一位功过分明的人，对待王彦升就是一例。

王彦升是蜀地人，后唐时徙家洛阳。

他以勇武著称，善击剑，号“王剑儿”。但他“性残忍多力”，心狠手辣。在他后来担任原州防御使期间，曾抓到一犯法者，王彦升不对此人加刑，而是召僚属饮宴，用手将该犯的耳朵撕下来，大嚼以佐酒。那人血流满身，股栗不止，王彦升却无动于衷。王彦升以人耳下酒出了名，“前后啖者数百人”。

王彦升的残忍本性在陈桥兵变率部入京时显露无遗。当他追赶韩通进入其宅后，不仅杀死了韩通父子，而且将宅中所有人等全部砍杀，使韩通宅尸陈遍地，血流成河。

王彦升并不认为他是错误的，而且以先入京师，先斩敌将自居。但他却忘记了赵匡胤的约法，忘记了不得滥杀的铁令，犯了“弃命专杀”之罪。

应该说，赵匡胤不治王彦升之罪纯属例外。若不是考虑到安定为本，王彦升早就成为刀下之鬼了。遗憾的是，王彦升并未感激皇帝的宽宥，反

而认为皇帝偏袒韩通，误封罪臣。当然，他不敢在皇帝面前发泄，却把满腔愤怨倾注到后周降臣身上。

王彦升首先把目标对准了宰相王溥。此人在后周时即是宰相，如今又迁居相位，宋太祖对他恩宠有加，这在王彦升看来简直不堪忍受。特别使他盛怒难忍的是，王溥的父亲王祚竟然也当上了宿州防御使，掌管一方权力！王家父子曾仕后周，无功于宋，他们凭什么官居要位？凭什么与开国功臣比肩？王彦升想不通，他咽不下心中这口气！

王彦升还得知，王祚善经营，有心计，广有田宅，家累万金，这也使王彦升嫉妒得要死。嫉妒可以使人丧失理智。妒火烧得王彦升再也按捺不住了。他决定上奏天听，参倒王溥。他冥思苦想捏造了如下罪状：王溥心怀不轨，以举荐后进为名呼朋引类，培植党羽，企图组织起自己的势力，恢复后周王朝。王家父子厚殖家财也是别有用心，他们妄想以此招兵买马，东山再起。王彦升在奏章中还着重提到当初王溥与范质匆匆派赵匡胤北征契丹之事，编造说，那是范、王二人合谋，调虎离山，以期控制后周幼帝，挟天子以令诸侯，借皇帝之手以拥兵叛逆之罪将赵匡胤杀死。后来，赵匡胤领兵还京，王溥阴谋未能得逞，才后悔不迭，痛失良机……

王彦升将奏章写好上呈之后，心中的盛怒才略微平息了些。他幸灾乐祸地等待着皇帝的批复，等待着王溥的贬官破家，或以十恶不赦之罪被处死。王彦升甚至令人准备好了美酒，打算在那一天到来的时候痛饮一番！

然而，日子一天天过去，奏章却如泥牛入海，杳无音信。王彦升又不便去打听，便郁郁不欢地到恩州上任去了。

关于王彦升这道奏章的下落后人无从知晓，王彦升本人更是始终蒙在鼓里。因为宋太祖赵匡胤毫不介意地将其束之高阁、忘在脑后了。宋太祖不相信王溥会有异图，倒是认为王彦升心怀嫉妒，故意捏造。因为他了解王溥，更了解王彦升。他知道，王溥等人对官居原职是十分感激的，他的

一言一行根本看不出有什么貌合神离的迹象。况且，王溥本是一介文臣，虽有高职，并无多少实权，又不掌握军队，能有什么作为？而王彦升则不同。此人是武将出身，凶残成性，若得机会，他是什么事情都能做出来的。出于这样一种想法，宋太祖在王彦升弹劾王溥之后不仅不疑王溥，却对王彦升多了几分戒心。

也许是因为不放心王彦升远离京师、独自掌握一部分权力的缘故，宋太祖在让王彦升出任恩州团练使不久又将他调回京师，让他担任铁骑左厢都指挥使。

宋太祖将王彦升调至京师担任禁军将领可便于约束。王彦升统辖的这支部队主要是在京城巡逻，保卫京师的安全，这谈不上是对王彦升的重用。事实上，宋太祖对王彦升擅杀韩通一直念念不忘，认为此等五代军将的恶劣作风决不可长，所以对王彦升一直是限制使用，“终身不授节钺”。

但是，王彦升却未意识到皇帝对他的戒心，反倒自鸣得意地认为，如今巡逻京师，正可借巡警之权敲王溥的竹杠，让他不得安宁。

这天晚上，王彦升带领几个巡逻兵士，敲开了王溥的宅门。面对这位深夜来访的厢主，王溥有些惊慌。他强作镇定地将王彦升请入厅堂，令侍婢献茶，寒暄道：“王厢主夜巡京城，身冒风寒，实在是太辛苦了，请先喝杯热茶，暖暖身子吧。”

王彦升趾高气扬地说道：“若说辛苦，确是事实。夜深风冷，人皆安然入睡，我独率众巡逻，实所不堪。就说今晚吧，几乎巡遍整个京城，未得片刻歇息，疲惫难支，可否在贵府小坐时许，赏杯酒喝？”

王彦升说这话时，目光中满含着傲慢和挑衅，嘴角上挂着奸诈的微笑。王溥看出王彦升意在借机索贿，心中很是气恼，但他却假作不知，赶忙十分客气地令人摆上酒宴，毕恭毕敬地亲自为王彦升斟酒，和他对饮起来。

王彦升不仅不把王溥的谦卑待客当回事，反而自鸣得意地认为王溥畏

惧他，所以更加狂傲无礼，目中无人。在他看来，与他对坐的这位宰相不过是前朝降臣，根本不能和他这个开国功臣平起平坐，同日而语。他放肆地大声说笑，无拘束地开怀痛饮，直至酒足饭饱才一甩袖子扬长而去。临行，还喷着酒气笑道："司空大人的酒醇香甘美，今晚因公务在身，未能尽兴，他日再来，该不会被拒之门外吧！"

"当然，当然。"王溥强忍怒气，陪笑道，"若蒙厢主不弃，王溥随时恭候。"

王彦升骑马远去了，王溥却像泥塑木雕一般呆坐在座位上，心中充满了羞辱和愤怒。

应该说，对于王彦升这种作风恶劣的军将，王溥并不是初次见到。恃拥兵之威，横行无忌，这是五代军将的通病，可谓司空见惯。令王溥不解的是，如今已是大宋王朝，当今太祖皇帝矢志革除旧弊，开创新风，为什么身为禁军将领的王彦升仍敢这样胆大妄为，恶习不改！

王溥思忖再三，决定明日早朝上奏其事，让皇帝进行裁夺。

王溥是在次日早朝群臣散去之后向宋太祖密奏的。他用很平静的语气述说了昨晚发生的事情，然后，面带忧虑地说道："当今大宋初建，陛下锐意图新，实乃众望所归。然五代以来，积弊尚多，尤以军纪废弛、军风败坏为甚。王彦升弃命专杀，已成大错，但其不思悔改，我行我素，实不可取。昨日夜闯臣宅，敲诈索贿，恶劣至极，即便臣不怪他，也会引起众怒。臣担心的是，他今夜闯东家，明夜闯西家，扰民不止，必将乱我民心，坏我社稷！"

宋太祖听罢，眉头紧锁，满脸怒气。但他没有马上发作，而是极力地控制着自己的情绪，缓缓地说道："卿之所奏，意在忧国忧民，其情可悯，今后再有此事，可及时奏报！"

王溥拜谢而退。在他走出大殿的时候，听到宋太祖长嘘一声，一只攥

紧的手重重地砸在御案上。

以后的事情是不言而喻的。宋太祖很快召见了王彦升，将他狠狠地训斥了一顿，然后便把他赶出了京师，让他到唐州任团练使去了。从此，王彦升再也没有得到重用，直到他58岁时死去。《宋史》作者在评述这件事时写道："王彦升杀韩通，太祖虽不加罪，而终身不授节钺，是足垂训后人矣。"

此论堪称精到。宋太祖在对待王彦升问题上是功过分明的。在宋太祖看来，功与过的分野是以大宋王朝的安危为尺度的。宋太祖最讨厌五代军将的作风，王彦升不思改正，一意孤行，终于得到应有的惩处。

长官对于部属的功劳和过失，不可有一点的模糊不清，假如功过不明就会使部下心灰意冷而不肯努力工作；一个人对于恩惠和仇恨，不可以表现得太鲜明，假如对恩仇太鲜明就容易使部下产生疑心而发生背叛事件。

不论是个人还是国家，对于下属须"恩威并用，赏罚分明"。如果只赏不罚，就无法使那些坏人改过向善；如果只罚不赏，就无法使那些好人得到鼓励；如果功过混淆不清，对于好人也不赏，对于坏人也不罚，这就等于没有是非的社会，自然无法鼓舞人的进取之心。

用真感情征服他人

用人之道，不仅要靠利益的驱使，人是有感情的动物，真正征服人心的往往不是利益的诱惑、武力的威逼，恰恰是在感情上，哪怕是很小的感

动。这就要求用人者，为了得到人才的忠心和力量，就要真心对待人才，付出自己的真实感情，感动人才，让人才发自内心的为己所用。

在征伐后蜀的时候，宋太祖赵匡胤派出了自己的大将王全斌。宋朝大军从东、北两路进击，消息传到成都，后蜀宫廷内一片慌乱。又听说派往北汉的密使孙遇、赵彦韬已被宋廷捕获斩杀，蜀主孟昶更加惊恐，便欲召王昭远等大臣们商量御敌，其母李太后急忙阻止道："王昭远其人，不习兵而好谈兵，志大才疏，好高骛远。平时议事，都恐其多言有误。如今宋军自北方、东方压境而来，兵强将勇，其势汹汹。决策国事，关系生死存亡，岂可问计于王昭远？汝父在世时，我常听他说，蜀中真具将才，深有谋略者，唯有高彦俦。但他为人耿直，因而屈居下僚。今日国事危急，若能委以重任，足可保全后蜀。即使不肯擢拔，也该召他来商量对策。"

孟昶听后，却并不以为然。他对王昭远的信任几乎达到了迷信的程度，还是把他召来，说道："宋军两路来攻，国家危急，卿可率师抵敌，为朕立功。"

这王昭远平日自诩富于方略，用兵如神，根本不把宋军放在眼里，当下慨然应诺，说此去定叫宋军有来无回，让孟昶放宽心。孟昶大喜，即任命王昭远为西南行营都统，赵崇韬为都监；山南节度使韩保正为招讨使，洋州节度使李进为副，率军以拒北路；东路仍以高彦俦等人在夔州把守。

王昭远出师之日，孟昶命宰相李昊率文武百官在城外为其饯行。王昭远手执铁如意，自比诸葛武侯，眉飞色舞，高谈阔论。他举起一杯酒，一饮而尽，然后将杯子一摔，对李昊说道："我此次北上，岂止克敌取胜？就是率大军直捣汴京，收复中原，亦易如反掌。"

李昊等人见他如此狂傲，大话吹破天，都在心中冷笑。但他是孟昶信之不疑的第一宠臣，谁也不肯当面泼冷水。都围着他一片声地恭维奉承，把那王昭远吹捧得一头雾水，更不知道天高地厚。在众将领们簇拥下，趾

高气扬，威风凛凛地离开了成都，浩浩荡荡地向北开进。

看着大军远去，李昊绝望地摇摇头，心中叹息道：“骄兵必败，看来大蜀的气数到了。”

进入十二月下旬，汴京附近忽然下起了大雪，鹅毛般的雪片纷纷扬扬地下了两天两夜，汴京城里到处粉装玉琢，变成了一个银白色的世界。

朔风凛冽，天寒地冻，气温骤然下降，让人一时难以适应。宋太祖命人在讲武堂内设下毡帐，又在毡帐里旺旺地生起了炭火，他每天身穿着紫貂皮衣，头戴紫貂皮帽，在这里披阅奏牍，处理政事。

宽大的紫檀木龙案上摆满了各种文牍章奏，其中一摞是从西线战场上传来的捷报。这几日，北路军频频得胜，捷报就像屋外的雪片一般飞传京师。宋太祖再一次拿起这些报捷的急奏，一份一份地仔细翻看着，品味着，脸上洋溢着掩饰不住的喜悦和激动。

王全斌率3万大军从北路出发以后，一路攻关夺隘，所向披靡。十二月中旬，已连克乾渠渡、万仞寨、燕子寨3寨；十九日，攻陷后蜀北部重镇兴州，俘蜀军7000余人，缴获粮食40余万石。紧接着，又一鼓作气，连连拔除了石图、鱼关、白水等20余寨。

后蜀招讨使韩保正闻听兴州陷落，放弃山南，退守西县。宋军一部在马军都指挥使史延德率领下，直捣县城。蜀军数万，依山背城，结寨固守。史延德率军猛攻，蜀军不战自乱，顷刻瓦解，主将韩保正、副将李进等都做了宋军俘虏。

宋军乘胜前进，过三泉，进嘉州，势如破竹。蜀军拆毁栈道，以阻宋军。王全斌派一支人马取路罗川绕道入蜀，其余人马一边修复栈道一边进军。两支人马很快会师，攻取了金山寨和小漫天寨。

蜀军主力退守大漫天寨，王全斌命崔彦进、康延泽、张万友分三路出击。蜀军虽出动精锐拒敌，却如驱羊拒虎，一触即溃，宋军顺利攻占了大

漫天寨，擒获寨主王审超，监军赵崇渥和三泉监军刘延祚也都做了俘虏。

都统王昭远、都监赵崇韬引军来救，连战连败。王昭远被宋军的来势凶猛吓破了胆，慌忙逃跑，渡过嘉陵江，退守剑门。宋军乘势攻下了群山环绕、形势险要的利州这个入蜀的要塞。

宋太祖看着这些激动人心的战报，心中喜不自胜。征伐后蜀的战斗果如自己预料得那样顺利，他为自己拥有这样一支兵强将勇的雄师劲旅感到自豪，感到骄傲！

他轻轻地搓着双手，脸上兴奋地泛着红光，将那捷报看了一遍又一遍。忽然，毡帐的门帘晃动了一下，一股像刀子一般劲厉的寒风袭了进来，他周身打了个冷战。他望望帐外的大雪，忽然对左右说道："我穿着这样暖和的衣服，又守着火炉，尚且感到寒冷。前线的将士冲霜冒雪，跋山涉水，如此寒冷何以能堪？"说着，便将紫貂皮裘和紫貂皮帽脱了下来，派宦官中黄门快马急驰，送赐给主帅王全斌。

太祖的使者不敢怠慢，昼夜兼程，也不按驿站停歇，一路驰奔来到前线中军大帐，将裘衣裘帽赐予王全斌，并宣讲了宋太祖的口谕："裘衣裘帽本是朕本人所用，无法遍赐诸位将士，聊表朕抚慰之意而已，愿诸将共勉之。"

王全斌双膝跪在料峭的寒风中，膝行而前，将圣上的厚赐双手接了过来，心中早已掀起了狂涛大浪，口里说道："谢万岁恩赏，吾皇万岁万万岁！"双眼中热泪早刷刷地滚落了下来，挂满了双颊。

周围的将士们也大受感动，一齐匍匐在地，向北连连叩头，并齐声高喊着："皇上万岁！杀敌报国，万死不辞！"喊声如雷，在峡谷中回荡着，经久不散。

之后，宋军将士个个奋勇当先，自出师之日算起，仅用66天，便收取了后蜀全境，得46州，240县，534929户。

大雪之中，一顶裘帽，温暖了将士的心，宋太祖也正是靠着这种以自己的真感情来对待部下的真诚，获得了将士们的以死相报。

作为一名领导者，应该明白“先得人心，后得天下”的道理，就是在用人上，一定要征服人才的心。作为一名领导者，只会用命令的方式将自己的权力贯彻下去，是不可行的，甚至可以称为是愚蠢的，其最好的结果是让人服从，却不会让人真心地喜欢，或者真心地为领导付出。这样一来，作为管理者，其工作永远都会是被动的，终究有一天，他的下属会采用某种手段或者措施，对其下达的命令敷衍了事，而使得管理无法进行。

一个聪明的管理者，对于人才，会不断地关怀他们，付出自己的情感去感动他们，让他们在心灵的最深处感受到自己对他们的关怀，从而心甘情愿地为自己工作，甚至为自己付出生命，作为投资，感情投资不失为一种投资少见效丰硕的用人手段。

怀柔之心安抚他人

怀柔之策是一种经常使用的手段，它的用意是，我对你在精神和物质上好一点，用比较高尚的宽宏大量和体贴感化对方，使对方觉得问心有愧，最终化解嫌隙，双方言归于好。对张永德的安置是赵匡胤怀柔之策的得意之笔。

张永德，字抱一，五代并州阳曲人。家世饶财，娶郭威的第四女为妻，早年随郭威起兵，屡建战功。郭威称帝，封女儿为寿安公主，张永德封

驸马都尉。周世宗时，征北汉、南唐，擢殿前都点检。高平之战中，与赵匡胤打败北汉军，又从周世宗攻契丹。回军途中，周世宗发现一个苇编袋子，里面有一块三尺长的木板，上有“点检做天子”五字，下诏免去张永德的点检一职，转委赵匡胤为殿前禁军统帅。宋初，甚受宋太祖礼遇，加侍中。

张永德在后周为皇亲，是赵匡胤的前任殿前都点检，长期担任禁军高级将领，可谓权倾一时。张永德明天文之术，喜招纳方士，当初寓居睢阳时，曾为邻居书生疗疾，得愈。一日，书生来永德处求汞五两，于鼎中煮之，竟成金。从此，张永德与这位书生交游甚密。永德向书生求教煮汞生金之术，书生道：“君当大贵，吾并非吝惜此法，只是担心有损君福。”此后数年，张永德在屯兵下蔡时见一僧人观其部下骑射，仔细一看，原来是那位睢阳书生。张永德将他请至帐中，复求煮汞之法，僧道：“当初言君大贵，今果如然。若能谨守臣节，当保五十年富贵。”睢阳书生还谈到赵匡胤将受天命之兆，张永德于是对赵匡胤恭敬有加，处处加以维护。正因如此，当“小木牌”之祸使他丢掉了都点检之职以后并未对赵匡胤产生嫉恨，而是老老实实地交出了兵权。

然而，尽管如此，张永德在赵匡胤代周以后仍然有些不安。这位经历过宦海沉浮，谙于官场政治的后周老臣深知，政治风云变幻莫测，官场上的敌友常因利益关系而重新确定，与新君主最亲密者往往难逃狡兔死走狗烹的厄运。况且，自己又是赵匡胤的前任都点检，即便自己并未因被取代而耿耿于怀，也难免会被无端怀疑。想到这些，张永德心情很复杂，是去是留，难以定夺，只好怀着一种未卜吉凶的迷茫，等待着赵匡胤的处置。

张永德的担心是多余了。赵匡胤既然能让范质等官居原位，岂会冷落了这位曾经欲成他好事的恩人？这天，赵匡胤将张永德召至后苑，设宴款待，举酒叙旧，情谊如初，而且还像当皇帝以前那样，尊称他为驸马，不直呼其名。这样，张永德心里才像一块石头落了地。接着，张永德加官侍

中，授武胜军节度使。

古往今来，怀柔之策不但可以笼络人心，化敌为友。同时它也是战胜对手的最佳策略。下面介绍一下中西方的怀柔策略。在中国殷商末期，商纣王沉迷于酒色，置老百姓生死于不顾，最终爆发起义，被边地的“蕞尔小国”周人所灭。鉴于当时的殷商是有着较高的生产力和文明程度，所以为了安抚殷商的贵族百姓，更为了保持社会稳定，消灭纣王后，周公对殷旧采取了一系列怀柔政策：允许殷商贵族同属民一起居住，保留固有的社会组织形式和风俗习惯，把他们的切身利益损失降到最低，这样可以避免殷商原有的贵族百姓产生强烈的敌意和反抗，从而更好地治理，使他们逐渐适应新朝制度，这就是著名的“启以商政，疆以周索”。同样，在西欧中世纪初期也有过相似的情况。西罗马帝国由于腐败的政治统治和不当的经济策略，虽然曾经盛极一时，但最终仍然被邻邦蛮族日耳曼所灭。随后，日耳曼人就在原来的罗马帝国领土上建立了很多贵族国家。出于与周公同样的目的，日耳曼人在他们的封国里实行了所谓的“人道主义”，即区别对待，因地制宜。本族人要实行新的统治法，而被征服的罗马人可以保持原有的习惯。只有两者发生冲突时，才以新法为准。这样做，同样使日耳曼人保证了社会的稳定。

中西方的情势虽然有很大的不同，但二者实行的“怀柔策略”却有着异曲同工之妙。无论是古代还是现代，“怀柔策略”仍然以不同形式在国家统治中起着重要的作用。例如，在当代中国，由于中国是一个由多民族组成的国家，所以为了安定民众，维护社会稳定，坚持民族平等，民族团结，实行少数民族区域自治制度，发展少数民族的经济文化事业，培养少数民族干部，发展少数民族科教文卫事业，在中国共产党的领导下，中华民族不断走向繁荣。

用纪律约束他人

纪律的保证，需要依靠明确的制度规定来支持，为了保证严明的纪律，就要建立明确的制度，做到有法可依，有法必依。封建统治者历来推崇以武得天下，以文治天下，而且他们都认识到得天下易而治天下难，所以文人是最具先进性的社会力量之一。文化需要文人来传播，礼仪需要文人来制定，科技需要文人来发明，可见文人对社会和国家的重要程度。在“知识就是力量，知识就是财富”还没有被提出的古代，许多圣哲就早已悟出了这个道理，因为所有的律法都是由文人制定并执行的。

中国是个有史以来即重视刑律的国家。《诗经》有句：“仪式刑文王之典，日靖四方。”由于刑法之不可少，宋太祖修订了《宋刑法》，以靖民众。“靖”是“安”的意思。他下诏说：“纲欲自密而疏，文务从微而显。”所谓纲，即纲要，总纲大要也；所谓密，缜密也；所谓疏，义理通明也，宋太祖要求订立法典要缜密细致，义理通明。所谓微，精妙也；所谓显，通达也，又要求法典的文辞内容要精妙通达。

按照宋太祖这一修订法典的原则，翰林学士窦仪等在不到一年的时间内修订成《宋刑法》，并编成《新编敕》4卷，分230门，共30卷，首列律条、律疏，以下按顺序分列敕、令、格、式。其中的敕、令、格、式则是前代法律条文中不具备的，并成为一部有独创性的新型法典。

经窦仪等人的不懈努力，《宋刑法》很快修订成书，宋太祖十分高兴，知道在修订法典上选对了人。当时，宋太祖欲作法典，寻求适当人选，遂与宰相范质商量。范质推荐了窦仪。窦仪是后晋时的进士，素有学名，清介忠厚，不畏权势，精通法典，文辞优美。当宋太祖知道他在端明殿当学士时，特令窦仪再回翰林院出任学士，并对范质说："非斯人不可处禁中，卿当谕以朕意，勉令就职。"窦仪出任翰林学士后，奉命修订法典，进表奏太祖，明确指出编纂这部法典的主要目的，是要使普天之下共同遵行，使国有常科，吏无敢侮。听他这样说，宋太祖更加赞赏，这一说法正与宋太祖一致。因为宋太祖能够认识到，中国历来是礼不下庶人，刑不上大夫，既然民为邦国之本，就要尊重国民，因而制定新的法典就要体现出民为邦本的思想，不能只针对老百姓，而是各层人士都得遵行，官吏们既有驭民之责，也就更要有模范守法的义务和责任。

建隆四年（963年）七月，《宋刑法》连同《新编敕》4卷一同刊版摹印，颁行天下。这部带有民本思想的法典在全国立即生效，官民一体，都要遵行，无分阶层，从此结束了长期以来混乱的司法历史。

有法可依，有法必行，这就是法治。《宋刑法》的颁用，对于宋朝各地司法机关依法办案，规范司法程序，实行统一法律，防止司法官员徇私枉法起到了重要作用。充分显示着宋太祖以法治国的思想和具体以法治国的内容。

在封建皇帝的统治下，封建社会也可以有法治国家。遵行法制，依法办事，这就是法治国家的标志。与以往也崇尚法治的秦、汉等朝不同的是，宋朝的法治具有了更多的民本性和公理性，也不再具有更为严酷的刑罚，这正是宋太祖引为欣慰的。

还是那句话：没有规矩，不成方圆。没有纪律的约束，人类的行为就会陷入混乱。这是一个朴素而重要的思想，其正确性不容置疑，但它却在

生活中被人们不经意地忽视了。这就是因为我们缺少明确的相关规章条文性的制度保障，使得纪律在我们的意识中不够明确，进而造成了对纪律的重视性不够。

举例来说，我们社会中延续千年，屡禁不绝的腐败现象，历史上从古至今对腐败惩治从来没有间断，但是腐败现象却一直没有灭绝，而且只要有适合的土壤，就会迅速地生根发芽，蔓延开来。腐败现象引人注目，究其原因，在一些社会学家看来，这是因为执掌权力的人（官员）道德水平的下降。但是，如果我们透过现象，进入本质中寻找根源，我们会发现，其本质还是因为我们的纪律及我们确立的制度、法律中存在着问题。一个社会存在腐败问题，不仅是社会道德的下降，更多的是这个社会对于腐败没有有效的制度性约束，即“无法可依”或者“有法不依”，这就造成了纪律的破坏和被践踏。

曾有一位经济学家做出了一个幽默的比喻：“你要放一个妖艳的女子在我的卧室，又要我对她没有非分之想是不可能的；要我对她没有非分之想的最好办法就是，让她离开我的卧室。”这就是要确立一种明确的“法”：即不允许这样的女子进入自己的卧室，这样就可以明确纪律，达到最有效的约束力。同样的道理，我们可以想象一下，在一种制度缺失，无法可依、有法不行的纪律氛围内，要掌握权力的人群仅仅依靠自律来保持自己的操守，是多么困难！如果有一套制度安排，明确了纪律的范围，并且确定了违背纪律会受到惩罚，并且对违背纪律的人，切实地施以应有的惩罚，那么纪律就会形成约束力，使得他们根本不敢产生腐败的想法，那么对于腐败，也会从根源上遏止，执行起来也会相对简单一些。

不仅是腐败问题，万事万物的道理是相通的。我们要想确立明确的纪律，就要有制度作为“法”来进行保障，并且，对这个“法”要严格执行，只有这样才能保障团队纪律的严明。因此，现代社会要保证一个团队

中有效的执行力，就要建立明确的规章制度，以保证纪律的落实，做到有法可依，有法必行。

为此，宋太祖意识到抓紧进行普法宣传的现实性，诏令全国各地认真贯彻《刑法》，以使官吏和民众共同树立法制观念。

开宝二年（969年）四月，有关人员就四川地区存在的执法不严情况，向宋太祖提出建议，称："朝廷自削平川、峡，即颁《刑法》、《编敕》于管内诸州，具载建隆三年三月丁卯诏书（指关于诸州处决死刑犯，须录案奏闻，报刑部详复的命令）及结状条样。而州吏弛怠，靡或遵守，所决重罪，只作单状，至季末奏上。状内但言为某事处斩或徙、流讫，皆不录罪款及夫所用之条，其犯者亦不分首从，非恶逆以上而用斩刑。此盖兵兴以来，因寇盗之未靖，率从权制，以警无良。分即谧宁，岂可弗革？望严敕川、峡诸州，遵奉公宪，敢弗从者，令有司纠举。"

这篇报告充分表达出地方官员对新颁刑法的熟悉程度及其对新占领地进行法治的需求。地方官员对《宋刑法》既已颁布，而州吏弛怠，靡或遵守的现象表示气愤。认为既有法典，就应率从权制，以警无良，并要求朝廷严敕遵法，有不遵法守法者，要求有司纠举。

由此可见，《宋刑法》在全国颁布影响是多么大，也可以看出地方官吏已经有了很强的法制观念和积极要求以法治国的愿望。朝廷既已颁行了统一的法典，各地完全可以做到有法可依，而新占领地区也应该和其他地区一样普法执法，官吏的这种要求充分表明，此法是可行的，宋朝原属地的官吏有着执行新刑法的自觉性，说明宋朝的法制通过《宋刑法》的颁行已经得到完善，人民对以法治国的政策也已经认可。

一部《宋刑法》产生了深远的影响，后世的人们也对宋朝的法制给予了很高的赞誉，文学上有反映宋朝以法治国内容的作品，戏剧和说唱艺术中反映宋朝法制的作品也常有所闻，"包公"认法不认权的形象至今为人

民所传颂。所以说，在中国封建社会中的朝代里，宋朝算得上是一个做得比较好的封建性质的法制国家。宋太祖在封建社会诸多的帝王中，也算得上是一个崇尚法制的封建皇帝。

宋太祖以法治国，并不只是作一部法典就算了事，他不但注意法典在国家的贯彻执行，而且认真挑选执行和掌握法典的人，从而达到以法治国的目的。宋初，由于刚从五代发展沿袭而来，必然法制不健全，司法活动仍是实行军事干预。譬如在京城开封设左右军巡院，在诸州设立州司马步院，以此来进行司法工作，管理监狱，军中都虞侯担任审判官。在地方和京城里，州府军队管理的监狱为了防止犯人逃跑，在监狱之外又另修了一道子城加以环卫，司法者则不经一定的程序，动不动就关押人犯。

宋太祖对军队干预司法的事是了解的，因为他在后周军中也曾经干预过司法。在攻下南唐所属的滁州之后，如果不是赵普反对简单地照搬法律，建议他对军方捕获的100多个所谓的盗贼先审讯，然后再判决，他也差一点会冤枉70多名并非盗贼的无辜者。正因为认识到了军队干预司法的弊端和滥用刑罚，所以他即位之后，曾下令禁止各地州府在监狱之外再另外加修子城。

据《史记·夏本纪》所记："皋陶曰：'日宣三德，早夜翊明有家。目严振敬六德，亮采有国。翕受普施，九德咸事，俊乂在官，百吏肃谨。毋教邪淫奇媒。非其人居其官，是谓乱天事'。"皋陶很明确地表示，法制需"俊乂在宫"，不能"非其人居其官"，指出那样就会乱了法制上的事。

开宝六年（973年）六月，宋太祖首先将京城左右军巡院的典狱官换成了非军人的文官，任命前馆陶县令李萼为光禄寺丞兼左军巡检，任命安丰县令赵中衡为太府寺丞兼右军巡检，取代了典狱的牙将。到了同年七月，他又进一步废止各州的州司马步院，改名为司寇院，同时将马步军都虞侯判官改名为司寇参军。对这些职位高级的掌刑狱的官员，他都以新及

第的进士、九经（以易、书、诗、春秋、左传、礼记、周礼，孝经、论语、孟子这九种经书立学所考出的官）、五经（以诗、书、礼、易、春秋这五种经书立学所考出的官）及选人资序相当者来充任。

正可谓“济济多士，秉文之德”，所以宋太祖在任用有知识有文化的人，使其作为地方司法官员有利于法律的贯彻和执行。对于法制的内容，文人们不仅过目就懂，而且还能准确地利用法律条文去处理案件，这对于严格依法办事是非常有益的。

由于宋太祖对军人干政具有独特的体验和认识，所以他才要实行以法治国。为了实现这个目标，首先要做的就是让全体官员和民众了解法律法规的具体内容，与现代社会的普法教育非常相似。所以，宋太祖大力提倡读书人学法，以通吏道。为了培养和选拔优秀的法律人才，他特地设置了律学博士之职，教授法律，在中国历史上最早创立了法学。除此之外，宋太宗还在科举考试中设置了刑法试，其基本的考试内容都包括在宋朝法典《宋刑法》中，奏补人愿试刑法者，兼治两小经，如果中举，就可以任大理评事，或者是任刑司检法官，如果表现好的话还可能升至刑部尚书。

当然刑法试的设立产生了很多积极的影响。很多有志于做司法工作的人可以通过参加考试进入最高司法机关。同时，刑法试使宋朝的法典在文人中得到广泛普及，这在其之前是绝无仅有的。

在公元962年8月的时候，知制诰叫高锡的人建议说：“对注授法官及职官，问书法十条以代试判。”他这句话的意思是说如果要对一些人委以司法职务的重任，一定要以十条法律知识来进行考试，如果对法律并不了解，那是不可以授予司法之职。对于他的提议，宋太祖如实采纳。为了更加彻底地实现以法治国，宋太祖还把这条建议列入考核官员政绩范围，要求为吏者必须明白法令。

这种情况正如皋陶所说的“俊乂在官，百吏肃谨”。对于那些有才能的人，宋太祖特别重视，而且还留意有司法才干的官员，尽量做到人尽其才。除此之外，他还留意听地方官吏的断案，了解地方是否有冤案存在。所以，在选用法官御史、大理寺卿的时候会特别小心，避免草率。他曾在任命殿中侍御史冯炳为侍御史知杂、判御史台事之后，特意召见冯炳，嘱咐说：“朕每读《汉书》，见张释之、于定国治狱，天下无冤民，此所望于汝也。”

《汉书》中所记的张释之是汉朝文帝时人，任廷尉（掌刑狱，为九卿之一）。一日，汉文帝行出中渭桥，因有一人从桥下走过，文帝的马因而受惊。于是侍卫将这个人捕获送到廷尉那里。张释之怕加枉此人，当即奏道：“这人论法当罚金。”汉文帝大怒，欲重罚。张释之说：“法者，天下公共也，今法如是也，更重之，是法不信于民也。”文帝听了，悟到了道理而息怒称是。当时有个叫于定国的人，是汉朝宣帝时的廷尉，他决狱审慎，有疑者皆从轻处理，被人称赞为宽平的执法者，当时不少人都称赞他能够决疑平法。在这里，宋太祖以汉时的张释之、于定国为执法的榜样来教育官吏，可见以法治国心之深重。正缘于此，宋朝时形成了重法的社会风气，为中国封建专制社会的一个奇迹。

在古代社会，文人是社会上最活跃的一支力量，他们的思想足以能够影响一个国家的意识形态和观念。同时，作为学识渊博的人，他们不仅懂得治国之策，为国家的建设和发展提供有益的参考；而且他们了解人民的心理，所以又能很好地承担起教育和感化人民，维护统治的重任。文人的这种特质，使得他们在法制不健全的封建社会中的作用尤为重要。

我们说到的有法可依，并不仅仅局限于法律，其实可以推广到各种规章制度，确定明确的规章制度，也是为了给纪律的落实提供明确而有力的保障。

赏罚分明，导人为善

治国之道，要赏罚分明，信赏必罚，当赏则赏，当罚则罚。奖赏有功，可以激励他人，导人为善；刑罚有过，可以抑制恶习，净化社会。只有赏罚分明，才能树立严明的纪律。

宋太祖为政时期，无论是率兵征伐，还是治国安民，都强调信赏必罚，并且说到做到。他曾经发布诏令说："国家慎重选贤用才，参与国家大事的管理。钱、财、物等权力集中的职位尤其重要。已经被选拔任用的官员，应各自竭力诚心，尽职尽责。每年年终时都要考核官员的政绩，赏罚的规定是一定要实行的。没有功劳或是不能胜任的就要罢免或辞退，有功劳的则要分别给予奖赏。"

平灭后蜀之后，宋太祖对攻蜀将领进行评价奖罚。大部分将领虽然平定后蜀有功，但并没有按照太祖事先要求的去做，在安抚后蜀百姓方面留下了许多隐患。只有曹彬统率的水路军队，严格执行太祖的命令，对百姓秋毫无犯，军纪肃然。因此，太祖对独保清廉本色的曹彬大加封赏，封他为宣徽南院使、义成节度使。曹彬看到其他诸将都受到斥责，而只有他一人受到奖赏，便到朝廷辞谢说："征讨后蜀的将领都获罪，唯独我受奖赏，心中实在不安。我思来想去，不敢接受陛下的封赏。"太祖回答说："你有功无过，又不骄傲自大，连王仁赡都说'清廉畏

谨，不负陛下任使者，惟曹彬一人耳'，如果你真的犯有一点过失，他难道会替你隐瞒吗？惩恶劝善，赏功罚罪，是国家必须执行的法令，你就不必推辞了。"

同时，太祖还对王全斌等人违抗圣命、掠夺人口财货、杀戮降兵、私开府库等罪状严加审查。经文武百官议定，王全斌等人罪当大辟。但太祖考虑到他们虽犯有重罪，但在平蜀过程中也立有大功，本着将功抵过的原则，特地对他们从宽处理。王全斌被贬为崇义军节度观察留后，崔彦进被贬为昭化军节度观察留后，王仁赡被贬为右卫大将军。对于太祖如此处理，后人吕中评论说："我太祖之兴，其用兵行师，伐叛吊民，尤切留意于赏罚之际。王全斌、曹彬，平蜀将帅也，曹彬有功无过，则擢用而不疑；王全斌贪恣致乱，则贬降而不恤。"

为了求得久远的和平安宁，太祖还用赏赐的办法，鼓励百官上疏直谏。公元972年，太祖下诏：凡官绅、儒士、贤才等一切平常熟知治河的有识之士，或懂得疏导之法的实干之才，可写奏折上疏，经驿站送至京城。朕当亲自阅览，采用他们好的建议。凡上疏建议被采纳的人，将分别给予不同的奖赏。

把握住刑罚的尺度，当严则严，当轻则轻，是太祖处事的又一原则。公元967年，禁军将领吕翰率众谋反，有人揭发说禁军中大多数人都参与了这一叛乱，请求将他们及其妻子、儿女一起处以极刑。太祖刚开始既震惊又愤怒，决心严惩谋逆之人，但转念一想，此案牵涉人员过多，如果举报不实，岂不枉杀大批的无辜。经过慎重考虑，太祖召来检校太傅李崇矩商讨。李崇矩认为，叛乱是不赦之罪，应该杀掉，但是这样一来，该杀的人有一万多，也未免太多了。太祖说："我认为这其中绝大多数人是被迫的，谋反并非他们的本意，他们其实并不想谋反。"于是，太祖当机立断下诏免除所有参与叛乱之人的罪，声明只追究为首者的责任。如此

一来，立即在叛军中产生巨大反响，被胁迫参加叛乱的将士被太祖的宽厚行为所感动，纷纷脱离吕翰，重新回到太祖阵营。吕翰众叛亲离，不久便被平定。

对待犯有重大过错的官员，太祖一般不会轻易宽宥。《宋史》称，开国之初，一些武将功臣贪赃遇赦，经过一段时间后仍然可以被升迁。太祖发现这种情况后非常生气，说："这样做，怎么能够惩戒贪吏呢？"于是下诏重新修改法令。新的法令规定：即使大赦之时，十恶之罪、官吏受赃罪等不予赦免。

对于既有功又有过的大臣，宋太祖赏其功，罚其过，尽量做到公正公平。

建隆四年（963年）三月，宋太祖授命军校尹勋督民夫疏浚五丈河。尹勋本是个很负责的军校，但处事浮躁，缺少经验，对"度"的掌握不够，结果对民夫督责过严，导致陈留的民夫夜间逃跑了不少。尹勋没有请示上级，就亲自率兵去将逃跑的民夫全部捕获，而后又将带头逃跑的10名队长斩杀，将70余名逃夫的耳朵割掉，以示严惩。

尹勋的这种残暴行为引起公愤，很多疏浚河道的民夫到京中上诉要求严办尹勋。兵部尚书李涛气愤不过，抱病上奏，力请宋太祖斩杀尹勋以平民愤。李涛的家人担心他的病会加重，极力劝阻他不要管这件事，李涛断然说道："我身为兵部尚书，知军校无故杀人，岂能不论？"

宋太祖非常赞赏李涛的作为，对他慰勉有加，又委任他为督疏浚河官，对被害民夫予以抚恤。但他认为尹勋是忠事朝廷，并无私情，只宜薄责，不宜处以极刑，于是降尹勋为许州团练。

宋太祖赞赏李涛，慰勉有加，便是以轻诺相许，而未对肇事人尹勋给予重责，必将受到李涛的不信任。宋太祖宁受寡信之名而不多杀一人，真可谓"圣人犹难之，最终无难"。

正因为宋太祖坚持赏罚分明的治国、治军方法，宋太祖得到了有功之

臣的忠心辅佐，也有效地防止了不法之臣的作乱。他的军队纪律严明，具有强大的战斗力。

宋太祖通过恩威并重的方法实现了对臣民的有效统治。他对有功之臣不吝施恩，通过金钱和感情获得将士的忠心。同时，他又宽严有度、赏罚分明，给臣下以威严。正是这种恩威并重的方法，让宋太祖的臣下对他既忠心又尽心，维护了大宋的统治，使宋王朝摆脱了五代十国以来“短命王朝”的命运，为大宋统一中原打下了坚固的基础。

赏与罚，曾被古人称为管人的两把利剑，是领导者统御部属，使用人才的重要手段。孙武把“法令孰行”、“赏罚分明”，作为判明胜负的两个重要条件。曹操也说：“明君不赏无功之臣，不赏不战之士。”赏罚分明得当，是古今中外一切用人者的根本原则。领导者一定要正确使用赏罚手段，切莫随心所欲，无原则赏罚。

不赏私劳，不罚私怨。不奖赏对私人利益有功的人，不惩罚对自己有成见或隔阂的人。现实生活中的很多当权者，在这个问题上往往处理不好。且不说封建社会中的帝王将相常常把大量恩荣给予侍候自己的心腹之人，慈禧太后把大太监李莲英捧上天就是一例。就是现代少数领导者，也是对为自己出过力的司机、秘书等人施以种种特权，激起其他部属的反感和不平。

有功即赏，有过即罚。领导者要正确地用人，真正调动部下的积极性，必须做到按功行赏，论过处罚。这样做至少有三点好处，一是为部下提供了一个公平竞争的环境。既然功过是非是决定一个人升降荣辱的唯一准则，那么，大家就会尽心尽力地工作，以争取奖赏，避免惩罚。二是可以避免人为的矛盾。如果不坚持功奖过罚，部下难免有亲疏嫡旁之感，而部下一旦产生这种情绪，相互之间的隔阂便会随之而生。而唯功是奖，唯过是罚，部下感到领导一视同仁，矛盾自然消失。三是可以调动大多数人

的积极性。无论赏还是罚，只有得当，才能起到激励作用。如果失度，不仅没有受到赏励的人心里不服，即使受罚者也不以为然。因此，在赏罚上不能搞平均主义，不能吃“大锅饭”，必须坚持功过分明。无功受禄，罚不当罪，都是领导者的大忌。

君主运用权力，主要是通过对臣下的控制和驾驭，来完成治理国家的任务。而驾驭臣下最好的方法，莫过于奖功罚过。依法赏罚，得到奖赏的官员就会因受到鼓励而更加努力地建功立业，被惩处的官员也不会有什么怨恨而自责改过。臣子对君主的评价，很大程度上取决于君主处事的能力和态度，能做到赏罚分明，便是对臣子最好的鼓励和鞭策。

贤明的君主，一般都能够依照制度规定，比较公正地行使手中的权力，对官员进行赏罚鉴定，能起到激励贤能、打击邪恶的作用。

适时施“软”

在人与人的交往中，我们会发现每个人都有“吃软不吃硬”的情结。因为人们都是喜欢自己被肯定和赞扬，而不喜欢被人指责和批评。所以我们在做人处事的过程中，就应该好好地利用这种心理。让自己退一步，而不是得理不饶人，有时候这种方式更能帮助我们达成自己的目的。赵匡胤就用此方式来折抑武臣，限制元勋故旧的权力。

建隆二年（961年）春季的一天，赵匡胤遣人召石守信、王审琦、李继勋、杨光义等“义社兄弟”入宫宴射。赵匡胤因是武人出身，非常喜欢

这种活动，以为在饮宴中间穿插一些校射活动既可添乐趣，又可助酒兴，还可引发一些对征战往事的回忆，远比听歌观舞更有味道。就在前几天，赵匡胤与王彦超进行了一次宴射活动。他们步行出了明德门，宴射在作坊进行。那一次，赵匡胤曾向王彦超提起当初落魄时不肯接纳他的往事，使王彦超大为惭愧。

有一天，赵匡胤召他的“义社兄弟”前来宴射同样也不仅仅是取乐和消遣。当“义社兄弟”们兴冲冲地来到宫中以后，赵匡胤首先和他们闲聊了几句，问了问他们的生活起居，然后吩咐内侍：“备弓马来！”

少顷，诸兄弟得到了皇帝授给他们的一弓、一剑、一马。弓皆良弓，剑皆利剑，马皆骏马，诸兄弟受宠若惊，跪地叩谢。他们感激万分地说，皇帝既临大位，不忘友情，给予他们这些老兄弟诸多关照，赐以重要官职，他们终生难忘，并表示牢记圣恩，披肝沥胆共保社稷。

赵匡胤捋着胡须，微微一笑，道：“我等且出城吧！”

当即，赵匡胤乘御马，与诸兄弟同出开封城西门固子门，直奔郊外。

三月早春，旷野上已渐渐有些绿意，溪水清澈地流淌，和煦的微风吹来阵阵清新，使人惬意地感受到春的气息，春的活力。

赵匡胤和诸兄弟在侍者事先选定的一块草地上坐了下来。此处在两个小丘中间，环境幽静，阳光温暖，草地上盛开着一片色彩缤纷的野花，犹如一块天然地毯。为了保持这种野宴氛围，未置桌案，未设坐椅，只是在草地上铺了一块毡毯，将酒菜摆放在上面。众人席地而坐，边谈边饮，似乎已经淡忘了君臣之间的距离，只有兄弟间的情谊。

“义社兄弟”这样的聚会只是在他们职位低卑时有过。那时候，他们地位相同，情感相通，没有等级和界限，也不存在彼此间的戒备和隔阂，但随着时间的推移，世事的变迁，这一切仿佛都已是相当久远的事。今日往事重现，诸兄弟都颇受感动，沉浸在往事的美好回忆中。

酒至半酣，赵匡胤突然拉下脸来，起身道：“诸位兄弟，且将所授弓、剑拿出，将马备好！”

众人顿时大惊，睁大了眼睛望着赵匡胤，手中的酒杯不由自主地放了下来。他们想问什么，却不敢问，不知皇帝此举为何，只是张着嘴，愣着神儿，惶恐失措。

赵匡胤用威严的目光扫视了一下诸兄弟，掷地有声地说道：“此地远离皇城，幽静无比，没有外人，没有闲人，只有朕和尔等。尔等要想当皇帝，只需箭上弦，刀剑出鞘，易如反掌！”

赵匡胤的这番话像是暴风刮来的一阵冰雹，把几个“义社兄弟”都砸傻了。他们面如土色，浑身颤抖，呆若木鸡，轻松、和谐、欢快的野宴霎时变得一片肃杀，气氛紧张得要爆裂。他们不约而同地齐跪在地，道：“万岁息怒，我等断然不敢！”

赵匡胤嘴角上泛起一丝冷笑：“尔等既然拥戴我为天子，就当尽臣之职，献臣之忠，不得偃蹇无礼，欺君罔上！”

诸兄弟连连叩拜：“谨遵圣命，永不敢忘！”

赵匡胤见众人确已匍伏在地，便改换了口气道：“兵骄则逐将，帅强则叛上，此乃五代以来之恶习，诸位久在军中想已知之。而今，朕对诸位以诚相待，信任不疑，赐以高官，委以重权，切勿辜负了朕之一片苦心！”

“小臣不敢！”

赵匡胤又道：“朕方才言辞过激，一是因为多饮了几杯，二是想起了潞、扬二州的祸乱，尔等切不可过高估计了手中那点兵权，忘乎所以，铤而走险，步逆贼二李之后尘！”

“小臣一定引以为戒！”

赵匡胤脸上骤然泛起的阴云此时又骤然散去，野宴上极度紧张的气氛

也一下子缓和下来。赵匡胤又命侍者斟酒，并首先举杯，邀诸兄弟共饮。于是，亲亲密密的兄弟情谊又像小溪一样流淌起来，尽管它再也不像原先那样舒缓、顺畅、自然……

人们普遍存在着“吃软不吃硬”的心态。很多时候，你要想说服人，退一步说软话要比进一步说硬话效果好得多。在不利态势下，退让恳求并不是低三下四的哀求，而是一种“智斗”，是一种心理交锋。

心理施压掌控对手

在我们处事中，面对对手，有时候，我们不用每一步都明刀明枪地去步步紧逼，其实可以选择一点心理战术，通过施加心理压力，让对手自乱阵脚，这样有利于我们在竞争中取得胜利。

在这里我们要说的是后周的大将李筠，李筠是并州（今山西太原）人，善骑射，勇力过人，是后周开国勋臣。周太祖郭威在世时，就以多立军功而被任为昭义军节度使、检校太傅，又加封同平章事。周世宗柴荣时，又立新功，加封侍中。恭帝宗训即位，加封检校太尉。其镇守北方边境潞州（今山西长治）达八年之久，领有泽、潞、邢、洛、卫等州，跨有河东、河北两个重要财赋之区，势高权重，满朝无出其右者。

随着势力的巩固和不断增强，作为地头蛇的李筠认为翅膀已硬，于是在镇守之地扩充军力、培植死党，狼子野心渐渐显露。柴荣即位后，他加紧招纳亡命之徒，经常肆意截留中央赋税。柴荣看在其老臣多功的分上，

虽有责备，却没给他什么惩罚。到恭帝即位后，李筠更不把这个小皇帝放在心上，秣马厉兵，准备伺机而动。却没料到，赵匡胤抢先一步，登基夺权，李筠焉有不气之理。

长久的飞扬跋扈、颐指气使以及朝廷对其的一再忍让，使得李筠眼高于顶，对柴荣都有几分傲气，又何曾将赵匡胤放在眼里。要知道，当赵匡胤投到郭威麾下升做小小的东西班行首时，李筠已贵为节度使了！如今，反而让自己去做赵匡胤的臣子，真是太岂有此理了！

所以，尽管赵匡胤一登位便拜李筠为中书令，企图以高官稳固其心，然而，李筠图谋皇位已非一朝一夕，不要说中书令，即使是并肩王之类也无法抑制其膨胀的野心。双方的较量一触即发。

当赵匡胤派使者带着加封中书令的诏书来到潞州时，按照李筠的想法，就要一口回绝，而后发兵出击。然而，李筠的左右幕僚纷纷劝说，或认为兵力尚难以和宋朝兵马抗衡，或认为应该再积蓄力量，等条件成熟，再反叛不迟。李筠见没有人支持自己，只好放弃原来的主意，恭恭敬敬地迎接使者，下拜接旨，并摆下盛宴款待。

一场风波看来就要缓解了。

酒席宴上，李筠强作欢颜，陪侍使臣。其左右当然更加恭敬，小心奉承。使臣看到这种情形，心情放松了不少。心想：看来，朝中大臣有点过虑了，李筠并非狂妄之徒。想着想着，便觉得宴会气氛越来越融洽，推盏换杯，言语也更加随便亲切了不少。

然而，酒过数巡，李筠已脸红脖子粗，突然沉声闷气地喝令手下：“将太祖画像拿到大厅！”

众人一怔，不解其意。其子李守节也在宴中，急向李筠丢眼色。

而李筠执拗得很，一张脸更红了，竟站起身来，大声喝道：“听见了没有？叫你们把太祖的画像挂出来。”

手下见情形不妙，慌慌张张地找了一幅周太祖郭威的画像，挂于厅上。只见李筠号啕大哭，边哭边走到画像前，跪拜不已。

这一番举动可把左右幕僚吓坏了。为了掩饰，他们急忙向使者解释：“令公多饮了几杯，酒后失态，千万不要见怪！”

使者返京，将李筠的言行如实禀报赵匡胤，赵匡胤默然无语。事情既然到了这个份上，赵匡胤如何不知李筠的反叛之心。然而，赵匡胤不像李筠那么容易冲动。他明白，冲动对于一个搞政治的人来说，是极其不明智的。从古到今，从没有哪一个冲动的政客能得到好下场。这么一想，赵匡胤反而心宽了许多，他意识到：无论斗智斗勇斗力，李筠均远逊于己。既如此，何不坦然应对。

如何一步一步地既斗倒李筠，又赢得人心，这才是上上之策。

不久，赵匡胤亲赐诏书，对李筠加以抚慰，并召李筠的儿子李守节进京出任皇城使，掌管宫门禁令、宿卫。

在赵匡胤深谋远虑、稳健部署的时候，李筠却仍然处于要反不反、犹豫徘徊的状态中。冲动已使李筠的行迹败露，犹豫更暴露出他的优柔寡断。无论如何，李筠已未战先败，首先在心理上输了一大截。可是，他又没有自知之明，其狂傲湮灭了清醒，尽管他明白迟早要反，可就是不知道应该在对手未发觉之前，抓准机会一击而中。

当然，对李筠的上述分析，或许只是片面的。换个角度看，李筠可能确实有自己的难处或者有自己的一整套策略。

兵不厌诈，身为大将的李筠或许真不像我们想象的那么愚蠢。

北汉主刘钧得知李筠有反宋的企图，大喜之余，马上写了一封密信，用蜡封好，着人火速送交李筠，鼓动李筠与北汉联合，共同起兵对付赵匡胤。李筠见有了强援，反叛之心昂扬，便欲举事。

然而，内部再次出现纷争，李筠举起的宝剑再次缓缓入鞘。

长子李守节明达事理，劝父亲道：“潞州一隅之地，恐难抵挡大宋军兵。还请父亲三思而后行，切勿躁动。”

李筠怒不可遏地吼道：“你懂什么？赵匡胤身为周朝旧臣，不思报效周主，反而趁世宗晏驾，欺弄孤寡，诈称辽、汉侵犯边界，领兵行至陈桥，然后买通将士归附于他，回军逼宫。废少主，幽太后，大逆不道，我如何还能北面尊他为君？如今我出兵平叛，为国讨逆，纵有不敌，虽死无憾！”其凛然大义，当不下于任何一位忠直之士。

李守节仍不甘心，涕泣谏道：“父亲即使想要举兵，也应计出万全，不可贸然行事。依儿之见，不如将北汉来书，寄上汴都。宋主见我们如此效忠，就不会产生疑忌。到那时，我们再相机行事，攻他一个措手不及。”

李筠听此话有理，沉吟一会，说道：“此计倒也可行。正好赵匡胤让你进汴梁，你不妨去那儿探探虚实，同时乘机联络一下周朝旧臣。也好里应外合，谋取大业。”

在前往汴梁的路上，李守节翻来覆去地思忖：如何拜见赵匡胤，赵匡胤可能问什么问题，该怎样小心谨慎、不露一点痕迹地应答。父亲宴中哭泣之事，宋主肯定知道了。那么他必然会对我加以防范，我该如何巧言应对，但想破头脑也总觉得心中没底，最后只得暗叹一声：到时候，只好处处小心，随机应变了。

但是，李守节无论如何小心，都防备不了赵匡胤的一记绝招。他怎么也不会想到，赵匡胤在他三拜九叩后，竟突如其来地说道：“原来是太子到了，何故而来？”

李守节的头“轰”的一下炸了，吓出一身冷汗，早将诸多对策丢于爪哇国中，慌不择言地说道：“陛下何出此言，一定有坏人挑拨我父与陛下的关系。”

说完，连连叩首不已。

赵匡胤冷笑道：“你父子二人实在太聪明了，以为凭一蜡书就可将我蒙在鼓中。哈哈，好你个李守节！”

李守节失了方寸，闻听此言，只吓得全身发软，跌倒在地。一切都无法隐藏了。赵匡胤冷冷的目光像一把利刃直插入他内心的最深处，李守节已藏不得半点虚假，和盘托出：“臣尝泣谏臣父，勿生异心。”

赵匡胤这才缓和一下语气，转而温言道：“朕也知道你的行为。你父亲怪你多口，所以把你送到京城，想要借朕之刀，杀你灭口。”

看见李守节的脸色变了，赵匡胤继续说道：“朕念你尚怀忠诚，特赦免你。回去告诉你父，朕未为天子时，你父可自由行动；朕既为天子，他难道就不能让我几分吗？”

李守节惶恐而退。从这时起，他才知道什么叫作天威，那是一种令任何人都难以违抗的力量！李守节心服口服，回去以后细细述说在京情形，力劝其父悬崖勒马，免取灭门之祸，但这一番言语换来的却是父亲的大声呵斥。李筠反心已起，便断然没有返回之意。既然赵匡胤已捅破纱窗，李筠也就不再犹豫了。李筠起兵并未经过精心准备，这为其失败埋下了伏笔。

所谓的心理战术，就是要通过对自己的对手施加心理上的压力，进而影响其情感和意志，以达到自己的目的，是现今的竞争中普遍运用的一种对付竞争对手的方法。赵匡胤在对付李筠的策略上，心理战术起到了很大的作用。首先，赵匡胤对李筠施以恩德，在人们眼中，给李筠的反叛造成了舆论上的负面效果。其次在李筠的儿子入朝觐见的时候，以戏谑的口吻称李筠的儿子为太子，这给了李筠的儿子很大的心理压力，在一定程度上，征服了李筠的儿子，造成李筠叛军中的离心离德。最重要的是，李筠如果一直默默地发展自己的势力，赵匡胤没有办法对其进行削弱，等到李筠准备充分、实力壮大之后，再想要进行清除，就会付出更大的代价，通过心理施压，让李筠不能进行充分的准备，草率起

兵，可以比较容易消灭。

心理战术不仅适用于战争，在我们当今社会的竞争中，向竞争对手施加心理压力，仍是一种很有效的竞争手段。在当今社会的商业谈判中，运用心理战术，给对方施加心理压力是很平常的事情。

谈判双方有着各自不同的利益诉求，都希望争取到自己最大的利益，于是就有了实力雄厚的一方，以盛气凌人的姿态出现在谈判桌前，对自己的对手施以强大的心理压力，逼迫对手就范，以获取自己最大的利益。

而对于相对弱势的竞争者，这时候也要学会运用心理战术，不能一味地软弱妥协，而是应该分析自己的优势和对手的弱势，在这样的方向上用自己的优势向对手的弱势施加心理上的压力，用以对抗对手的心理战术。

正所谓“与人斗其乐无穷”，掌握好心理战术，在竞争中，向自己的对手恰当地施加心理上的压力，往往会给自己的竞争带来意想不到的效果。

第六章

御权有方成大业——赵匡胤这样对我说权威

权力是一把双刃剑，运用得当，则可以得到他人的拥戴；而如果运用不当，则可能激起他人的反感，不利于领导工作的进行。古语云："用权之道，存乎一心。"作为掌权者的领导者，既不可过分独断专权，又不可完全把权力交给属下。本章所论述的，就是如何艺术性地运用你手中的权力。

发挥手中“魔棒”的威力

领导者对权力的管理，实际上是对掌权人、用权人的管理。因为权力不是独立存在的，它只是工具，是依附于人，且为人所掌握和使用的。所以，对权力的管理，说到底是对人的管理，提高各个级别领导者的素质。

赵匡胤就是一位很会管理权力的帝王，这一点可以从对节度使和宰相权力的限制上表现出来。

宋太祖即位后，依赵普之言，对地方节度使进行了深入彻底的夺权行动。

首先，削减节度使的辖地，缩小其势力范围。原来的节度使都统有数州郡，其驻所以外的州郡，都称为支郡。支郡的各级官员，由节度使推荐任命，管理各州郡的政务和军务，也对节度使直接负责。宋太祖下令，取消节度使统管支郡的制度，将支郡收归中央管辖，并派遣京官到各州郡担任长官，直接对皇帝负责。这样一来，节度使控制的地盘就大面积缩水，其所拥有的权力也随之暴跌，对抗中央的能力就变得微乎其微了。

其次，剥夺节度使的兵权。原来的节度使之所以敢对抗朝廷，主要原因之一是拥有过多的军队作为资本，甚至敢起兵造反，夺取政权。唐代的节度使朱温就是靠武力灭唐建立后梁政权的典型例子。

再次，对地方节度使根据情况，区别对待。对于那些有归顺臣服之心的节度使，暂时进行拉拢，封官晋爵，使其“分藩立朝，位或亚相”。

对于那些骄横无礼、贪财好色的节度使，则留心其动静，一旦揪住其小辫子，就严加打击。对于资历较深、军功较大的节度使，则因势利导，或是劝其主动辞退，或是罢免。

最后，在州县官员的任命和管理上，宋太祖也独出心裁，设立了相应的监督机制，分散地方长官的权力。在州内设置通判，作为皇帝的特派员，监视知州的活动，并有直接奏报之权。州府的所有文书，需要知州与通判共同签署后，方可发布施行。在县级单位，弱化节度使的控制，由县令、县尉和主簿共同管理全县的政务、诉讼及治安事宜。此外，对地方官员的控制使用还表现在轮换制上。官员在一地任期过长，容易形成一个关系网，培植私人势力，垄断一方政权。所以，太祖规定，地方官一律任期三年，期满轮换，即使政绩突出，百姓上疏挽留也不得连任。对此，《续资治通鉴长编》中有过一个例子：青州北海军军使杨光美在任期间，公正清廉，深受百姓爱戴。三年任期将满之时，其治内百姓自发到朝廷集体请求让杨光美继续留任。太祖下诏让百姓离去，说明国家的任官制度，百姓仍然不肯。最后，太祖无奈，只好采取强制措施，对领头的施以鞭刑，百姓们才被迫离开。由此可见，官员的任期制度在太祖一朝控制得十分严格。

在解决地方政权之后，宋太祖又对中央机构进行调整，以分权而治的方法将中央大权控制在自己手中。皇帝作为最高的统治者，不可能亲自过问每一件政务，也不能批阅所有的奏章。为了治理好国家，这些烦琐的政务还必须要处理，因此必须建立一整套官僚体系，为皇帝分忧解愁，确保政务畅通。在皇帝之下的官僚体系中，权力最大、地位最高的应当是宰相，他们位居一人之下，万人之上，代天子以行号令。但凡重要的奏章都要先经过宰相，然后才能转到皇帝手中。皇帝所下的诏令，也同样先经过宰相，然后再送交有关部门。

作为皇帝左膀右臂的宰相，对皇帝的影响非同一般。如果宰相聪明能

干而又忠诚于皇帝，那么做皇帝的就可以省却许多烦恼，不必日夜操劳，天下亦可垂拱而治。但是，如果宰相昏庸无才又心怀异志，那么皇帝的日子就不会好过了，弄得不好，可能连皇位都保不住。

历史上有过许多著名的宰相，最早的应当算周公旦。周武王去世后，天子年幼，周公旦便担负起辅佐幼主治理天下的重任。他励精图治，平定管蔡之乱，制定礼法，安定四邦，把周国治理得井然有序，一片繁荣昌盛。等到幼主长大后，他又主动还政于他，甘心做一个忠臣辅佐天子。他的美名，已成为脍炙人口、老少皆知的传世佳话。此外，汉高祖时的宰相萧何，善断政务，精于理财，而且忠厚仁义。刘备的宰相诸葛亮，呕心沥血，为治理蜀国锦绣河山鞠躬尽瘁，死而后已。还有唐朝著名的宰相房玄龄、杜如晦，并称“房谋杜断”，都为治理好国家发挥了聪明才智，使国家不断发展壮大。

但是，如果用人不当，宰相之位被一些贪暴的小人占据，又将是另外一种境况。春秋五霸之一吴王夫差的宰相名叫伯嚭，此人虽有才学，但为人不端，品行低劣，尤以贪财著称。吴国打败越国后，将越王勾践拘禁。大将伍子胥建议杀掉勾践以绝后患，但伯嚭却因收受越国的贿赂而鼓动三寸不烂之舌，说服夫差饶勾践一命。在源源不断的贿赂下，伯嚭陆续又劝说夫差放勾践归国，并助越国发展生产。等到勾践卧薪尝胆、奋发图强之后，率兵灭掉吴国，夫差被逼只好自杀身亡，吴国也随之灭亡。

唐玄宗后期的宰相杨国忠也同样是一个误国的奸臣。他为相之后，广树党羽，迫害忠良，欺上瞒下，横征暴敛，以满足贪得无厌的私欲。其结果，导致怨声载道，兵乱四起，安禄山以此为借口，兴兵反唐，唐朝由此走向衰败。而他本人，也因作恶太多而被乱军碎尸万段。

从这些历史教训中，宋太祖有所思虑，决定分散相权，防止其过于庞大。他将国家政务交由三个部门分别管理，宰相主管的中书省负责管理政

事，枢密使主管的枢密院负责管理军事，三司使主管的三司负责管理财政。这三个部门互不隶属，各司其职，而且互为牵制。其中枢密使同宰相地位相当，号称执政，与宰相互不通气，连奏事时也是分别向皇帝奏报。宋人王明清在《挥麈录·后录》中说：“（枢密）每朝奏事，与中书先后上，所言两不相知，以故多成疑贰。祖宗也赖此以闻异同，用分宰相之权。”

为限制宰相权限，太祖还在宰相之下设参知政事以充副职，从制度上对宰相的权力进行分散和牵制。参知政事的地位起初较低，权力也不大，“不宣制，不押班，不升政事堂”。后来，太祖逐步提升其职权，将参知政事薛居正、马余庆升都堂，与宰相赵普轮流处理国家大事，“更知印、押班、奏事”，以分宰相之权。

从上述两件事上可以看出赵匡胤是一位很会管理权力的帝王。

权力管理是一件复杂的事情，且没有固定的模式。它需要领导者从长远的角度结合当前的客观条件灵活地制订本部门的管理方法和考核规章与原则。

用外行管内行

在权力这个天平上，永远都不可能有平衡。虽然每个人都对这一点了如指掌，但是通过巧妙合理的运作，基本的平衡是可以实现的。宋太祖以武起家，他对于军队中的一些弊端分外明白，所以为了管理，他只好采用中庸之术，以文驭武，由外行管理内行，这是非常有效的一招。

在政权和兵权的关系问题上，通常来说，和平时期是政权大于兵权而且调动兵权；然而在战争时期，兵权可以大于政权，而且也能影响政权的稳定。

在宋太祖统治时期，虽然周围的环境是和平的，但是如果想要实现统一，必然发动战争，所以也不能算是真正的和平。但是在这种矛盾的环境中，政权和兵权之间有着非常不正常的关系。特别是当时的政权和兵权都集中于皇帝一身，因此，这就使得政权和兵权之间不断产生矛盾。

关于当时政权和兵权的关系，有人这样评价："天下有二权，兵权宜分不宜专，政权宜专不宜分；政权分则事无统，兵权专则事必变，此等计天下者所宜审处也。"

在和平时期，政权只有一个，然而处于战争中时，政权是有待建立的，但是兵权只有一个。而这个人所说的政权和兵权的关系，只适合在和平和战争同时存在的时期。其实，宋太祖当时所处的就是这种环境，因此这种理论在宋太祖那里就得到了很好的实践和发挥。

作为一个充满智慧的政治家和军事家，宋太祖做任何事情都能做到具体问题具体分析，将事情与所处的环境相结合，不仅专政权，又要专兵权，而且努力融军政二权于一身，只有这样，才能使自己处于不败的地位，想进就进，想退就退，不被他人所左右。

中国从夏朝开始就有了国家军队，在商朝的时候已有了常备军。在周朝的时候，因为承袭了夏朝和商朝的制度，所以国家军队也建立起来。在西周之前，国家军队完全掌握在王的手中。即使到了战国时期，军队的调动和指挥权也仍在国君手里。《史记》载：在公元前383年，秦昭王打败赵长平军，又进兵围邯郸。公子魏无忌的姐姐是赵惠文王弟弟平原君的夫人，多次给魏王及公子送信，求救于魏。魏王让将军晋鄙率领10万人救赵。秦王便派使者威胁魏王说："我攻赵旦暮且下，而诸侯敢救赵，必移

兵先击之。”这句话的意思是：如果我想攻打赵国的话，早晨出兵，晚上就能战胜，如果哪一个国家敢救赵国，我一定先派军队攻打它。在听到秦王的这个说法之后，魏王特别害怕，于是使人让晋鄙在邺驻扎，虽然表面上看好像是要救赵国，但是并没有实际的行动，真正的目的是观望两边的局势。但是谁都没有想到，魏公子却偷了魏王虎符到邺这个地方，假借魏王的命令夺了晋鄙的指挥权，带领军队去救赵国。这件事情说明了在战国时期，军权是由君王掌握的。

秦、汉、唐以来，兵权有时候与政权分开，有时候能够集合在一起，但这并没有成为国家制度。在五代后汉隐帝初立的时候，大臣争权，国家一派乱象。汉主刘承祐以杨邠执政治，郭威主征战，史弘肇典宿卫，王章掌财赋，正是这样，国家才算真正平稳下来。当时郭威为枢密院枢密使，主管国家军事机密、边防……

由于历史上的各朝各代都有兵权问题，所以宋太祖就采取办法来解决这个问题，他把军权置于枢密院，由枢密院掌兵籍、虎符握发兵之权。因为每个人的能力都是有限的，即使一个人再聪明，也不可能解决所有的事情，宋太祖也是如此，他无法对朝廷中的事情做到事必躬亲。宋太祖亲抓军权，并不意味着他要亲自掌管军队中的所有事情，枢密使与宰相有相同的地位，他不受宰相节制，而是直接听命于皇上，这与皇上亲自管理一样。

为了进一步分散兵权，宋太祖又把禁军的二司（即殿前司和侍卫司）分为三司，即殿前司、侍卫亲军马军司和侍卫亲军步军司。三司的最高指挥长官分称殿帅、马帅、步帅，他们三人合称为三帅。就是在这种“分治”思想指导下，整个宋朝中央政府的禁军有三个军事机构来分握兵力，从此，宋朝的军事体质正式形成。

为了保证自己对兵权的控制，宋太祖不仅使禁军的五个高级军职长期空缺，而且还将三帅的军职品级定得很低，殿前都指挥使为从二品，副使为

正四品，侍卫马、步二司的都指挥使为正三品，三个司的都虞侯为从五品。另外，三个军事机构领导人的品级也是特别低，与之前的朝代相比，武将的地位大大下降，禁军又无总统主帅，就是在这种安排下，兵权被分散了，但最终还是集中在宋太祖一个人的手中，实现了兵权和政权的双控制。

《孙子兵法·军争篇》中说："凡用兵之法，将受命于君，合军聚众。"《九变篇》中也说："凡用兵之法，将受命于君，合军聚众。"在不同的篇中，孙子用同样的话来说明君主掌握兵权的重要性，即"将受命于君"。所以，在分散兵权上，宋太祖特别小心。由于自己无法做到事无巨细，所以只有把它交与枢密院及枢密使代管，事实上，这是把兵权分到国家其他机构中的做法，非常危险。

其实，宋太祖是借鉴了很多君主的做法，如在唐朝末朝，枢密院虽然是宦官任职，但也有一定的兵权，枢密使参与朝政，开始与宰相分权。在五代的时候，虽然枢密使改用士人，但是他们都是天子心腹之臣，参与军国大事，比宰相的权力还大，不仅手握禁旅，而且还有调兵之权，这就使国家统治埋有隐患。在五代的时候，一些主要辅臣都担任过枢密使，如敬翔、郭崇韬、安重诲、桑维翰、王朴……他们在朝中都有举足轻重的地位，甚至很多行动都能动摇朝廷。因此，虽然宋太祖分兵权于枢密院，但是同时从很多方面来限制枢密院的权力，主要措施包括以下两个方面：

第一，枢密院只管兵政，也就是掌管全国兵籍、武官选授、军队调发更戍及兵符颁降，只有发兵之权；三个军事单位负责统制训练，番卫戍守、迁补赏罚等军事事务，其权力就是手中握兵。这样就使得两个机构互相制约：枢密院有发兵之权却手中无兵，三个军事单位有兵却无发兵之权。如果想要发动兵变，只能是两个机构结合起来，但是这是难以做到的。

第二，枢密使由文臣担任。在刚刚建立宋朝的时候，宋太祖任命文臣赵普为枢密直学士，当年八月升为枢密副使，后来出任枢密使。这标志着

枢密院由文人掌握。文人掌兵权，其根本无法发动兵变。

正是通过这种高明的手段，宋太祖才能维护宋朝的稳定，在不削弱国家兵力的基础上避免发生兵变。因此，在后来统一大业中，宋太祖能够做到不仅有强大的兵力发动战争，而且没发生兵变。他所创立的这种军事体制对后世都产生了很大的影响。在宋神宗时期，有人曾建议将枢密院的兵权归还于军事单位，宋神宗坚决驳斥说："祖宗不以兵柄归有司，故专命官统之，乃是为了'互相维制'，这种祖宗遗意万万不可改变。"

宋太祖的这种以外行管理内行的方法也可以用于企业管理之中，其实在外行来管理内行时，也避免了以权谋私的现象，是对我们有所启发的。

大权要揽，小权分管

的确，如果想要控制他人，就必须手中握有权力，但是也不能过于看重权力。每个人的精力都是有限的，领导者也是如此，做什么事情都不可能做到事必躬亲，因此应当尝试大权要揽，小权分管。

所谓大权要揽，小权分管就是指身为企业领导者，应该负责企业的经营管理，掌管决策大事，保证企业沿着正确的方向发展前进；作为员工应该按照企业制定的方针政策，在分工负责的原则下，各执其事，认真工作。

正是因为宋太祖是一个好领导，做到了大权要揽，小权分管，才创下了宋朝盛世。宋朝之前的王朝权力都过于分散，他改变了这种情况，将所

有的权力都集中在自己手中，建立监督约束体制，分派官员各司其职，这种做法为后人所称道。他先是采取一系列改革措施，把兵权、行政权、财政权和人事权全部收入手中，这样就不可能出现权力过于分散的情况，更不可能出现威胁国家统治的情况。除此之外，他还选派各级官吏依法进行管理，而且还设立了监督机制，就是这样保证了整个国家机器的正常顺利运转。

在建立宋朝初期，在宋太祖眼中，改革军权是最重要的。如果想要证明自己的确有实力，特别是在乱世之中，最重要的是要有自己的军队。对于一个领导者来说，军队起着决定性的作用。然而，在这里还是需要一个前提的，那就是这支军队能否被自己牢牢掌握，并使其做到令行禁止、服从指挥。否则，如果不听从主帅的号令，也无济于事，弄不好还适得其反，成为负面因素。

通过一些历史资料，我们可以得知，从唐朝后期开始，皇帝对军队的控制就一直走下坡路。各地节度使倚仗雄厚的财力，不断招募兵将，军队数量急剧上升，战斗力也比中央军强大的多。如果这种情况得不到及时的改变，中央政权也危在旦夕。

到了五代时期，这种弊端越来越突出，“五代为国，兴亡以兵”足以说明。南宋人范浚在其著作《香溪集》的“五代论”中说：“五代之所以取天下者，皆以兵。兵权所在，则随以兴；兵权所去，则随以亡。”后晋时期的成德节度使安重荣也曾公开宣称，天子应当是那些有着强兵壮马的人。即使周世宗采取了一些改革措施，也并没有改变这一现状，中央还是无法全面控制地方兵权。

中央军的禁军本来是皇帝贴身的侍卫队，然而在五代的时候因为要对抗地方军，所以就逐渐成为一支正规的队伍，比一般的地方军更有战斗力。从另一方面来说，禁军也是皇帝的亲军，他们属于嫡系中的嫡系。到

五代之后的后唐、后周以及大宋王朝，政权都是通过掌握禁军兵权而获得的。因此，皇帝对禁军的控制一定要尤为上心。

在宋太祖成为皇帝之后，为了保证国家统治，他对军队进行了全方位的改革，自己牢牢握住禁军和地方军的军权。当然，这是通过“杯酒释兵权”来实现的，宋太祖真正掌握着兵权和政权。

对地方部队，宋太祖采取削弱加保持的措施，既要弱化地方武装的力量，又使其保持一定的数量和战斗力。弱化，是为了避免重蹈唐后期以来地方势力过大而对抗、颠覆朝廷的覆辙，使其对中央不致构成太大的威胁。保持，一是为了有足够的兵力维护当地治安，镇压人民的反抗；二是为了防止如果中央军发生变乱，各地方武装有足够的力量与之抗衡。通过对军队的一系列改革，宋太祖基本上达到了控制全国军队的目的。

宋代官制的一大特点就是官职分离，差遣为实，这也是宋太祖揽权的一大发明。为严密控制权力，不使官员专权舞弊，宋太祖将官职作为一种虚衔，由百官担任。只是在有事情需要处理时，才临时差遣这些待职的官员走马上任，事情处理完后仍然剥去其实职。所以，上至宰相、尚书，下至县令，一般都不担任与本职位相符的职务，所具官职只是官位高低和俸禄多少的标志，因此称为“寄禄官”。只有带上“权、判知、监”等表示差遣的名称后，才有实权。此种状况，马端临在《文献通考》中称：“居其官不知其职者十常七八。”

如果说政治属于上层建筑的话，那么经济就是基础。只有经济发展了，百姓才能安居乐业，国家才能繁荣富强。俗话说，巧妇难为无米之炊，一个国家如果没有足够的财力，根本无法进行建设，也就更谈不上富强了。宋太祖在早年流浪时曾因没有钱而偷食莴苣，夜卧树下的亲身体验，因此对钱财问题有极深的印象。

当上皇帝后，他自己倒是不缺吃穿。但作为一代明君，他此时考虑的

却是如何使天下百姓都能够衣食无忧，如何使国家府库充盈。这样一想，就想出了集中财权的办法。

唐末以来，国家财政一直非常吃紧，其原因是“方镇屯重兵，多以赋入自赡，名曰留使、留州、其上供殊鲜”。节度使在地方上专务聚敛，掊克民众，而上交中央的却是少得可怜。为增加中央财政收入，宋太祖采取强制措施，将各地的租税和商税一并收归中央。

乾德二年（964年），宋太祖下令：“每岁受民租及榷之课，除支度给用外，凡缗帛之类，悉辇送京师。”如此一来，便把各地的收入大部分归于国库，政府手中的钱物迅速增多。所有这些钱帛都存储在三司掌管的左藏库中，其用项主要是发俸、赈灾和军备。对此，宋人马端临评价如下：（太祖）既欲矫宿弊，则不容不下乾德之诏；然纪纲既已振立，官吏知有朝廷，则不妨藏之州郡，以备不虞。固毋烦悉输京师，而后为天子之财也。

非常之事，当用非常之手段。宋太祖为革除五代之弊端，致力改革政治，以“杯酒释兵权”收天下之兵，以官职分离而收百官之权，以乾德之诏收天下财物于京师，把兵、官、财三权统揽于手中，使中国的中央集权政治步入高峰。这样做，无疑对解除内部的后顾之忧是一种高瞻远瞩性质的革新，但其带来的负面影响也是相当大的。用明代朱熹的话来说，“兵也收了，财也收了，州郡遂日就困弱，靖康之祸，虏骑所过，莫不溃散。”

一个企业犹如一个小社会，政务、业务、事务样样都有，人事、生产、生活一应俱全，每天都有一大堆问题需要处理。面对这种情况，领导者如果事无巨细都亲自去处理，那样就会“捡了芝麻，丢了西瓜”，延误抓大事。领导者只需对那些全局性的、重要的、关键的和意外的问题去亲自处理，把其他问题交由各有关部门相关人员去处理。企业无论大小，人员均应有所分工，然后按照分工各执其事，这样既责任明确，不至于误事，也可充分发挥个人的工作积极性。

有的人工作十分繁忙，可以说是“两眼一睁，忙到熄灯”，一年365天，整天忙得四脚朝天，恨不得将自己分成几块。

这种以力气解决问题的思路太落伍了。出路在于智慧，采取应变分身术：管好该管的事，放下不该自己管的事。

授权是领导者走向成功的分身术。今天，面对着经济、科技和社会协调发展的复杂局势，即使是能力超群的领导者，也不能独揽一切。尤其是高层领导者，其职能已不再是做事，而在于成事了。因此作为领导者，并不意味着他什么都得管。应该大权独揽，小权分散。做到权限与职能相适应，权力与责任密切结合，奖惩要兑现，这样做有许多好处。

第一，可以把领导者从琐碎的事务中解脱出来，专门处理重大问题。

第二，可以激发员工的工作热情，增强员工的责任心，提高工作效率。

第三，可以增长员工的能力和才干，有利于培养干部。

第四，可以充分发挥员工的专长，弥补领导者自身才能的不足，也更能发挥领导者的专长。

笑面人生，“杯酒释兵权”

当然，每个人都希望自己的权力大过他人，正是伴随着这种心理，各种悲剧才不断发生。在宋太祖统治时期，为了避免这种悲剧的出现，他采用和平式收权法，在保证臣子安全的基础上收回权力。虽然这种方法非常好，而且有很强的目的性，操作起来较为简单，但是其危害性特别大。一

旦臣子没有按照皇帝的想法去做，结果是不堪设想的。宋太祖却很好地把握了这种时机，让臣子们心甘情愿地释放手中的权力，是皇帝中的高手。

赵匡胤登上皇位之后新建的宋政权，是继后周的第六个王朝。在其之间的5个都是短命王朝。究竟如何才能让国家长久存在呢？这个问题一直困扰在宋太祖的脑海中。当然军队的指挥权问题更让他身心不定。既然赵匡胤是依靠军团拥护才当上皇帝的，就需要对这些军团的首领进行奖赏。当时有很多人当上了禁军的高级将领，如慕容延钊、石守信、高怀德、王审琦……虽然他们都是宋太祖的死党，但是也不希望受到中央的控制，这直接威胁了宋太祖的皇位。在这种情况下，宋太祖去找赵普商量。

就在平定“二李”叛乱之后不久，宋太祖召来赵普商议此事。宋太祖问：天下自唐朝末年以来，数十年间，帝王共更换了八姓，战争不息，生民涂炭，这是什么原因呢？我想消灭天下战争的火焰，实现国家的长治久安，应该采取什么办法呢？赵普听到太祖提出这个问题，显得十分高兴，他说：陛下考虑到这个问题，真是国家和人民的福气。那些战争和动乱没有其他原因，主要是由于方镇权势太重，君弱臣强造成的。今天要想解决这个问题，也没有什么奇巧之谋，只需削夺他们拥有的权力，控制他们拥有的钱粮，收夺他们的精兵。做到这几点，天下自然安定了。

这样直言不讳的论政，连太祖都吓了一跳，立刻阻止他：你不要再说了，我已明白了。这种事公开讲，无疑在向那些节度使宣告：快反吧，不然就来不及了。这正是太祖不可告人的心中事，他唯恐消息泄露。不过，在周密酝酿了半年多之后，终于付诸行动了。

乾德元年（963年）春，宋太祖召来石守信、王审琦等高级将领共同聚会饮酒。酒酣之际，宋太祖打发走侍从人员，对功臣宿将们说：“如果没有你们的竭力拥戴，我绝不会有今天。对于你们的功绩，我一辈子也不能忘怀。然而做天子也太艰难了，真不如做个节度使快乐，我长期以来夜

里都不能安安稳稳地睡觉。”石守信等人听了太祖的这番开场白后，顿感气氛不对，就问：“陛下遇到什么难事睡不好觉呢？”宋太祖平静地回答说：“天子这个位置，谁不想坐呢？”石守信等人听到这番话，不觉惶恐万分，他们赶紧叩头说：“陛下怎么说起这样的话呢？现在天命已定，谁还敢再怀有异心！”宋太祖说：“不能这样看。诸位虽然没有异心，然而你们的部下里如果出现一些贪图富贵的人，一旦把黄袍加在你们身上，你们虽然不想做皇帝……”将领们这才明白了宋太祖的真实意图，于是一边涕泣，一边叩头，说道：“我们大家愚笨，没有想到这一层上来，请陛下可怜我们，给我们指出一条生路。”

宋太祖知道时机已成熟，趁势说出了自己的想法，他说：“人生短暂，那些希望富贵的人，也不过想多积点金钱，多些享受，让子孙们过上好日子。你们何不交出兵权，广置良田美宅，多置歌伎舞女，以终天年，我再同诸位结成儿女亲家，君臣无猜，上下相安，岂不很好？”太祖语气虽缓和，但已是最后通牒，石守信等人只得同意交出兵权。第二天，石守信等功臣宿将，纷纷称病请求解除军权。宋太祖当然十分高兴，立即同意他们的请求，解除了他们率领禁兵的权力，同时给了他们优厚的安置。

这次收权看似平静，其实这平静是宋太祖精心策划才得以实现的。

首先，他突然袭击，一网打尽，让握有兵权的节度使来不及反应。更来不及互通声气，使他们完全处于被动局面。

其次，对节度使们的安置，也让他们满意，再用通婚的方式，把他们的利益和皇室捆绑在一起，更让他们放心能保有长久的富贵。一打一拉之间，尽显手段高明。

“杯酒释兵权”解除了禁兵将领和一些节度使手中的兵权，但还远未达到收揽权力、巩固统治的目标。为真正维持国家的长久治安，宋太祖在军事、政治、财政、司法等方面开始了收权运动，初步扭转了五代以来四

分五裂、地方专权、中央虚弱的局面。

宋太祖通过“杯酒释兵权”，解决了唐代以来将领兵权过大、节度使尾大不掉的难题，顺利地将兵权牢牢控制在自己手中。

权力的诱惑力，吸引了太多人的眼球，有些人甚至把权力看得比生命还重要。因此，当一个新的领导为了全局急需收回他人各自的权力时，不可避免地面临着诸多矛盾。如何更好地处理这一矛盾，历代帝王做过许多尝试：有的采用和平的手段“杯酒释兵权”，有的采用激进的方法大肆杀戮功臣，还有的恩威并施迫使属下交权。这样一来，权是收回来了，但后遗症也相继出现了。因此，当一个新的领导人上台伊始，何去何从可要考虑好了再行动。

赵匡胤选准了时机和细节的把握，以和平的方式把兵权收回。作为现代的管理者，也应当向其学习，既懂得如何授权，也要懂得如何收权。

用利益换取权力

事实上，皇权天授只是一个托词，皇帝应当是群体利益的代表。狭义上来说，皇帝应当是满朝官员富贵的保证，广义上来说，皇上要保证天下百姓的安逸生活。如果做不到这些，皇位是坐不稳的。所以，那些成就大事的人更多的是看重人心，不会为小利益动心的人。事实证明，宋太祖对这个道理心知肚明。为了能够收拢人心，得到土地，稳固权力，无论花多少钱，宋太祖都觉得是值得的。

李白曾经说过“千金散尽还复来”。宋太祖坚信为巩固国家所投入的一切都是有回报的，无论花费多少，所有的一切是可以加倍收回的。

正是因为宋太祖不贪财、不爱财，他才能做到散财分利。在钱财方面，宋太祖非常有主见。那些成就大事的人从来不会对钱财和奢侈的生活红眼的，他们认为所有这些都是表面的浮华，所以根本不需要把心思花费在这些事情上。

在宋太祖称帝之后，他的家人曾对他说：“你当了这么久的天子，难道不能用珠宝装饰轿子，出入皇宫吗？”宋太祖说：“我以四海之富，宫殿全部用金银为饰，也完全可以办到，但要知道，我要为天下守财，岂可妄用？古人称‘以一人治天下，不以天下奉一人’，如果用天下的财富来奉养天子一个人，让天下之人仰赖谁呢？”

吴越王钱俶曾经把一条宝犀带献给宋太祖，没想到宋太祖却说：“朕有三条宝带，一条是汴河，一条是惠民河，一条是五丈河。”在听了宋太祖的话之后，钱俶自愧不如，只是对宋太祖充满了敬佩之情。一个国家君主的治国才能可以通过他关注的事物体现出来。钱俶只知道把珍奇异宝当作是宝贝，而宋太祖却把自己所拥有的国土、河流看作是最好的宝贝，可见其治理国家的才能已经达到了超凡脱俗的境界。

在权和利的问题上，宋太祖的做法是给利不给权，以利换权，也就是以小换大。

以利换权最著名的经典之作就是“杯酒释兵权”。

除了对老臣这样之外，对待新宠，他也是这样做的。

曹彬是消灭南唐的大功臣。当曹彬被安排讨伐南唐的时候，宋太祖说：“等你给我活捉了李煜，我让你当宰相。”当时，副帅潘美听到皇帝说曹彬克南唐后，让他当宰相的承诺之后，马上祝贺曹彬，曹彬说：“不然。这次去攻打南唐，得仗天威，尊庙谟，才能平定江南，有我何功啊。

况且使相是极品。”对于曹彬的这番话，潘美特别不理解，问道：“你这是怎么说的！”曹彬说：“太原未平也。”

的确如曹彬所预料的那样，宋太祖认为只要消灭南唐就让曹彬当宰相，这也太容易了，所以就改变了主意，等曹彬平定江南，回到汴京之后，宋太祖说：“本来是让你做宰相的，但是北边的刘继恩还未消灭，你还是再等一等！”听宋太祖这样说，潘美看了看曹彬，然后就笑了起来。看到潘美这种反应，宋太祖问其原因，潘美就把当时曹彬不信仅平定南唐就会以他为相的话说出来，没想到宋太祖自己也笑起来了。所以就再赏曹彬钱50万。在退朝之后，曹彬对潘美说：“人这一辈子为什么非要做宰相呢？做好官得到的钱更多。”当然，曹彬的这些话是出自真心的，同时也是说给宋太祖听的。他明白宋太祖的用意，宁愿让臣子们更喜欢钱，也不要贪权。所以趁机把自己的心里话说出来，好让宋太祖放心。

可见，分利也让宋太祖笼络了不少人心。当给别人好处的时候，别人会出力卖命。如果不这样的话，他们就会想办法来获利，在这种情况下，皇上的利益就会受到损害。

在当上皇帝之后，边疆的安定也是非常重要的。因为内忧外患的情况还非常明显，如果无法稳定边境，整个国家就失控了。为了稳定边境，宋太祖选了一些较为可靠的人去守边。但是信任和利益不相等，为了让他们安心地待在边境，宋太祖给予了他们很多特权，如体恤家属，多给俸禄，加官晋爵。另外，这些人也可以在边境从事贸易活动，而且免征税收。

与此同时，宋太祖认识到了官员俸禄与廉政之间的重要关系，“高薪养廉”是他采取的重要措施。在开宝四年，也就是公元971年，他曾下令说：“如果官员做不到清正廉洁，那么整个大局就不会稳定，如果薪俸满足不了他们对利益的渴求，那么就会饥寒交迫，所以，可能会引发一系列

侵民扰民的事情。在这种情况下，既然要责令他们廉洁奉公，当然也应该向他们表示皇上倍加的恩惠。”

但是，宋太祖对臣下施以恩惠，并不代表可以违背原则，或者是有求必应。对于那些贪赃枉法、玩忽职守、枉杀百姓的官员都严惩不贷。

宰相赵普特别爱财，这是当朝人都知道的。有一次，南唐国主李煜曾送5万两银子给他，但是赵普却不敢收，他害怕收了之后人家说他里通外国，于是就把这件事情告诉了宋太祖，希望宋太祖告诉他如何去做。宋太祖说：“他既然给你送，也不能不接受，你已经把这件事情告诉我了，我不会怀疑。”虽然宋太祖这样说，可赵普还是不敢收，于是叩头辞让，宋太祖说：“这并不只是你个人与南唐之间的事，宋朝作为大国，体面不能丢，不可自为削弱，当使南唐对我们感到神秘莫测，这才是我的本意。”于是，在宋太祖的要求下，赵普收下了李煜的这份大礼。

宋太祖之所以这样做，是因为他想让赵普在内心深处留下一个无法消除的阴影，让他永远为这件事情感到不安，也不会对宋太祖有任何隐瞒。可见，宋太祖真是机智过人。

后来南唐国主派其弟李从善来宋觐见，宋太祖除了正常的赏赐外，又密赠他5万两白银，这与南唐国主送给赵普的数目一样。这件事情很快就传到了李煜的耳朵中，他们对此感到特别惊讶。宋太祖这样做的目的就是告诉南唐任何事情都瞒不过他的眼睛，南唐搞的任何花样都是没用的。同样是5万两银子，起到了很多方面的作用。

宋太祖分利更有一种和平主义倾向，他不希望拿着军队百姓的生命去做赌注。

宋太祖为天下的百姓守财，生活特别简朴，从来不曾奢侈浪费。当天下百姓需要用钱的时候，他慷慨解囊。宋太祖讨伐平定南方各国的时候，没收其府藏，都存在“封桩库”中，当然，每年财政支出剩余的部分也存

入其中。他曾经对亲近的臣子说："后晋的石敬瑭割让幽燕地区的各州郡冶给了契丹。我怜悯那16个州郡的百姓长久沦陷于契丹的统治之下，等到库藏积蓄到500万缗，就派人到契丹去赎回这些州郡。如果契丹不听，则拿出这些钱招募士兵，以图谋攻取。"宋太祖有雄心大志，不畏艰险，之所以使用这种贿赂政策是因为宋朝的实力远远落后于契丹。无论怎样，也不能用让土地、释兵权的办法。所以，在这种情况下，最好的办法就是分利，这样就大大降低了风险。

在钱财方面，宋太祖态度豁达，他不会把所有的钱都集中在自己手中，而是通过财来换权、换土地、换忠心，换百姓的爱心。

就大多数人来说，一生有很多目标有待实现，但是归结起来，就是金钱和权力。在名利场上，权力和金钱是相互交融的。因为人性的贪婪，自古以来就形成了一种模式，那就是即使没有钱也要有势，即使没势也要有钱。当权钱都有了之后，一个人的生命也即将终结。

学会向下授权

授权就是在分配工作的时候，赋予下属相应的权力，准许下属在一定范围内调度人力、物力和财力。与此同时，在工作中，上司也允许下属自行做出决定，这样可以更容易完成任务。也就是领导者不必事事亲力亲为，可以适当让下属做出一些决定。可见，授权是一种能力，更是一种管理艺术。

与历朝历代相比，北宋的皇权集中达到了前所未有的地步。宋太祖把中央和地方的军、政、财、司法等权力收归中央，在君相的斗争中，之前宰相坐而论道的权力被废除了，这就使得皇上拥有更高的行政权。但是，后来他发现如果皇上掌握着所有的权力是非常辛苦的，而大臣们就会清闲下来，这是极为不正常的。因此，宋太祖又给了臣子们一部分权力。

在刚刚建立宋朝的时候，宋太祖让赵普长期独掌相权。的确，赵普喜欢专权，但是他对国家和皇帝还是非常忠心的，从来不会计较个人的得与失。当然，宋太祖也意识到了皇帝和宰相之间的内在关系，在很大程度上保留宰相的权力。

有一次，赵普想安排一个人就职，但是因为宋太祖对这个人有成见，所以就没同意。但是到第二天的时候，赵普又向宋太祖提出此事，请求批准。但是宋太祖仍然坚持己见，没有同意。在第三天的时候，赵普又向宋太祖提出此事，没想到这一举动彻底惹怒了宋太祖，他把赵普的奏章撕破扔在地下，不再理他。即使宋太祖都有这种反应了，赵普仍然面不改色，把奏章捡起来，回家后把奏章补缀好。等到第四天的时候，赵普又向太祖推荐这个人。在这个时候，宋太祖已经消气了，因此静下心来想了想，既然赵普如此推荐他，说明这个人是非常有能力的，于是同意了。

有一次，一位立功者按规定应当升官，然而因为宋太祖并不是特别喜欢这个人，所以就没有批准他升官。当赵普得知这件事情之后，他力劝太祖，请求其批准。太祖发怒问道：“我就不给他迁升，你能怎么样？”赵普平静而严肃地说：“刑以惩恶，赏以酬功，古今历来如此。何况，刑和赏并不是陛下您专有的，怎么能够按照自己的喜恶来决定呢？”即使赵普说的非常有道理，宋太祖也没有采纳他的意见。在宋太祖离开的时候，赵普就跟在他的后面。太祖进宫之后，赵普就站在宫门外静候。正是赵普的这番努力使那个人终于升了官。

整个朝廷上，与皇上打交道最多的就是宰相。从这个方面来说，皇上应当对宰相进行有效的授权。

有效的授权不仅可以使下属得到一定的工作，而且还能使有才能的人施展自己的才能，这样既减少了资源浪费，而且还提高了工作效率；有效的授权，既能让员工承担起责任，又可以有效激励员工；有效的授权，既能培训员工，又可以让员工拥有成就感……总之，只要能够做到有效授权，一定会取得意想不到的效果。其实，授权的艺术不外乎三个方面，即做什么、让谁做、怎么做得更好。只要能够认识到这三个方面，一个企业就能够不断创新，提高竞争力，在激发员工积极性的基础上使企业立于不败之地。

著名的香格里拉大酒店之所以能够在管理上更上一层楼是因为通过一系列的授权活动，提高了企业服务水平和运营效率。

在豪华的北京香格里拉大酒店餐厅里，有一位顾客对他点的牛排非常不满意，所以叫来服务生。在礼貌地听完他的抱怨后，服务生平和而迅速地拿走牛排，吩咐厨房另烤一块更好的送来。

这似乎是一件很平常的事情，但它却反映了该酒店在亚洲进行的一次最广泛、最深入的组织变革项目。这次变革的目标是将这个已经是亚洲管理最好的公司之一，变为一个得到该区域顾客认可的、更好的公司。这家连锁酒店将提供更好的服务、更丰富全面的体验，并且更注重细节。

当然，这次变革取得了令人满意的结果。这个亚洲连锁酒店赢得了来自旅游杂志和旅游机构的更多奖项。这是对其变革的肯定，同时也是对它管理能力的赞许，在这个过程中，它的员工学到了很多技巧，同时也保证了酒店的运营和发展。

在现代社会中，酒店拼的就是服务。香格里拉酒店的管理人员曾经这样说：“我们希望员工在与顾客打交道时，就做出决定，这可能是很简单的事情。当顾客抱怨时，服务人员应自动解决问题，而不是说，‘我要去

问我的主管’。这是我们承诺实现的一个简单观念。”这种观念看起来简单，但香格里拉很快意识到它实施的难度。公司在变革中触动了各种文化因素。所以最后只得承认：“是的，这种观念的实施非常困难，尤其在亚洲文化中。如果你将它在中国文化中推行，那就更难了。”一般来说，把传统的文化完全放下是一件非常困难的事情，员工通常的做法是在遇到问题的时候迅速服从主管、向上报告。他们克制自己不做决策。这涉及尊重上级的问题而非愿不愿意的问题。因此，香格里拉决定，在变革前期要做的一件事情是，逐步消除文化在这些以及其他方面的影响。

所以，香格里拉决定从管理人员的这个观念着手是非常正确的。这种做法并不是否认文化之间的差别，而是强调经理创造一个特定的环境，使员工不再害怕做决定。“这就要求培训经理人，使他们想那样做，而不再是以文化问题为挡箭牌。文化问题是一个认知问题，而不是一个障碍。”由于调查详尽，香格里拉开始意识到，这个主要的管理问题到处都一样，问题出在害怕的心理上，即害怕负责、害怕失败、害怕被老板责骂。员工有时感到经理不允许他们做一些事。经理必须学会放权，让员工做决定。

“因此我们的策略是，首先通过反复灌输做决策的重要性，并培训我们的经理不要因员工犯错误而惩罚他们，以逐步消除害怕心理”，“其中又以经理对犯错误的反应为重点”。这使公司对经理成功的评价标准发生了改变。高级经理如今开始关注一些他们以前从未注意到的事情，他们现在大力强调人员管理技巧。所有经理都可以看到他们在调整调查中所得的分数，这极大地提高了员工工作的积极性。

公司的关键结果领域就是把经理分离出来，而这也是培训的关键因素。在很多方面，公司都会进行培训，如顾客的价值、顾客忠诚的重要性以及顾客终身价值……这些工作都会使人们意识到要想使顾客再来，微笑不是唯一的方法，还包括其他很多方面的问题。

其实，为了放权力给员工，公司已经建立了一些机制。它参照了财务机构的做法，把授予的职权限定为一定的金额。例如，一个员工最多可以定量金额。现在，很多公司正在寻找办法来把这个机制应用到非管理层。在与顾客打交道的时候，如果这个员工虽不是一个管理人员，但他仍会有一个规定的金额。不管用什么方式，只要让顾客满意，就可以随意支配这些金钱。“以前，我们对此非常模糊，我们只是有理性认识。但在实践中，最好是不要概念化，越具体越好。这样人们才会知道他们的权限是什么。所以我们明确地规定了具体的授权。”

另外，香格里拉利用调整评估调查来提高业绩。在一段时间内，集团公司就会进行一次系统性评估，通过各方面测评来确定员工应享受的工资和待遇。总而言之，该调查测评10项内容。问题完全是根据要求设定的，它不说“我们将在所有关系中表现诚实和关心”。而是问：“你的主管遵守指导原则吗？你们每天谈论它吗？你知道它是什么意思吗？你理解公司的前景吗？我们公司究竟是怎样看待我们的？”每一个员工，从行政总裁到最底层的员工，都要接受这项调查。

权力下放问题是该调查关注的一件重要事情。权力下放不仅使得公司的组织结构扁平化，而且使公司能在最短的时间内做出正确的决定。

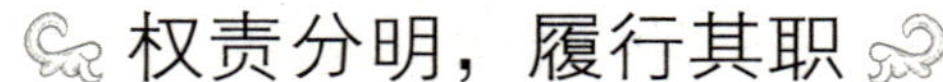

权责分明，履行其职

下属履行其职责必须要有相应的权力，但同时，授予下属一定的权力

时必须使其负担相应的责任，有责无权不能有效地开展工作；反之，有权无责则会导致不负责地滥用权力。

在战场上，要把战争指挥权授予将领，即将在外君命有所不受，否则，在整个战争过程中就会处于被动地位，失败也就变得更加可能。但是，皇帝是最担心军权的，也不想放出去。在这个问题上，宋太祖还是非常清醒的。

在征蜀战役结束之后，因为前方将领约束不严，使得宋军杀降3000人的事件造成了非常恶劣的影响。对于这件事情，宋太祖特别生气，因为胡乱杀人之风的兴起，使其和平兼并的战略受到了严重影响。在调查工作结束之后，他把所有的将领召集起来，问他们知不知罪。当时唯独让大将曹彬先退席，而且对他说这里没有他什么事情。但是曹彬没有退席，而且还叩头谢罪，参与了合议，受到了惩罚。在当时情况之下，宋太祖暂时原谅了诸将。在不久之后，宋太祖派曹彬和潘美为征伐江南的统帅。在其出发之前，宋太祖特别召见曹彬，要求决不能再出现征蜀时的残杀事情。听到宋太祖这样说，曹彬拿出自己当时反对杀戮的文件。看到这份文件，宋太祖奇怪地问："既然这样的话，当时你为何认罪？"曹彬说："臣和诸将一同被委任，若诸将获罪，臣独清白，并不稳妥，所以一同伏罪。"可见，曹彬是一个重视团体责任的人，同时说明了其在接受任务之后，又向太祖暗示只有权责分明才能有效阻止前线的屠杀。

隔日的廷议上，太祖正式派遣曹彬及潘美为征伐江南的正副统帅。曹彬表示自己能力有限，可能无法达成任务。但身为副帅的潘美，却积极表现自己对征江南的信心及意见。于是太祖正色对曹彬说："所谓大将者，在于能斩出位犯分之副将而已。"只一句话，把旁边的潘美吓得冷汗直冒，不敢抬头正视太祖，利用这个简单的廷议，太祖在征江南事件上，已对统帅的职责做了完整的授权。

责大于权，不利于激发下属的工作热情，即使只是处理一个职责范围内的问题，也需要层层请示，势必会影响工作效率；权大于责，又可能会使下属不恰当地滥用权力，最终会增加领导管理和控制的难度。所以，领导者在授权时，一定要向被授权者交代清楚事项的责任范围、完成标准和权力范围，让他们清楚地知道自己有什么样的权力，有多大的权力，同时要承担什么样的责任。

总的来说，要实现权力与责任平衡对等，应灵活掌握以下基本原则。

1. 明确

授权时，领导者必须向被授权者明确所授事项的责任、目标及权力范围，让他们知道自己对哪些人和事有管辖权和使用权，对什么样的结果负责及责任大小，使之在规定的范围内有最大限度的自主权。否则，会使被授权者在工作中摸不着边际，无所适从，贻误工作。

2. 下属参与

让下属参与授权的讨论过程，这样可以增加授权的效率。首先，只有下属对自己的能力最了解，所以让他们自己选择工作任务可能会更有好处；其次，下属在参与过程中，会更好地理解自己的任务、责任和权力；最后，下属参与的过程是一个主动的过程，而一个人对自己主动选择的工作往往会尽全力将它做好。

3. 适度

评价授权效果的一个重要因素是授权的程度。授权过少往往造成领导者的工作太多，下属的积极性受到挫伤；过多又会造成工作杂乱无章，甚至失去控制。授权要做到授出的权力刚好够下属完成任务，不可无原则地放权。

4. 责权相符

权力与责任务必相统一、相对应。这不仅指有权力也有责任，而且指

权力和责任应该平衡对等。如果下属的职责大于他的权力，那么下属就要为一些自己力所不及的事情承担责任，这样自然就会引起下属的不满；如果下属的职责小于他的权力，那么他就有条件用自己的权力去做职责以外的事情，从而引起管理上的混乱。

5. 要有分级控制

为了防止下属在工作中出现问题，对不同能力的下属要有不同的授权控制。比如对能力较强的下属可以控制力度小一些，对能力较弱的下属控制力度可以大一些。然而，为了保证下属能够正常工作，在进行授权时，就要明确控制点和控制方式，领导者只能采用事先确定的控制方式对控制点进行核查。当然，如果领导者发现下属的工作有明显的偏差，可以随时进行纠正，但这种例外的控制不应过于频繁。

6. 不可越级授权

越级授权是上层领导者把本来属于中间领导层的权力直接授予下级。这样做会造成中间领导者在工作上处于被动，扼杀他们的负责精神。所以，无论哪个层次的领导者，都不能将不属于自己权力范围内的事情授予下属，否则将导致机构混乱和争权夺利的严重后果。

7. 可控原则

授权不等于放任不管，授权以后，领导者仍必须保留适当对下属的检查、监督、指导与控制的权力，以保证他们正确地行使职权，确保预期成果的圆满实现。权力既可授出去，也可以收回来。所有的授权都可以由授权者收回，职权的原始所有者不会因为把职权授予出去而因此永久地丧失了自己的权力。

总之，领导者在授权时一定要注意权力与责任必须平衡对等，把权力和责任“捆绑”下放，做到权责相应。唯有如此，才能真正发挥授权的效用。

授权也要学会监管

授权是必不可少的，但是放权后要监督控制，有效地放权，合理地监督是授权成功的保障。宋太祖制订的台谏制度就对授下去的权力做到了时时监管的作用。

早在君主中央集权制度怀胎腹中之时，法家创始人韩非就基于“性恶”的观察，对有可能威胁君主专制政体的各种不利因素，如奸臣、权臣、佞臣等，提出了破除“六反”、“八说”、“三劫”、“八奸”、“四拟”的种种对策，统称为“督责之术”。而儒家则从“性善”出发，通过赞颂“三代”、“圣贤”等理想人格，认为要规范君臣行为品德，必须通过“仁义礼智信”等纲常之教来实现，统称为“王道之治”。经过历史的沉淀，中国古代台谏系统进言、监察功能的认知基础，便由此两种不同的治世理念交融相汇而成，其宗旨即是以“德刑二柄”，倡导人治与法治相兼，以达为善去恶之目的。

台谏制度的出现，最早应上溯到秦汉。宋人王应麟曾指出：“至秦，人主自亲事以操制臣下”，“御史大夫遂与丞相分权矣”。《汉书·百官公卿表》记载，秦汉御史中丞的职责之一就是“受公卿奏事，举劾按章”。到了唐代，台谏制度才形成一定的规模和建制，御史台和谏院的分工也逐渐更加明确，“因御史而置两台，专以纠臣僚之邪佞；因大夫而有

谏者，专以审人主之愆谬”。

家有家规，国有国法。对最高统治者皇帝来说，他们虽然任用大臣分治政务，但其内心对这些官员还是有所提防的，唯恐哪一天他们羽翼丰满之时反客为主，抢了自己的位子。因此，皇帝对臣子的小过错并不是十分在意的，他们害怕的是臣子有悖逆谋反之心。在没有掌握真凭实据之前，又不想让他们继续扩大势力和影响，便专门设置台谏机构，用以监察、弹劾这些官员，借助御史、言官之口，将这些官员定罪处罚，消除他们的不良影响。

当然，随着时代的发展，历史进程中绝大多数时间都是比较平和的，谋逆者终归是少数人而已，但为江山社稷和子孙后代着想，台谏制度仍然是一项不可缺少的制度，它的职责在于警戒有不法之心的官员，不要有非分之想。同时，台谏也是皇帝驾驭、制衡百官的一种有力武器，使大臣们处于皇帝的监视之中，强化皇帝的威严与独尊地位。

宋代的台谏制度基本上沿袭唐代而有所发展和健全，并逐渐形成自己的特色。宋代将御史台和谏院合称为台谏，将台官和谏臣统称为台谏官、言事官或言官，改变了唐代以前将二者独立区分、互不相干的制度，使二者在职能上趋于相近。其次，宋代还大大提高台谏的职能与地位，使之与君主、宰执三者并举，在中枢权力机构中占据举足轻重的地位，这也是唐代以前没有的。最后，台谏制度在宋代政治生活中的作用更具深远影响，以致元人称“宋之立国，元气在台谏”，宋代士气之伸张，“贬斥势利，崇尚气节”，远远超出前代，史学大师陈寅恪先生称之为“我民族遗留之瑰宝”。

虽从历史考证得知，宋代台谏制度真正得到重视是在宋真宗时代，与宋太祖基本上关系不大，但从其源头看来，其中包含着特殊的历史背景和原因。

宋太祖开国之初，当务之急是结束天下纷争、方镇割据的乱局，统一全国。因此，宋初沿袭五代旧制，“徒置两司，殆如虚器”，也确属情有可原。事情要一件一件地做，饭要一口一口地吃，在万事缠身之际，只能择其重者处之。但尽管如此，宋太祖对台谏制度还是给予足够的重视，对台谏官也表示了极大的尊敬。在宋代誓碑之上，第三条便是太祖定下的“不杀士大夫及言事者”。仅此一点，便足以说明宋太祖虽未正式将台谏制度引入政治体制中，但是为宋代台谏制度定下了一个基调。

为保证台谏官正确行使自己的权力，其选拔甄别过程尤为严格。基于“台谏之任甚重，不可以苟然居之”，所以宋代台谏官的选任有比较严密的制度和严格的程序，总的原则是：侍从荐举、宰执不预、君主亲擢，同时对入选的台谏官还提出了资序流品和德行才学等具体的标准和要求。

宋太祖对权力的分配与制衡有清醒的认识：“善揽权者，非必万事万物尽出于我，而后谓之揽权也。权之在中者，即其在人主也。如一一而身任之，则聪明必有所遗，威福必有所寄，将以揽权而权愈散，能防之于庭外，而不能失之于旁出。祖宗未尝不以事权付中书，而能使臣下无专制之私者，以有台谏、封驳之司也。”

对此，南宋学者陈亮进一步解释说：“自祖宗以来，军国大事，三省议定，面奏获旨，差除即以熟状进入，获可，始下中书造命，门下审读。有未当者，在中书则舍人封驳之，在门下则给事中封驳之。始过尚书奉行。有未当者，侍从论思之，台谏劾举之。此所以立政之大体，总权之大纲。端拱于上而天下自治，用此道也。”

台谏的积极作用，北宋名相吕公著曾有如下概括：规主上之过失，举时政之疵谬，指群臣之奸党，陈下民之疾苦。言有可用，不以人微而废言；令或未便，不为已行而惮改。其在制衡权力方面，主要有以下几点作用：

其一，制衡相权。在各种权力中，相权是皇权最大的威胁。由于宰

相的特殊身份和地位，在百官中无疑是最具威严的，他的一言一行，对朝中官员都有极大的影响。为制衡相权，宋太祖一方面通过设置参知政事一职，分化宰相权力，一方面又通过台谏，对宰相的言行进行监督检查，节制其滥用权力。宰相赵普的下台，虽说因为其做了许多违法之事，但这些事皇帝是不可能亲自查明的，而是通过台谏的举报而得知的。宰相的去留与台谏论劾也有很大的关系，即“祖宗以来，执政臣僚苟犯公议，一有台谏论劾，则未有得安其位而不去者”。

其二，监察在京诸部、司。宋代的台谏沿用唐朝旧制，用监察御史对中央各机构进行监督，目的是整肃吏治，提高办事效率。对朝中各部官员的言行举动，监察御史也有权直接向皇帝奏报，其积极后果，正如宋人所说：“诚使应在京官局，御史得以按治一切，若监司之于郡县，其庶几人知畏向，而法度有维持。”

其三，监察地方，督责监司。监司是宋代中央控制州县官吏与地方行政的重要机构，又称外台，本身就是地方常设的最高监察机构，诸监司长官相当于地方的最高监察官。而御史台的职责就是督责监司来监察地方，如果出现“监司不职，则令言事御史弹奏”。因此，台谏虽然对地方官府和官员不直接进行监控，但通过其外围机构——监司，来达到监察地方的职能。

台谏制度的设立，还有利于制造臣子之间的相互制衡，使之不至于结党成派，形成一定的势力和规模，这也是历代统治者所经常采用的制衡百官的方法。台谏官作为皇帝的耳目，有责任收集官员结党营私的罪证，并在皇帝的授意下当朝举报，给百官在心理上造成一定的压力，使之感觉到皇权的威严与监控网络的细密。

任何一种制度，如果失去了约束机制，必将很快走向灭亡。对权力的约束，可以使权力能够在其范围之内充分发挥其作用，而且不会出现权力的滥用。只有这样授权，然后又进行约束监管，才能达到我们的目的。

学会珍惜权力

并不是每个人生下来就有权力，权力是通过后天的努力而得来的。在与别人争夺权力的时候需要付出很多。如果是一个文人想要从政，不仅需要饱读诗书，而且还要通过考试。而武将的权力就是要在战场上浴血奋战，如果想要获得一个职位，需要用自己的伤疤来换得。当然，在取得这样的权力之后，人都会珍惜，有的时候还会把权力看得比生命还重要。

如果是君主更要珍惜权力，而这里的权力就是珍惜来之不易的江山和皇位。用另外一句话来说，就是如果想要成为一个贤明的君主，只有重用贤臣良将，才能使国家不断强大，百姓生活幸福，以及创建造福子孙的江山社稷。具体来说，君主运用权力主要表现在把握和分配权力，不仅要掌握着国家的行政大权，而且要让臣子们做到各司其职，各负其责。

在给臣子们一定权力之后，他们必然会珍惜，因为下放权力就意味着皇帝对自己的信任。另外，在做好自己分内事情的同时，他们也会想尽一切办法来做出好的成绩，进而来回报君主和国家。

因为官员的级别不同，所以权力也就不同。虽然这样，官员身上也是有共同点的，即运用好手中的权力为皇帝和国家排忧解难。文臣的责任就是辅佐皇帝治理好国家，让百姓过上幸福的生活，社会安定有序。武将的责任是带好兵，打好仗，管理好军队，在战场上奋勇杀敌，保卫国

家的安全。

在运用权力方面，很多君主都可以做得很好，但是与宋太祖比起来，还是略有逊色。在做皇帝之前，宋太祖已经懂得如何运用手中的权力。

追随周太祖郭威之后，宋太祖依靠军功，从一名普通的士兵逐渐成为一名军官，然后拥有了自己的权力。对于这个用生命换来的权力，宋太祖分外珍惜，他不敢有任何差错，只要是自己分内的工作，他一定会努力做好，其目的就是未来可以升迁。随着官位越来越高，赵匡胤有了越来越大的权力。

在周世宗柴荣的帮助下，赵匡胤在各方面表现更为突出。在战场上勇于奋战。在危难时刻总能保护好君主。当然，在征战的过程中，赵匡胤已经了解到自身的不足，也就是知识较为贫乏。为了克服自己的弱点和缺陷，赵匡胤不断努力阅读诗书，从中汲取知识，学习治国安邦的道理。在统兵打仗期间，宋太祖作为守卫寿州的主将，权力很大。虽然这样，但他也没有滥用权力，时刻谨记自己的职责。在亲情和孝道面前，他也没有折腰。当时父亲病重要求进城，作为统帅的他也没有给父亲开后门，而是将父亲拒之城外，结果导致父亲受了风寒，病情不断加重，不久之后就去世了。

当时的赵匡胤只是一个臣子，忠于皇上。他遵纪守法，从来不会顾及亲情，一心为皇上效力。虽然从表面上看不出来，但是事实上，他内心是非常痛苦的。当然，对于他的这份痛苦，没有人知道，更没有人明白。当周世宗让他负责整顿禁军之后，宋太祖已经深入到权力高层的最核心。正是有着远大的抱负，他才不断努力，只要机会来临，他就能顺势抓住，而且很容易取得成功。宋太祖没有辜负周世宗的期望，对禁军进行了大刀阔斧的改革，之前的禁军是较为松散懈怠的，但是经过他的努力，打造成了一支作战勇敢、纪律严明的铁军。不仅仅是这样，在改造军队的过程中，赵匡胤还结识了很多好朋友和出生入死的兄弟，而且在中下层军官和士兵中树立

了极高的威信。如此种种都为他将来称帝打下了坚实的基础。

有这样一种说法，即“功高盖世，必遭杀身之祸”。因为周世宗疑心特别重，所以对那些带兵打仗的将领心里更是存有芥蒂，即使是自己的心腹之人，他也要加以防范。即使赵匡胤真的是对他忠心耿耿，但这并不能使周世宗完全放心。

有历史资料记载，周世宗特别迷信，他认为凡是能够最后成为皇帝的人一定是肥头大耳，有尊贵的面相。所以，为了避免那些有大耳的人夺去皇位，周世宗曾密令一些心腹，背地里罗织罪名，把那些有皇帝之相的人都给杀了。谁知，赵匡胤也是大耳之人。有一天，周世宗与宋太祖在一块喝酒，在稍微有醉意的时候，周世宗说：“爱卿方面大耳，一派帝王之相，说不定他日会位居九五之尊呢？”当赵匡胤听到他这样说的时候，吓得酒意全无，浑身冒虚汗，赶忙起身离座叩头道：“臣不仅方面大耳，而且身壮如牛。不过，臣的躯体以及性命，都属于陛下。如皇上喜欢，臣一切都奉献给您。”周世宗掩饰道：“爱卿言重了，朕只不过随口说说而已。”但是，赵匡胤仍然表现出特别悲痛的样子，说：“陛下您刚才所说的话，对于臣下来说好比是万箭穿心。臣下的确是有大耳朵，但是这都是父母所赐；皇帝能够登上皇位，那是天命。臣不能违父母之命而长成这副模样，好比陛下不能违天命而拒登皇位，陛下看臣该如何是好呢？”周世宗一听此话，不禁开怀大笑道：“朕不过酒后戏言，爱卿何必当真？”正是赵匡胤善辩，才打消了周世宗的疑惑，不仅保住了性命，同时也保住了权力和地位。

在成为皇帝之后，赵匡胤明白地位和身份都发生了变化，随之而来的就是权力的变化。在这个时候，拥有全国最高权力的人就是他。但是，他一直在考虑如何才能充分利用手中的权力，来保证江山社稷的稳定。

在这些问题上，宋太祖采用了安抚与镇压两种办法。只要百姓和后周

旧臣忠于自己，宋太祖就会采用安抚的方式来对待他们，而且还会给他们职位、权力和俸禄。百姓则会得到更多的福利，减免税收，军队不要扰乱百姓，更不能抢百姓的财产……如果是对宋太祖心怀不轨，他会采取强硬的措施，更多的是采用武力，做到区别对待。

登上皇位之后，为了拥有更多的权力，宋太祖开始考虑统一大业。宋太祖认为，要想国家繁荣富强，百姓生活幸福，拥有一个和平的环境是最重要的，所以出于这个目的，宋太祖决定统一全国。他充分发挥自己和官僚的聪明才智，制定了"先南后北，先易后难"的政策，重用人才，完成国家统一。从此，宋太祖的权力扩大到了整个中原地区。

在这之后，为了能够保证国家稳定，宋太祖决定由自己掌握财权、兵权及人事权。而且各级官员重新调任，全权为自己服务。这一点就足以说明了宋太祖是非常重视权力的。正是在他的英明统治之下，社会安定，国家富足。

在用人权上，宋太祖的表现尤其令人叹服。为了让臣子们忠心为国，他实行以德服人、以仁治政的方法，极力笼络文臣武将，让他们感受到皇帝的恩义和仁慈。对有功之人，宋太祖能够打破陈规，破格赏赐。之前提到的西山巡检使郭进，因镇守边关有功，太祖曾下令在京城为其修造府第，规格与亲王、公主的府第相同。当其他臣子表示逾越常规时，宋太祖只解释了一句话："郭进尽忠国事，使我无西顾之忧，我对待他难道不能像对待我的子女一样吗？又有什么不可的呢？"

当然，宋太祖奖赏有功之臣，惩罚有罪之臣，做到赏罚分明。很多开明的君主都做到了这一点。因为只有这样做才能让臣子们臣服于自己，进而保证国家和政权的稳定。

权力不是天上掉下来的，也不是无缘无故就可以拥有的，它需要人的不断努力和奋斗。当一个人拥有权力的时候，并不表明权力一直待在某个

人的手中，如果得不到善用，它也是很快会转移到别人的手中。很多人虽然现在无法拥有权力，但是谁都无法断定将来的事情。其中，关于权力最重要的是如何看待权力和运用权力。只有不断重视和珍惜权力，一个人才能逐渐走向成功。

第七章

宽容迎来豁达人生——赵匡胤这样对我说宽容

多一些人情味，多一分慈悲，多一些柔软语，多一点关爱的眼神，人与人之间就能连成一片深阔的天空，蔚蓝而澄澈。宽容是一种胸怀，也是一种气度。“水至清则无鱼，人至察则无徒”，宽容是人生的大智慧，懂得宽容的人才能拥有充实丰盈的人生，才能生活得更加悠游畅达。

豁达是一种宽容

宽容是人类生活中至高无上的美德。因为宽容包含着人的心灵，因为宽容可以超越一切，因为宽容需要一颗博大的心。因为宽容是人类情感中最重要的一部分，这种情感能融化心头的冰霜。而缺乏宽容，将使个性从伟大堕落成连平凡都不如。

后周恭帝柴宗训是周世宗柴荣32岁时得的儿子。此前，柴荣还有三子，都在乾祐三年（950年）被后汉隐帝刘承祐杀害。柴宗训生于广顺三年（953年）八月四日，其母是柴荣侍妾。继柴宗训之后，柴荣又得三子，宗训居长，故得以继承皇位。

赵匡胤代周时，柴宗训才7岁，他的三个皇弟皆幼小，有的尚在襁褓之中。赵匡胤既得皇位，没有像其他新君那样，将前朝皇子斩尽杀绝，而是以罕见的大度和宽容保全了他们的性命，并特许承袭封爵。这一方面是赵匡胤未忘世宗之恩，更重要的是为了帝位的巩固。他把安定看得至为重要，他不希望看到因仇杀带来的混乱。

史籍中记载了这样一则故事：某日，赵匡胤见宫妃抱一小儿，面有惊恐之色，便询问小儿是谁，宫妃怯生生地回答：是世宗之子。此时，赵普在侧，力主杀死此儿，赵匡胤迟疑有顷，摇头道："即人之位，杀人之子，朕不忍为。"遂令宫妃好好看护，不得有丝毫差池。后周旧臣潘美得

知此事，大受感动，说："臣与陛下曾北面共事世宗，若劝陛下杀死此子，自觉有负世宗；若劝陛下不杀，又恐陛下生疑。今陛下天恩浩荡，赦免世宗遗子，真明君也！"

赵匡胤微微一笑，道："此子可交爱卿收养，易名可也。"于是，潘美领养了这个皇子，更其名曰潘维吉。此子长大后官至刺史，竟然不枉为帝室之后。赵匡胤还立下祖宗家法："柴氏子孙，有罪不得加刑。纵犯谋逆，止于狱内赐尽，不得市曹刑戮，亦不得连坐亲属。"

赵匡胤对后周宗室的宽容和保护在后周官僚中产生很大影响。他们不再心怀疑虑，忐忑不安，而是以一种轻松坦然的心情等待着新君主的恩赐。他们充满信心地认定，后周宗室既得保全，他们这些前朝旧臣也不会遭到厄运。他们希望得到信任和录用，心甘情愿地为新王朝再效犬马之劳。他们从内心深处觉得，新君主胸襟宽广，治国有方，值得他们为之效力。

宽容是消除报复的良方。对于心地宽容的人来说，没有什么不可以饶恕的。在你宽恕别人的同时，也会将自己内心的仇恨一并消除。

有一次，一位作家与两位朋友阿尔和马修一同出外旅行。

三人行经一处山崖时，马修失足滑落，眼看就要丧命，机灵的阿尔拼命拉住了他的衣襟，将他救起。

为了永远记住这一恩德，动情的马修在附近的大石头上，用刀镌刻下这样一行字："某年某月某日，阿尔救了马修一命。"

三人继续前进，几日后来到一处河边。可能因为长途旅行而疲劳的缘故，阿尔与马修为了一件小事吵起来了，阿尔一气之下打了马修一耳光。

马修被打得眼前直冒金星，然而他没有还手，却一口气跑到了沙滩上，在沙滩上写下一行字："某年某月某日，阿尔打了马修一记耳光。"

旅行很快结束了。回到家乡，作家怀着好奇心问马修："你为什么要把阿尔救你的事刻在石头上，而把他打你耳光的事写在沙滩上？"

马修平静地回答：“我将永远感激并永远记住阿尔救过我的命，至于他打我的事，我想让它随着沙滩上字迹的消失忘记得一干二净。”

宽容就是记着别人对自己的恩典，忘掉别人对自己的伤害。用爱和感激来代替仇恨，化解积怨。

有这样一则小故事：有一人夜里做了个梦，在梦中，他看到一位头戴白帽，脚穿白鞋，腰佩黑剑的壮士，向他大声斥责，并向他的脸上吐口水……于是从梦中惊醒过来。

次日。他闷闷不乐地对朋友说：“我自小到大从未受过别人的侮辱，但昨夜梦里却被人辱骂并吐了口水，我心有不甘，一定要找出这个人来，否则我将一死了之。”

于是，他每天一早起来，便站在人潮往来熙攘的十字路口，寻找梦中的仇人。几星期过去了，他仍然找不到这个人。

结果，他竟自杀而死。

啼笑皆非之际，你是否想到，幸亏他记忆力不好，要寻找的是和梦中骑士一样的人，找不到便自尽，倘若他真将街上的某个人认为是梦中的骑士，那岂不是要与别人拼命，这必会殃及无辜。

而一颗克服了狭隘的心灵犹如久旱后的甘霖，使人从琐碎的烦恼中挣脱，变得坦荡，变得心胸开阔。所谓心无芥蒂，天地自宽。宽容需有一副豁达的胸襟。

“如果你握紧一双拳头来见我，”威尔逊总统说，“我想我可以保证，我的拳头会握得比你更紧。但是如果你来找我说：‘我们坐下来，好好商量，看看彼此意见相左的原因何在。’我们就会发觉，彼此差距并不那么大，相异的观点并不多，而且看法一致的观点反而居多，也会发觉只要我们有彼此沟通的豁达、诚意和愿望，我们就能沟通。”

是的，面对剑拔弩张的冲突，如果你发发脾气，对人家说一两句不中

听的话，你会有一种发泄的快感，但对方呢？他会分享你的痛快吗？你那充满火药味的语气，能使对方赞同你吗？这个时候，只有豁达才能让你化险为夷，给你最丰盈的回报。

人生注定是一条坎途，一条不以任何人的意志为转移的路途，人这一辈子与其悲悲戚戚、郁郁寡欢地过，倒不如痛痛快快、潇潇洒洒地活。可人生一世，那么多的风风雨雨、坎坎坷坷，怎样才能活得洒脱自在呢？豁达就是这其中的奥秘。豁达是一种超脱，是自我精神的解放．人要是成天被名利缠身，对于得失必精打细算，得失算得精精的，树叶子掉下来都要发出凄凉的感叹，那还谈什么超脱与豁达？

凡事到了淡，就到了最高境界。天高云淡，一片光明。人生肯定要有追求，但追求是一回事，结果是另一回事。记住一句话：事物的发生发展都必须符合时空条件，有“时”无“空”，有“空”无“时”都不行，那你就得认了。人活得累，是心累，常唠叨这几句话就会轻松得多：“功名利禄四道墙，人人翻滚跑得忙；若是你能看得穿，一生快活不嫌长。”

豁达是一种宽容。恢弘大度，心无芥蒂，肚大能容，吐纳百川。飞短流长怎么样，黑云压城又怎么样？心中自有一束不灭的阳光，以风清月明的态度，从从容容地对待一切，待到廓清云雾，必定是柳暗花明。

宽容大度化解矛盾

一个大度的人，必定也是一个宽容的人。心胸宽广如海洋，一望无

际；气度宽宏如天空，蔚蓝无边。天蓝蓝，海蓝蓝，心才灿烂。

历史学家笔下的赵匡胤，是一个宽厚仁和的形象，近于忠厚长者般的帝王。他起于乱世，以宽厚的胸怀征服天下，以柔术化解内部矛盾，建立起了大宋300年的基业。

赵匡胤登基之后，勤于政事，宵衣旰食，不敢稍有懈怠。为了大宋政权的稳固，他要尽力排除种种不利因素，稳妥处置兵变之后的善后事宜，力求迅速站稳脚跟，为下一步甩开大步，开创大一统新局面夯实基础。

眼见着朝中局面大致稳定，新臣旧臣多已归心。他便把目光投向了里巷市民的身上。京城的稳定，是全国稳定的关键；京城的人心向背，是全国人心向背的一面镜子。

他要车驾出巡，亲眼看看京城的社会秩序和市民的生活状况，这些东西不能光听大臣们奏报。

这日早朝之后，宋太祖决定巡查京师。当时的出巡仪仗还比较简单：仪仗之前，是由几十名禁军组成的“驾头”，“驾头”之后，便是太祖的步辇。步辇后面是擎着伞扇的方队，方队后面跟着公卿百官。再后面，才是训练有素的“劲骑护卫”。

当太祖的步辇缓缓行过御街，跨上大溪桥时，太祖正在东张西望，察看市井街肆的行人和生意摊点。当他看到来来往往的人群脸上都呈现出宁静的表情，各种买卖都显得十分红火，市井一片繁荣时，心中感到特别欣慰。改朝换代，市民百姓们不仅未受刀兵之苦、战火之灾，甚至连日常的生意往来也未受到什么影响，各方面的生活秩序迅速趋于正常。这是历史上任何一次江山易姓时少有的现象，也正是自己成功地发动了这次流血兵变未带来任何负面效应的有力佐证。显而易见，这是自己匠心独运，巧妙地夺取天下的一篇杰作。

就在他这样喜滋滋地沉思着的时候，却听到“嗖”的一声，一支利箭

携着风啸，闪电一般向着自己的脑门射来。太祖大吃一惊，来不及思索，几乎是本能地将头一歪，那箭紧贴着太祖的耳边疾飞而去，深深地插入了后面的伞扇之上。

变起仓促，仅在瞬息之间。这突如其来的偷袭让人防不胜防，几十名“驾头”禁军大惊失色，纷纷亮出刀剑，扑向围观的人群，搜索刺客，百姓们都吓得仓皇退避。后面数百名“劲骑护卫”反应迅捷，在高怀德指挥下一个个猱进鸷击，飞纵而来，迅速地将街衢两端和各个巷口封锁住，将现场的百姓一个不漏地团团围住，接着便开始不分男女老幼，挨个搜身。街市上顿时大乱，菜篮子倒了，果筐翻了，几百名被围的市民百姓就像一群被网进樊笼里的小雀儿，瞪着一双惊恐不安的眼睛，你碰我撞，尖声叫嚷，更有孩子和妇女的哭声夹杂其中，熙宁安详的市井一下子遇上了塌天大祸。

后面的公卿百官早已围拢过来，一个个惊惶失措，忐忑不安。看到皇上并未受到伤害，有惊无险，这才稍觉放心。

范质作为前朝重臣，又是当朝首辅宰相，深感责任重大，难辞其咎。此时仍惊魂未定，脸色灰白，大张着嘴巴，胡须簌簌抖动着，却一句话也说不出来。

随侍在御辇一旁的赵光义只觉得一股怒气直冲脑门儿。新朝才建立不久，有人就敢在光天化日之下谋杀皇上。仇家是谁？如此穷凶极恶，胆大妄为。此人对当今天子，对他赵氏王朝，必定有着不共戴天的深仇大恨。无论如何，也要缉拿住这个凶犯，斩断这一祸根。

一念及此，他便对卫士们厉声喝道：“凶手就在人群之中，谅他插翅也难飞走。现场的一干人众不准放走一个，不分男女，无论老幼，全部抓捕入狱，逐个严加审讯，不信这凶犯会上天入地。”

皇上的御弟一声令下，虎狼一般壮健的护卫们立即开始抓人，绳捆索

绑，拳打脚踢，哭喊之声响成一片。

宋太祖一直坐在御辇里，变故发生得太突然，令他着实吃了一惊。但他很快便稳定了情绪，恢复了平日的宁静，面色安详，神态如初，静静地观察着事态的进展。

然而，他的大脑却在急速地运转，心里已掀起了万丈狂澜。

同弟弟赵光义一样，最先闪入他脑海里的第一个问题便是：这凶手能是谁呢？

很显然，这不是他赵匡胤的私人仇家，也不是他赵家的宿仇。这是大宋王朝的仇敌，是仍在深深地眷恋着那个已经寿终正寝了的旧王朝的敌对势力。那支向他射来的利箭，不仅仅是要置他赵匡胤于死命，更是要置大宋王朝于死地。那箭镞上凝聚的是你死我活的无法调解的仇恨。

宋太祖感到一颗心在下沉，心底里泛起了一股凉气。他的怀柔政策，他的宽容大度，他以德报怨的种种做法，看来并不能感化所有的人，不能化解所有的仇恨。自己是不是太妇人之仁，太心慈手软，这样会不会铸成千古大错？

自古以来，朝代更替，江山易主，都充满着杀戮，充满着血腥，哪有这么风平浪静、鸡不飞狗不跳的？平常百姓们都讲“无毒不丈夫”，何况是一代开国君王。想到此，宋太祖不禁杀心顿起，眼睛中射出两道寒光。不错，一定要逮住这个凶手，再顺藤摸瓜，盘查出他的同党和幕后指使者，将他们一网打尽，处以极刑。

但就在此时，一声尖利的撕心裂肺般的哭喊冲进了他的耳鼓。循声望去，只见一个妇人被捆得像个粽子，正在披头散发地挣扎着。一个三四岁的小男孩死死地抱着她的双腿，已哭得声嘶力竭。

宋太祖的心像被蜂子蜇得哆嗦了一下。凶手只有一个或是几个，全都隐藏在暗处。真想查个水落石出，这几百名老老少少都得投入大狱，然后一

个个诸刑交逼。霎时之间，就不知有多少人要筋断骨折，多少人要血肉模糊，多少人要含冤死于无情的酷刑之下，而这一切都在自己的一念之间。

宋太祖犹豫了，他又想到了人心向背。这次出巡，一个很重要的目的就是要收服民心，稳定秩序。一下子把这么多无辜百姓抓进监狱，汴京的市民，乃至全国的黎庶百姓会怎么想、怎么看？他们会对自己这个皇帝，这个朝廷感到心寒，感到齿冷。

再说了，就是查出凶手，查出他们的朋党，挖出幕后操纵的主谋，也必定拔出萝卜带出泥，牵连出一大批官员甚至朝臣。况且在严刑峻法之下，谁又能保得住这些凶手不会像疯狗一样胡攀乱咬？到那时大狱迭起，冤案丛生，风声鹤唳，人人自危，朝野上下一片震荡，这个新生的王朝如何经受得起？

想到这一层，宋太祖禁不住打了个寒战，一怒之下，险些酿成不可弥补的过失！

宋太祖又一次平静了。他此时的心境就如一泓微风不动、细浪不起的静水。他突然站起身来，下旨停止搜捕，将所有人众全部松绑释放。然后用手指着自己的胸脯，大笑着说道："让他射，朝这里射，看他能奈何朕！帝王之兴，自有天命。先朝皇帝在时，见方面大耳者便加疑忌，甚至必欲杀之。而朕终侍其身侧，却终不能害朕。有天命者任自为之，岂惧几个蟊贼？这么多黎庶，皆朕子民。朕怎忍心为查凶手而株连无辜，殃及良善？你们各自回家去吧，此事到此为止，朕决不难为你们。就是放走一两个逆臣反贼，岂能撼动我大宋江山？"

说罢，宋太祖命车驾起行，也不准改变路线，继续向前巡察。

数百名百姓一时被弄得晕头转向，转眼之间，便经历了命运的大起大落。刚刚被抛入了危亡的深谷，大难临头生死难卜；又忽然被救上了安全的堤坝，烟消云散，转危为安。

脱离了险境的百姓们本该匆匆逃离这个是非之地。但不知为什么，他们谁也没走，竟不约而同地跪在当地，朝着宋太祖远去的御辇连连磕头，一声接一声地高呼着："皇上万岁，万万岁！"

宋太祖的车驾在文武百官的簇拥下，在主要街市和居民区巡行一遍，直到太阳偏西的时候，才回到皇城。

一路上，宋太祖的心里很不平静。这次谋杀事件虽未成功，但它却是一个危险的信号。新王朝的反对势力尽管已经非常微弱，但是，这并不能说明大宋王朝与后周旧臣之间的矛盾已完全消弭。前几天，翰林学士王著在一次宴会上，酒后显真情，因怀念周世宗而痛哭失声。恐有更多的人表面上虽不说什么，但与新王朝只是貌合神离，还没有真正站到赵宋政权一边来。新旧之间的矛盾仍在潜伏着，继续着，随时都可能激变为兵戎相见的对立。

然而，对于这些看不见的反对力量，却不能大加挞伐，那样就会殃及无辜，扩大矛盾，只能起到为渊驱鱼的作用。太祖还是坚信，自己登基以来所实行的怀柔之术没有错，冲突会渐渐缓和，矛盾会逐步化解，敌对势力掀不起能让宋王朝翻船的大浪头。

最终赵匡胤并没有追究这件事，而是选择了大事化小、小事化了的方法，并且，在之后的日子里更加全面地治理国家，国家一天天繁荣昌盛，太祖作为一个好皇帝的形象，也逐渐深入人心，慢慢地怀念前朝的人在赵匡胤的宽厚治理下，也开始转变了对于赵氏政权的态度。

宽容大度是一种美德，"人之心胸，多欲则窄，寡欲则宽。"小肚鸡肠，难容他人者都是自私自利之徒。宽容大度是黏合剂，能容人就是团结各种人，受人拥戴；心胸狭窄，不能容人，结果必是孤家寡人。宽容大度，有利于己，有利于人，更有利于社会。

海纳百川，有容乃大

太祖治国之时恩威并施，广开言路，如此一来各地的奏章和上疏继续源源不断地涌往朝廷，有地方各级官员的，也有普通士绅百姓的。对于普通百姓的上疏，宋太祖是每封必读，不允许任何截留和扣押。他认为，这些来自最底层的草民们的呼声，才是最真实的第一手民情、社情。

这天散朝之后，他又在认真地批阅着这些奏折和状词。来自沧州的一封上疏引起了他的注意。上疏的是一个乡村绅士，叫张保利。他上疏状告横海节度使（治所在沧州）张美，说张美倚仗权势，强抢了他的女儿张小梅为妾，并且强行掠夺本村民钱四千多缗。

太祖看过状子以后，心情久久不能平静。欲待不相信，状词写得有名有姓，有枝有蔓，连时间、地点、证人等各种细节都清清楚楚。欲待相信，又觉得张美不可能办出这样的事。

在太祖的心目中，张美在众多节度使中是个少有的好官。沧州一带，自古民风强悍，山贼流寇多如牛毛，绿林好汉侵扰官府、大户，强人出没打家劫舍、剪径绑票的事屡见不鲜，社会治安混乱，普通百姓不堪侵扰，怨声载道。朝廷曾派过几任节度使前往镇守，都不曾改变这种积重难返的混乱局面。

后来，朝臣们举荐张美任职此地。张美到任后，先发兵剿平了沧州一

带最大的几股山寇，接着对诸多小股匪盗剿抚并用，恩威兼施，使许多流贼望风投诚或隐形遁迹，很短的时间内，便使境内大治，人心安定，甚至出现了多年来未有过的夜不闭户、路不拾遗的清平局面，一时颂声大起，沧州百姓几乎是有口皆碑。

可是，这才刚刚一年多，怎么就出现了这样的事情？太祖要亲自审问，弄清这到底是怎么回事。

他把张保利召到汴京，在一个便殿中召见了他。张保利乃一介布衣，平日连个县大老爷也不曾见过，忽然被召到京城，见到至高至尊的皇上，早吓得浑身抖动不止。他匍匐在地上，不停地磕头，却不知说什么好。

太祖见他这么紧张，便和颜悦色说道："你就是状告张美的张保利？""是，皇上，草民就是张保利。""好了，你平身吧，不用害怕，赐座！"当值太监慌忙端过一把椅子，扶张保利坐在上面。这可是天大的殊荣，在皇上面前说话，连当朝宰相也得垂手而立。

太祖又问道："张保利，那张美是如何强抢你女儿，霸占为妾的？"

张保利忙回道："万岁爷，草民所告没有半句假话。那日张大人带兵巡察，来到敝庄。俺阖庄百姓念他有恩于俺，定要留他和众弟兄们吃顿饭。草民在庄上算是首富，房屋宽敞，便在俺家设下便宴，庄上几个有头有脸的人物前来作陪。张大人能在俺家吃饭，这是俺草民几辈子都碰不上的贵客。为了表示对高人贵客的尊重，俺就让拙荆和女儿来席间敬酒。谁知这张大人几杯酒落肚，竟忘了自己的身份。见俺女儿有些姿色，当场便有些把持不住，言谈举止开始失态。俺怕闹出事来，在乡亲面前出丑，便连忙叫老婆和女儿退出去。可是酒足饭饱之后，那张美非要纳俺女儿为妾，当时就要带走。俺慌忙求饶，说女儿还小，请大人开恩。可那张美执意不听，还火冒三丈地蹬翻了桌子。见他带着的那几个兵丁，一个个如狼似虎，吹胡子瞪眼，俺再也不敢做声。就这样，张美强行带走了俺女儿，

临走时又说没有妆奁钱，让乡亲们凑了四千缗。说是日后再还。但乡亲们谁不知道，这钱是肉包子打狗，有去无回。他欠下债，日后说不定还得俺替他偿还。草民以上所说，句句属实，还求万岁爷替小人做主。”说罢，竟呜呜咽咽地哭了起来。

太祖一面听着，一面在心里琢磨，看来张保利所告不会有假。可是像张美这样一个精明强干的能员，就毁在这件事上吗？他有点不甘心，更有点舍不得，沉默了多时，才缓缓问道：“你女儿今年多大了？”

张保利答道：“今年虚岁18。”

“可曾许配人家？”

“回皇上话，小女虽生在乡村，却略通文墨，眼界甚高，至今尚未择得中意之人。”

太祖点点头，把话题一转，又问道：“你们沧州，在张美未去上任之前，百姓们的日子还安定吗？”

“那时很不安定，兵来匪往，百姓们天天提心吊胆地过日子。”

“那现在呢，从张美镇守沧州以后，情况如何？”

“草民实话实说，自从张美来到沧州，再也没有兵寇之忧，盗匪之乱，百姓们能够安居乐业了。”

太祖叹口气道：“唉！人无完人，金无足赤。张美镇守沧州，保住了你们沧州千万百姓的生命财产，此恩此德，不谓不大。你今天状告张美，无非是要朕贬黜他。这很容易，只要朕一句话，不要说贬官，就是杀头也行。可是俗话说得好，‘千军易得，一将难求’，像张美这样的人才不好找啊。朕怕贬了张美，再派别人，你们沧州百姓又要沦入虎狼横行的水深火热之中。朕倒不是爱惜张美，而是爱惜你们沧州百姓啊。”

太祖说到这里，略一停顿，看看张保利，见他默然不语，便又说道：“你女儿既然尚无婆家，如今与张美又已经生米煮成了熟饭，若治张美之

罪，你女儿将何以自处？”话刚说到这里，那张保利忽然抬起头，睁大了眼睛，禁不住连连点头，似是有所恍悟。

太祖继续说道：“张美才30多岁，年纪不算太大，已经是朝廷的节钺大臣、守疆大吏。人品、才干均属上乘。你女儿虽说比他小十几岁，但这年岁差别也不算太大。以张美的身份、品质，也足可以为你张家光耀门楣了。以朕看来，这倒是一桩打着灯笼也难寻的美好姻缘。你女儿若找个普通人家，彩礼钱是多少？”

张保利道：“大概是五百缗。”

“来人，取一千缗来，这算朕为张美交的彩礼钱。”

小太监捧着一盘银币走到张保利面前，张保利哪里敢收，慌忙说道：“万岁爷的钱，草民宁死也不敢要，这不要折煞草民几代吗？”

太祖笑了，说道：“这是彩礼钱，权当朕借给张美的，你收下理所当然，天经地义。张美强取你庄上那四千缗，朕随后便责令他前去偿还。再者，你若是不嫌弃，朕倒愿为你女儿和张美保媒，做个月下佬，你们这门亲事，也就算是明媒正娶了。”

太祖前面的一通话，对张保利已是指点迷津，他听着合情入理，心中早没有了半点怨恨。又听说皇上要亲自保媒，这是天大的荣耀，天大的喜事。张保利慌忙趴在地上一个劲儿磕头道：“谢谢皇上，皇上万岁。皇上就是当今活菩萨，小民全家，不，俺全庄老少都祝皇上万寿无疆！”

送走了张保利，宋太祖并没感到轻松。这个张美，稍有点功绩就翘尾巴，也不能轻易地放过他，得让他心中有数，自惭自责。

第二天，宋太祖命人把张美留在汴京的母亲召来，劈头便说了张美在沧州的所作所为。

老太婆吓慌了，颤巍巍地叩头谢罪道：“妾在阙下，实不知此事。但教子无方，妾身知罪。”

太祖让她平身，说道："知罪就好，朕不责罚你。"然后又让人取来一万缗钱赐给老人。老太婆正在惶惶然不知所措，却听太祖道："你把这钱交给张美，让他赶紧把掠夺老百姓的钱如数还上。另外，你告诉你儿子一声，他要是缺钱花，就让他来向朕要，不要去搜刮百姓。"

张美的老母不顾年老体弱，让家人和丫鬟陪着，连夜雇车赶往沧州。

张美听老母责问诉说之后，开始心惊胆战，继而感激涕零。他满含热泪面向汴京方向双膝跪地，向皇上起誓，从今以后要廉洁勤政，爱民如子。磕完头要起身时，却发现白发苍苍的老母亲也跪在身旁，向着汴京方向磕头诵经，两行热泪从她那满是皱纹的脸颊上簌簌地往下流。

此后不久，张美清廉爱民，地方大治的卓越政声便开始闻名朝野。

对别人显示出宽容的气度，会收到意想不到的效果。宽容别人，是指宽容别人的过去。既然过去的事情已经发生了，不如索性让它过去好了，重要的是能够从过去所发生的事件中汲取经验教训，对今后事态的发展起到一些补益作用。

人与人之间需要博爱

人与人相处需要博爱、需要理解、需要帮助，这样我们的生活才会更好。作为管理者不仅要有仁爱之心，更要有博爱精神，只有这样才能促使企业和谐发展。赵匡胤以民为本治理国家，可见他的博爱精神。

延续50余年的五代十国时期是中国历史上的乱世。这期间，军阀混战

频仍，朝代更迭甚速，北方地区遭到了严重的破坏。仅以人口而论，唐天宝十四年（755年）为891万户，至宋建隆元年（960年）在宋王朝的版图内才96万户，其后加上平灭南方诸国的人口也只有254万户！

户口的锐减，生产的破坏，极大地影响了国家财政收入，统治者为了支付战争的巨大开支和奢侈生活的需要，必然要加倍对人民进行榨取和剥夺，并以严刑峻法维护这种榨取和剥夺，这样，赋敛繁重，徭役无休，便不可避免了。

从五代乱世中走出的宋太祖耳闻目睹了残酷的社会现实，深知不爱惜民力，任意驱使，必将如奔车朽索，危及王朝统治。所以，在他即位之初就对侍臣说："烦民之事，朕必不忍为。"

宋太祖此言并非表面文章，从其发布的有关政令看来，他是努力付诸行动的。比如，他把大部分差役交给厢军和基层衙吏承担，使四等以下户所服差役较前代大为减轻。在宋代，全国户籍分为主户和客户两大类，有土地的人家不管土地多少都称为主户，没有土地的民户称为客户。主户又按占有土地和财产多少分为五等，一、二、三等为上户，四、五等为下户，四等又称中户。上户是大地主和中、小地主，中户是仅有十几亩到数十亩土地的自耕农，下户是仅有极少一点土地的半自耕农。客户是靠租种地主土地为生的佃农。中、下等户和客户是徭役的承担者。

徭役是政府强迫农民承担的无偿劳役。较大规模的劳役有修治黄河，疏浚运河，修筑堤堰，修筑城池、官舍、桥梁、道路等。此外，诸如运送粮草、茶盐等官物，也要征发役夫承担。临时性的无偿差遣称为夫役，因其多从事于河川等土木事业，其时间又多在农闲的春季，故叫调春夫；为应急务而急遽征集，叫调急夫。另有沿交通沿线负责传递文书的递铺等。递铺又分步递、急脚等。

鉴于五代以来徭役的苛重，宋太祖即位后罢去了平民充当急递铺夫的

劳役，改用军卒承担此役，建隆二年（961年）诏曰：“诸州勿复调民给传置，悉代以军卒。”建隆三年（962年），又罢去征用民夫搬运戍军衣服的劳役，改用“官脚”代替。

“弓手”是维护地方治安的县役，掌管捕捉盗贼、巡查市场等。宋太祖以为扰民，便在人数上加以控制。如万户以上大县，建隆三年名额为50人，开宝元年减为30人；两千户以下至一千户以上，由15人减至10人。此等差役员额的减少无疑将使大量农民从徭役中得到解脱，增加农村的劳动力。

宋太祖还多次申明，禁止官员私自占用人户供役。

乾德元年（963年），京师传出消息，说是宋太祖将率大军北征，要征调大量民夫运送粮草器物，河南百姓闻听，“相惊逃亡者四万家”，他们是吓怕了，五代以来的繁重徭役已使他们闻之丧胆，所以惊惧逃避。宋太祖得知此事，赶紧让枢密直学士薛居正驰传召集，“逾旬乃复故”。

宋太祖禁止滥发徭役。在建隆三年（962年）正月的一道诏令中，宋太祖明确指出，春冬给戍卒运送衣服，要由官府供给车乘，不得调发民丁。

贫富赋役不均、富家逃避力役是前代严重存在的问题。为了扭转这一现象，宋太祖下令制止官吏袒护豪民脱役，并令诸州派出人员互往别郡同当地的令佐一起检查丁口，登记造册，有敢于隐瞒、漏落者允许百姓告发，视情节轻重治官吏之罪。宋太祖这样做，是希望贫富“共分力役”，虽不可能完全兑现，但也属难能可贵。包容之难，难在没有博爱之心！

博爱是心与心的交流，包容是一个层次一个层次的扩延，博爱能让世界充满爱，博爱使我们视野开阔，使我们心境平和，使我们宽容大度，使我们能在更广阔的境界里播种成功。

世界的和谐需要博爱，人类的文明需要包容，个人的进步和成功更离

不开对别人的理解和关爱。理解是爱的基础，包容使爱更加温暖。

“仁爱”管理

孔子非常推崇“仁爱”，《论语》中对“仁”的论述也非常多。孔子认为“仁”是完美人格标准的基础，一个人即使非常有才能，但是人格中没有“仁”的存在，也无法成就大事，或者空守着财富与权势，却可能众叛亲离，落得孤家寡人。在管理中仁爱一样不能缺少，赵匡胤在登上皇位期间，在国家困难时期就用了仁爱管理的手段。

赵匡胤在位的17年，社会并不稳定，风调雨顺的年头也并不多。

据史料记载，乾德四年（966年）是丰稔之年。所以该年八月，赵匡胤曾下诏说：“丰年之咏，播于颂声，广蓄之训，垂于载籍，今三时不害，百姓小康，田里无愁叹之声，垅亩有遗滞之穗。”并提醒地方各级官吏要更加注意劝农崇俭。但其余年岁，自然灾害十分频繁，水、旱、蝗、鼠灾不断。特别是开宝五年（972年）由于黄河的屡屡决堤，造成山东、河南等地洪水泛滥，一时饿殍遍野，民不聊生。李焘在《长编》中用十分沉痛的笔调，以“是岁大饥”四字来形容这一年的凄楚和艰难。

对于以农业经济为主体的封建国家来讲，自然灾害所带来的危害，不亚于一场战争所造成的破坏。幸亏历朝历代名目繁多的荒政政策给赵匡胤提供了可资借鉴的救灾经验，他运用起来也算得心应手。

赵匡胤同许多封建帝王一样，全国一旦出现灾情，总要求助神灵。

北宋建隆元年（960年）八月，中原大旱，赵匡胤便将近臣派到京城各处寺庙祷雨。建隆三年（962年）五月，河北诸州大旱，赵匡胤除不断派出朝官前往查灾外，又亲临相国寺祷雨，同时下令皇宫撤乐，改进素食，以示虔诚。开宝五年（972年）五月，因连降暴雨，黄河决堤于濮阳，赵匡胤急遣颍州团练使曹翰领丁夫堵堤。行前，赵匡胤诚心诚意地对曹翰表白说："霖雨不止，又闻河决。朕信宿以来，焚香上祷于天，若天灾流行，愿在朕躬，勿施于民。"赵匡胤此举旨在检讨自己的为政得失，以求感动上天。这年五月的水灾，使赵匡胤无计可施，因而想到是由于自己治国失措而遭到上天的惩罚，于是派人逐一查问后宫宫人380余名，并立即下诏，愿归家者，具情以告，结果150余人表示愿出宫，赵匡胤当即厚赐放归。

除求助神灵外，赵匡胤也充分运用了一些常规的救灾办法。建隆二年（961年）十一月，濠、楚等地大饥，赵匡胤下令当地长官开仓赈贷。次年三月，沂州民饥，以赐种食。六月，诏令宿州发仓赈饥。年底，又诏令蒲、晋、慈、隰、相、卫六州开仓济民。

乾德元年（963年）三月，赵匡胤下令各地重建义仓以备灾荒。诏文称："多事之后，义仓废寝，岁或小歉，失于豫备，宜令诸州于所属县各置义仓，自今官中所收二税，石别税一斗贮之，以备凶歉给与民。"义仓的设置，本是一种民众互助自救的措施，是用来"防歉岁，赈饥民"的，但地方官员往往以此为借口，逼迫民众"重叠供输"，一件好事却导致了民众的不满，再加上乾德年间没有多少太大的灾情，基本上风调雨顺，因而在乾德四年三月将义仓予以废罢。

另一个常用的救灾办法就是减免受灾地区的税赋。建隆三年（962年），河北、陕西、京东诸州旱灾和蝗灾严重，赵匡胤下令将这些地区当年的租税全部免除。开宝元年（968年）六月，赵匡胤又下令诸州民田经

霖雨及被河水所漂没者，免除租税。开宝七年（974年）六月，赵匡胤又免除蒲、陕、晋、绛、同、解六州历年所欠租税，同时，又对陕西诸州当年的租税减免一半。这样的记载还有很多，反映出当时减免租税的办法是一种普遍采取的救灾措施。

对于灾害造成的流民问题，赵匡胤采取由流入地政府和流出地政府共同负责救济和安置的政策，同时采取减免租税和官给种食的办法促其复业。

在这些常规办法的基础上，赵匡胤也有一些创造和改进。

他批准动用军粮赈饥。建隆三年（962年）春，淮南各地发生大规模春荒。户部郎中沈伦出使吴越，返朝时路过扬州和泗州等地，亲眼目睹饥荒惨状。当时朝廷和地方均无粮可拨，地方官员忧心如焚，迫不得已向沈伦提出："郡中军粮尚余百万石可贷，若动用这批粮食，则百姓即可得救，待秋后新粟收获后归还，如此则公私两利。"地力长官深知动用军粮干系重大，特意指出此事"非公言不可"。沈伦当时也不敢表态。他回京后，立即向赵匡胤报告，并认为此法可行。

沈伦是赵匡胤所倚重的亲信，赵匡胤领同州节度使时，沈伦即经宣慰使智居润推荐，投入赵的幕府。在领滑、许、宋三镇时，沈伦一直负责财政事务，深得赵匡胤信任。对于这次沈伦提出的建议，赵匡胤感到事关朝廷与南唐的对抗，需要谨慎对待。他向有关部门征求意见，结果遭到反对，有人提出："动用军粮赈饥，如果灾情继续，灾民还不起粮食，谁能承担责任！"沈伦回答说："国家开仓济民，自当招和气、致丰稔，怎么还会让灾情不断呢！请陛下早做决断。"赵匡胤于是采纳了沈伦的建议，随即下令发军粮以贷灾民。

此例一开，赵匡胤在以后遇到重大灾害时，均借用此法来缓解燃眉之急。开宝七年（974年）六月，河中府及绛州等地出现了大规模旱情，赵